Antonella Benucci / Rita A. D'Amico

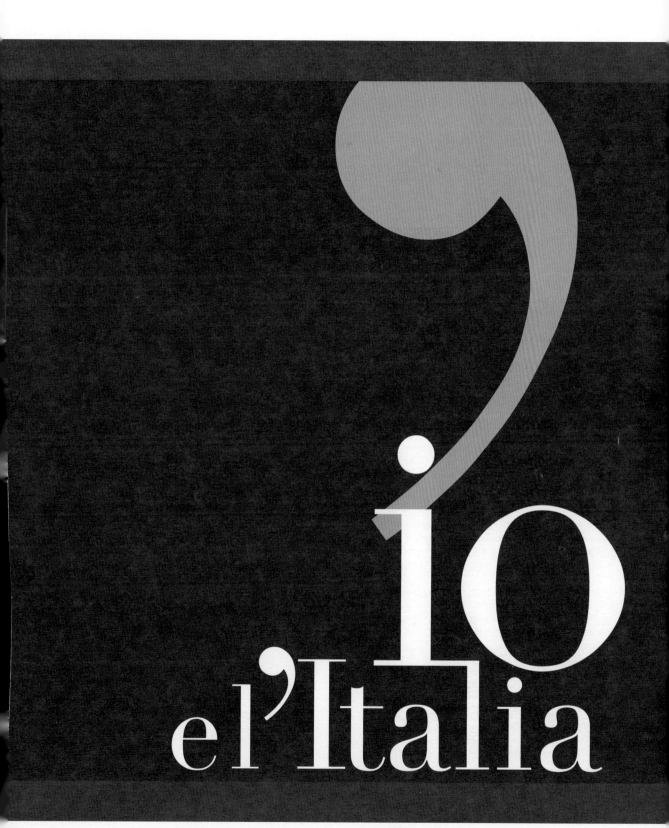

io
e l'Italia

**Guerra** Edizioni

I edizione
© Copyright 2009
Guerra Edizioni - Perugia

ISBN 978-88-557-0146-4

Guerra Edizioni
via Aldo Manna 25 - Perugia (Italia)
tel. +39 075 5289090
fax +39 075 5288244
e-mail: info@guerraedizioni.com
www.guerraedizioni.com

Antonella Benucci / Rita A. D'Amico

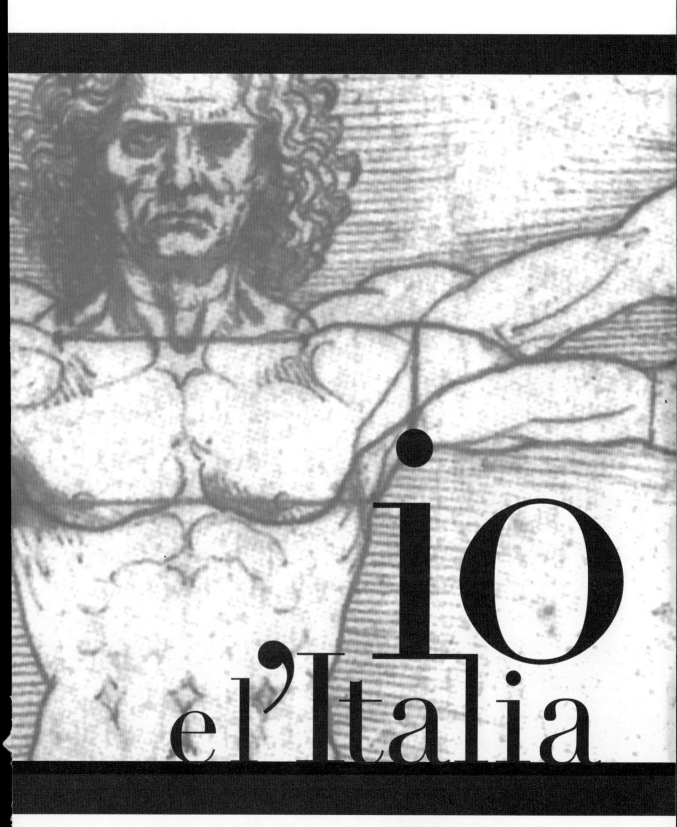

io
e l'Italia

Guerra Edizioni

io
e l'Italia

# Indice

# Introduzione

*Io e l'Italia* è un volume sulla cultura italiana rivolto ad apprendenti generici, adolescenti e adulti, a partire da un livello B1 (livello intermedio) di competenza comunicativa, secondo la classificazione del *Quadro comune europeo di riferimento per le lingue* (2001).

Può essere utilizzato per corsi di cultura italiana come lingua straniera e seconda, come testo di ampliamento per corsi di lingua e come testo propedeutico a corsi di letteratura italiana.

## Cosa intendiamo per cultura

Oggi appare improprio parlare di insegnamento di una data lingua senza precisare che con tale termine intendiamo un sistema di comportamenti socialmente e culturalmente strutturati attraverso i quali gli individui agiscono e interagiscono per scopi personali e sociali. Il possesso di complesse regole di natura sociale e culturale, oltre a quello delle regole strettamente linguistiche, consente agli individui e alle società di acquisire diversi livelli di sviluppo concettuale e di comunicazione e allo straniero di entrare in contatto con tali società.

La "civiltà" come oggetto di apprendimento è entrata nella didattica verso la metà degli anni '60 del secolo scorso, ma si limitava a materiali non reali e astratti sia dal punto di vista culturale che linguistico, era costruita per temi, esaustiva, presentata separatamente dalla riflessione linguistica e riservata alle classi avanzate, spesso frustrante per gli adulti. Oggi la "cultura" viene appresa in modo ciclico, attraverso materiali autentici,

gli stessi dell'apprendimento linguistico, fin da livelli più bassi, con continui riferimenti alla cultura materna.

Se tutti ormai concordano sull'importanza di non tenere separati i fatti di lingua da quelli di cultura non tutti però condividono la stessa interpretazione di tale concetto. In questo volume per cultura si intende sia quella in senso umanistico, accezione forte in cui cultura è solo quello che è scritto, tramandato e costituisce esempi di eccellenza, sia in senso antropologico, accezione debole, per cui tutto è in qualche modo cultura, anche le manifestazioni materiali e del quotidiano.

Dunque in educazione linguistica il termine cultura dovrebbe essere usato in tre sensi:

1. qualsiasi elemento materiale o spirituale trasmesso all'uomo attraverso la società (civiltà);
2. raffinamento individuale (generalmente rivolto al passato);
3. modi di vedere la vita che conferiscono a un particolare popolo il suo posto caratteristico nel mondo.

Lo studio della cultura straniera non può essere quindi limitato a delle brevi nozioni di storia e geografia condite con un pizzico di folklore, non è un'aggiunta a un corso pratico di lingua, è una caratteristica essenziale ad ogni livello di apprendimento.

In qualsiasi corso di lingua seconda o straniera sarebbe bene condurre non all'acquisizione di elementi rappresentativi della cultura in oggetto ma a quella di un apparato regolistico che ne gestisca il senso. Lo scopo non è quello di apprendere priarsi di nozioni (necessariamente limitate) ma di raggiungere la capacità di analisi e di applicazione del bagaglio culturale a qualsiasi situazione tipo di testo e portare lo studente all'osservazione distaccata della realtà della cultura straniera o seconda e all'oggettivazione di quella materia; in questa ottica l'apprendimento culturale è nteso come procedimento e non come bagaglio di conoscenze.

## A quale approccio ci ispiriamo

bene però chiarire da subito che con questo volume non vogliamo presentare un panorama saustivo della cultura italiana ma fornire elementi che stimolino l'interesse per approfondimenti successivi: i vari periodi della storia culturale italiana sono affrontati partendo sempre da na angolazione, per esempio per i Romani non fa la storia di Roma dal suo inizio fino alla fine, si arte da una lettura sull'imperatore Adriano e da si intrecciano alcuni temi. Il suo scopo è infatti quello di sviluppare l'interesse per approfondire studio della lingua e della cultura italiane atraverso la conoscenza parziale di alcuni elementi presentati rapportandoli, tutte le volte che è ossibile, al vissuto e alla cultura di appartenenza ello studente.

impostazione del volume non è simile a quella di tri manuali in circolazione poiché prevede l'azione diretta dello studente nella scoperta degli elementi culturali, strategia già ampiamente in uso er i testi di lingua ma non per quelli di cultura; on segue un approccio descrittivo, unisce aspetti i "cultura classica" e di "cultura del quotidiano". teniamo che la nostra proposta sia in sintonia on un approccio affettivo-umanistico e costruttivista, cioè di interesse e apprezzamento per gli spetti linguistico - culturali della lingua italiana a parte dell'apprendente verso i quali viene pinto con attività e materiali che lo obbligano

ad un ruolo attivo: secondo un procedimento ciclico e globale che permette di fornire un'idea generale della materia senza pretendere di occuparsi di tutto (cosa impossibile sia nel caso della cultura che della lingua) ma scegliendo ciò che è rappresentativo e soprattutto suscettibile di stimolare la sua mente, la sua fantasia e la voglia di continuare lo studio, una volta terminato il ciclo scolastico o universitario. Si vuole sviluppare nell'apprendente:
- la capacità di identificare comportamenti culturali;
- la capacità di comprendere gli aspetti specifici e caratterizzanti dei comportamenti culturali perché differenti da quelli della cultura materna;
- la capacità di orientamento nello spazio culturale e linguistico della lingua Seconda / Straniera;
- una analisi aliena da pregiudizi nei confronti della Cultura Materna e della Cultura Seconda / Straniera.

Il volume presenta il vantaggio di unire due approcci alla conoscenza della cultura di lingua straniera: quello tradizionale-informativo attraverso le letture della *Revisione* e quello innovativo- deduttivo fornito dalle *Attività*.
In genere lo studente è abituato dai sistemi scolastici ad un approccio di tipo nozionistico e ad una visione della cultura essenzialmente esplicita. Con questo volume, dopo essersi avvicinato ai temi di cultura selezionati all'interno delle unità in maniera tale da crearsi delle ipotesi attraverso lo svolgimento delle varie attività, a riflettere su ciò che egli sa della cultura italiana, sulle idee che di essa aveva all'inizio del corso, può verificare nella *Revisione* le proprie ipotesi e ampliare quanto ha scoperto svolgendo le *Attività* con i dati aggiuntivi che vi trova.
In questo modo viene sfruttato l'aspetto ludico della didattica e la curiosità del lettore che si sente partecipe dell'azione didattica e non si annoia.

Tale approccio permette inoltre al docente di introdurre importanti temi della cultura italiana nel suo corso in modo stimolante e originale. Dunque si tratta di favorire una predisposizione psicologica di tipo empatico che occorre mantenere per tutto l'apprendimento e, anzi, fare in modo che essa possa essere alimentata in modo autonomo anche quando questo è finito. La cultura è infatti di per sé un fatto altamente motivante per lo studio delle lingue straniere. Ma occorre tenere conto che la domanda di italiano risponde oggi per la maggior parte dei casi a interessi culturali vari ed è quindi generica, comprende varie manifestazioni (cinema, giornali, televisione, moda, cucina, design) oltre a quelle artistico-letterarie tradizionali.

L'unità minima dell'apprendimento culturale è il modello culturale, cioè la soluzione che una data cultura trova ad un problema: per esempio il modo in cui un popolo risponde al bisogno di difendersi dal clima, (abbigliamento, abitazioni, refrigerazione, riscaldamento, alimentazione, ecc.) e dagli eventi naturali. Occorre accertarsi però dell'autenticità dei modelli e specificare se essi siano validi per tutta una cultura o solo per una parte di essa (per esempio nel sud di Italia la cucina regionale è caratterizzata da spezie e condimenti piccanti, nel nord da un maggior numero di grassi e di zuccheri). Si deve infatti tenere conto anche che non si può continuare a parlare di cultura italiana perché non esiste una cultura italiana ma culture differenziate, non nel senso di culture inferiori ma di varietà dei modelli culturali, come di quelli linguistici molto ampie. I modelli culturali cambiano nel tempo, in base all'età di chi ne fruisce, in base al sesso, e ai punti di vista: è quindi necessario che lo sguardo dello straniero non si soffermi su un solo gruppo o su un solo aspetto perché potrebbero prodursi degli stereotipi.

Quando si costruisce un materiale didattico sugli aspetti culturali relativi sia al passato che alla contemporaneità si deve prestare particolare attenzione anche al rischio di inattualità: molti dati e elementi culturali presentati dai testi spesso in poco tempo non sono più autentici perché superati (uno degli elementi più a rischio è la moneta così come la situazione politica); si è cercato quindi di non entrare nel dettaglio nella citazione di personaggi e aspetti dei nostri giorni riportando solo quelli che si possono comunque utilizzare per una visione diacronica. Spetterà all'insegnante integrare questa lacuna del volume ricorrendo a fonti dai mass media e aggiornando di volta in volta i contenuti delle varie sezioni.

Le immagini (statiche e cinesiche) rivestono un ruolo particolare nell'insegnamento della cultura: sono esse stesse cultura e come tali vanno presentate, vi si è fatto ricorso tutte le volte che è stato possibile e sono state usate quasi sempre in base alla loro funzionalità per lo svolgimento delle *Attività*, come supporto ai processi didattici attivati raramente per il loro puro potere evocativo.
I riferimenti scientifici, storici, letterari riguardano di solito autori e temi molto studiati nelle scuole medie superiori e dunque servono a fornire una panoramica dei più frequenti topoi della cultura scolastica media. Infatti tanto più un riferimento è radicato nel bagaglio culturale dei destinatari del messaggio, tanto più potrà essere reso in forma breve (per esempio Renzo e Lucia, molti versi di Dante e Petrarca): molti di questi riferimenti sono da considerare come tipicamente italiani, altri sono comuni a più culture, soprattutto quelle più vicine.

# La struttura del volume

*Io e l'Italia* è composto di 5 unità. Ogni Unità è costituita da *Attività*.

Ciascuna *Attività* è composta da

- brano/immagini che avviano la procedura didattica con compiti costruiti per stimolare ipotesi sull'argomento e favorire il confronto interculturale;
- spiegazione di lessico non presente nel Lessico di Base (cfr. De Mauro 1980);
- note: partono dall'elemento contenuto nel testo con una prospettiva sul presente e con elementi di curiosità;
- revisione: costituisce la verifica delle ipotesi che lo studente ha fatto nei compiti dell'attività, riporta rimandi alle altre Unità e Attività in cui viene trattato lo stesso argomento;
- fonti e documenti: ogni attività è accompagnata da fotografie, disegni, cartine geografiche e mappe autentiche e/o costruite ad hoc;
- lettura di appoggio (non per tutte le attività): documento tendente verso l'attualità, di curiosità, che può essere utilizzato liberamente dall'insegnante, senza commenti e spiegazioni, o letto in autonomia;
- glossario: riporta in elenco alfabetico il lessico spiegato nelle unità, tradotto in inglese.

Il questionario presente nell'Unità 0 è stato distribuito a partire dal 1993 agli studenti dell'Università per Stranieri di Siena: risistemato e analizzato, è servito a evidenziare gli stereotipi, gli immaginari e le notizie più presenti sull'Italia e gli italiani tra gli stranieri e quindi a scegliere i contenuti e le attività del volume, sperimentati in più occasioni nel corso di alcuni anni.

Gli articoli e i brani riprodotti sono in genere autentici, brevi, anche se spesso adattati e semplificati.

Senza dubbio la vicenda di trasformazione della lingua e della cultura italiana, a partire dalla metà del XIX secolo, è fondamentale per appropriarsi della realtà quotidiana attuale, ma per questo saranno necessari anche dei riferimenti ad epoche più lontane. Si è scelto dunque di partire dalle origini anche se le Unità sono concepite in modo che si possa iniziare da una qualsiasi di esse.

*Le autrici*

9

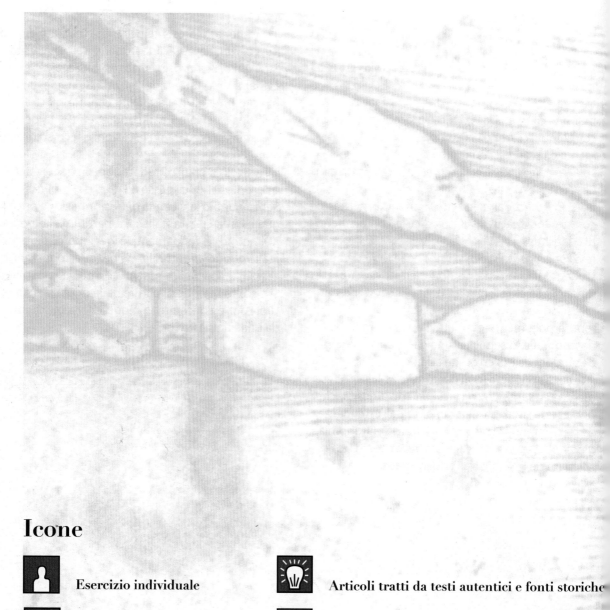

# Icone

 Esercizio individuale

 Articoli tratti da testi autentici e fonti storiche

 Esercizio di coppia

 Letture di appoggio, curiosità

 Esercizio di gruppo

→ Continua a pagina successiva

 Attività di classe

← Continua da pagina precedente

# Unità 0

IO E L'ITALIA

Questionari e attività di elicitazione

# Per cominciare

## ATTIVITÀ 1

Dopo aver risposto per scritto (in italiano o nella tua lingua) a queste domande discuti con i tuoi compagni di classe su quale è il vostro rapporto con l'Italia e gli italiani.

| | |
|---|---|
| 1) Se hai fatto un soggiorno in Italia quali difficoltà hai incontrato? | |
| 2) Secondo te perché hai incontrato queste difficoltà? | |
| 3) Quale aspetto della tua cultura trasferiresti in Italia? | |
| 4) Quale elemento dell'Italia porteresti nel tuo Paese? | |
| 5) Sui vari popoli esistono molti stereotipi. Tu come consideri gli italiani? | |
| 6) Come sono considerati gli italiani nel tuo Paese? | |
| 7) Pensi che sia giusto considerare un popolo soltanto in base agli stereotipi (positivi o negativi)? | |

**8)** Immagina di dover produrre una pubblicità promozionale per invogliare i tuoi connazionali a visitare l'Italia. Quali immagini sceglieresti? Quale o quali slogan?

**9)** Pensa ora invece ad una analoga pubblicità del tuo Paese rivolta agli italiani.

**10)** Se tu volessi aprire una scuola o organizzare un corso di italiano nel tuo Paese quale tipo di messaggio scriveresti su un volantino?

**11)** Se invece volessi aprire una scuola o organizzare un corso di insegnamento della tua lingua materna in Italia quale tipo di messaggio scriveresti?

**12)** Se dovessi scegliere un colore per rappresentare simbolicamente l'Italia quale sceglieresti? Perché?

**13)** E per il tuo Paese?

# L'Italia e la sua cultura

## ATTIVITÀ 2

Che cosa sai dell'Italia e della sua cultura? Rispondi alle domande di questo questionario poi sintetizza le risposte in una breve frase e scrivila qui sotto.

Prima versione:

Ripeti questa attività alla fine del corso e confronta le due versioni. La tua idea dell'Italia è cambiata? Perché?

Seconda versione:

| | |
|---|---|
| **1) Scrivi le prime 5 parole sull'Italia e sugli italiani che ti vengono in mente.** | 1) _____<br>2) _____<br>3) _____<br>4) _____<br>5) _____ |
| **2) Scrivi il nome di 5 persone italiane conosciute nel tuo Paese (personaggi pubblici, storici ecc.).**<br><br>**a) Quale idea dell'Italia trasmettono queste 5 persone?** | 1) _____<br>2) _____<br>3) _____<br>4) _____<br>5) _____<br>_____<br>_____<br>_____<br>_____ |
| **3) Scrivi il nome di almeno 5 persone del tuo Paese che secondo te sono conosciute in Italia.**<br><br>**a) Quale idea del tuo Paese trasmettono?** | 1) _____<br>2) _____<br>3) _____<br>4) _____<br>5) _____<br>_____<br>_____<br>_____<br>_____ |
| **4) Scrivi 5 nomi di città italiane.** | 1) _____<br>2) _____<br>3) _____<br>4) _____<br>5) _____ |

## ATTIVITÀ 3

**Sai dire il nome di qualche luogo geografico italiano e segnarlo sulla carta che trovi qui sotto?**

## ATTIVITÀ 4

ai dire a quale epoca si riferiscono queste immagini?

.2

4.1

.3

4.4

## ATTIVITÀ 5

onosci il nome di qualche personaggio pubblico italiano (dello sport, del cinema, della politica, della musica,
c.)?

## ATTIVITÀ 6

Sai dire chi erano queste persone? (scegli dall'elenco: *scrittore, pittore, personaggio storico, artista, scienziato, esploratore, santo, musicista*). Per ciascun nome puoi usare anche più di una definizione.

| | |
|---|---|
| GIUSEPPE GARIBALDI | |
| MICHELANGELO BUONARROTI | |
| BENEDETTO CROCE | |
| GIACOMO LEOPARDI | |
| CARLO ALBERTO | |
| GIUSTINIANO | |
| BENVENUTO CELLINI | |
| CICERONE | |
| DANTE ALIGHIERI | |
| CARLO GOLDONI | |
| ENRICO FERMI | |
| GIUSEPPE MAZZINI | |
| TORQUATO TASSO | |
| MARCO POLO | |
| ALESSANDRO MANZONI | |
| ANTONIO GRAMSCI | |
| FRANCESCO D'ASSISI | |
| LEONARDO DA VINCI | |
| NERONE | |
| FRANCESCO PETRARCA | |
| GIUSEPPE VERDI | |
| NICCOLÒ MACHIAVELLI | |
| GALILEO GALILEI | |
| RAFFAELLO SANZIO | |

## ATTIVITÀ 7

…sistono parole o espressioni italiane in uso nel tuo Paese?   SÌ ☐   NO ☐

…e SÌ quali?

_____
_____
_____
_____
_____

# Confronto interculturale

## ATTIVITÀ 8

…spondi alle domande e poi riassumi qui sotto i profili dell'Italia e del tuo Paese che ricavi.

_____
_____
_____
_____
_____
_____
_____

▸ **Pensa a un tipico alimento italiano.**

▸ **Che cosa ti fa venire in mente questo alimento? Con che cosa o con chi lo associ?**

_____

▸ **Esiste un alimento simile nel tuo Paese? Quale?**

_____

▸ **Con che cosa o con chi lo associi?**

_____
_____

## ATTIVITÀ 9

Confronta i due gruppi di associazioni che hai scritto e spiega che cosa hanno in comune o in cosa differiscono.

_____
_____
_____
_____
_____

## ATTIVITÀ 10

Disegna o scrivi il nome di un oggetto che per te rappresenta l'Italia.

## ATTIVITÀ 11

Disegna o scrivi il nome di un oggetto che per te rappresenta il tuo Paese.

## ATTIVITÀ 12

**onfronta i due oggetti e i significati che rappresentano.**

|  |
|---|
|  |
|  |
|  |
|  |

## ATTIVITÀ 13

**econdo te
l'Italia è un Paese:**
*umera le alternative in progressione)*

|  | sì | no | numero |
|---|---|---|---|
| ndustrializzato |  |  |  |
| rretrato |  |  |  |
| onsumistico |  |  |  |
| i cultura |  |  |  |
| i arte |  |  |  |
| uristico |  |  |  |
| viluppato |  |  |  |
| ottosviluppato |  |  |  |
| noderno |  |  |  |
| ntiquato |  |  |  |
| nportante per la politica internazionale |  |  |  |
| rilevante per la politica internazionale |  |  |  |
| icco |  |  |  |
| overo |  |  |  |
| rganizzato |  |  |  |
| isorganizzato |  |  |  |
| ltro |  |  |  |
| on so |  |  |  |

**B) Il tuo Paese è:**
*(numera le alternative in progressione)*

| | sì | no | numero |
|---|---|---|---|
| industrializzato | | | |
| arretrato | | | |
| consumistico | | | |
| di cultura | | | |
| di arte | | | |
| turistico | | | |
| sviluppato | | | |
| sottosviluppato | | | |
| moderno | | | |
| antiquato | | | |
| importante per la politica internazionale | | | |
| irrilevante per la politica internazionale | | | |
| ricco | | | |
| povero | | | |
| organizzato | | | |
| disorganizzato | | | |
| altro | | | |
| non so | | | |

## ATTIVITÀ 14

**Quali profili ricavi dalle tue risposte in A e in B? Confronta le tue scelte con quelle dei tuoi compagni.**

# Motivazioni e atteggiamento

## ATTIVITÀ 15

Rispondi a queste domande.

) Pensi che sia utile studiare l'italiano?  ☐ SI  ☐ NO
Perché?

_____
_____
_____
_____

) Pensi che l'italiano sia una lingua facile da studiare?  ☐ SI  ☐ NO
Perché?

_____
_____
_____
_____
_____

## ATTIVITÀ 16

ello studio dell'italiano credi di avere più difficoltà a:

parlare
scrivere
comprendere una conversazione
comprendere un testo scritto
usare una pronuncia corretta

f. imparare la grammatica
g. memorizzare il lessico
h. capire un film o una trasmissione televisiva
i. usare una ortografia corretta
l. _____

## ATTIVITÀ 17

spondi a queste domande.
Ti interessa conoscere la cultura italiana?  ☐ SI  ☐ NO
Perché?

_____
_____
_____
_____

B) Che cosa vorresti conoscere?

_____
_____
_____
_____
_____
_____

## ATTIVITÀ 18

**Che cosa vorresti trovare in questo libro?**

a) immagini ☐
b) storie ☐
c) dati ☐
d) notizie divertenti ☐
e) letture su personaggi famosi ☐
f) giochi ☐
g) spiegazioni ☐
h) altro: _____ ☐

## ATTIVITÀ 19

**Che cosa è più importante per l'apprendimento di una lingua straniera?**
*(numera le alternative in ordine progressivo)*

|  | sì | no | numero |
|---|---|---|---|
| grammatica |  |  |  |
| lessico |  |  |  |
| lettura |  |  |  |
| scrittura |  |  |  |
| conversazione |  |  |  |
| ascolto |  |  |  |
| elementi di cultura |  |  |  |
| gestualità |  |  |  |
| conoscere i nativi |  |  |  |
| altro |  |  |  |
| non so |  |  |  |

# e ora
# ¡buon lavoro!

## ATTIVITÀ 20

**Nell'apprendimento dell'italiano la tua lingua materna può:**

|  | sì | no | numero |
| --- | --- | --- | --- |
| aiutarti |  |  |  |
| non aiutarti |  |  |  |
| non avere importanza |  |  |  |
| non so |  |  |  |

# Unità 1

## LE ORIGINI

Etruschi e Romani

## ▸ ATTIVITÀ 1

**Osserva questi oggetti. Secondo te che cosa sono?**

1. *una Chimera*

2. *un vaso*

3. *una brocca (Pitcher)*

4. _____

5. *una biga*

6. *una tomba*

## Revisione *(Review)*

Gli Etruschi sono il primo grande popolo che si stabilisce nel'VIII secolo nell'Italia centrale e dà origine a una fiorente civiltà. Dalle testimonianze archeologiche sappiamo che gli Etruschi **sfruttavano** le miniere di ferro e di rame dell'*isola d'Elba* nell'arcipelago toscano. Lavoravano il bronzo, l'argento e l'oro, sono infatti stati trovati splendidi gioielli, ma erano anche abili artigiani che usavano in prevalenza bronzo e terracotta come ci mostrano i bellissimi vasi e oggetti per l'arredamento della casa giunti fino a noi. Famosa è la statua di bronzo della Chimera (380-360 a.C.) ritrovata ad Arezzo, mitico animale composto da un leone, da una capra e da un serpente. La ceramica dipinta etrusca più famosa è il

bucchero, vaso in terracotta nera che serviva per conservare l'acqua; caratteristici sono anche i canopi, vasi per raccogliere le ceneri dei morti, il cui coperchio a forma di testa umana rappresenta il defunto (morto).

**LESSICO**

• **Sfruttavano** - utilizzavano, traevano il maggior frutto possibile.

*NOTA*

*Isola d'Elba:* la più grande isola dell'arcipelago toscano, oggi meta turistica balneare, nella quale ha soggiorna to Napoleone durante il suo primo esilio (vedi Unità Attività 3).

*il rame = copper*

*furnishings, furniture, interior design*

# ATTIVITÀ 2

Nella seguente tabella indica con una "X" in quale periodo sono vissuti gli Etruschi (a.C. = avanti Cristo; d.C. = dopo Cristo) poi verifica le tue ipotesi con la lettura del testo che segue.

| | | | |
|---|---|---|---|
| 5000 a.C. | | V secolo a.C. | X |
| 2000 a.C. | | III secolo d.C. | |
| XI secolo a.C. | | IX secolo d.C. | |
| VIII secolo a.C. | X | | |

## Revisione

La civiltà etrusca si sviluppa tra l'VIII e il V secolo a.C. ma il periodo di maggiore espansione e prosperità è tra il VII e il VI secolo a.C. Il suo declino incomincia nel V secolo a.C. dopo una sconfitta a Cuma nel 474 contro i Greci, popolo che dà origine alla civiltà occidentale e che nel 600 a.C. occupa l'Italia meridionale, chiamata "Magna Grecia", dove ancora oggi si possono ammirare i monumenti più belli e meglio conservati della civiltà greca ad Agrigento, Siracusa, Taormina, Segesta, Paestum. Nel 146 a.C. la Grecia cade sotto il dominio romano.

*defeat, eradication*

# ATTIVITÀ 3

Leggi questo articolo e rispondi per scritto alle domande.

## Chi erano gli Etruschi?
### Origini e lingua di questo popolo italico, precursore dei Romani, sono misteriose.

**Potenti artisti**

Al grande pubblico sono noti per la bellezza delle loro tombe affrescate. Ma gli Etruschi furono grandi artisti anche nella ceramica, nell'architettura (inventarono l'arco), nella scultura. Fondarono ricche città fortificate nel centro-Italia, e poi estesero il loro dominio fino alla Campania e alla Valle Padana. Fino al VI secolo a.C. furono così potenti che, riuniti in confederazioni di città-stato, tenevano sotto il loro controllo le città latine, compresa (*including*) Roma.

**Asiatici**

Eppure gli Etruschi restano **avvolti** nel mistero: da dove proveniva questo popolo, apparso all'improvviso ma già civilizzato e potente? E perché, a differenza di tutti gli altri della penisola **italica**, parlava una lingua non *indoeuropea*?

**Scarsità di scritti**

Un'altra stranezza è che la lingua etrusca (non è ancora del tutto **decifrata**) sembra scomparire all'improvviso. Alcuni studiosi ne vedono l'eredità nella *parlata aspirata* toscana, ma questo è tutto da dimostrare. "Il fatto è che non c'è rimasto quasi nulla da leggere. La cultura etrusca doveva essere soprattutto orale".

*Ramo = branch, line*

### LESSICO

- **Avvolti** - circondati.
- **Italica** - dell'antica Italia corrispondente più o meno al territorio dell'attuale Italia, soprattutto centro-meridionale.
- **Decifrata** - interpretata.

### NOTA

**Indoeuropea:** della famiglia delle lingue dell'Asia e dell'Europa forse provenienti da una unica lingua preistorica. Le lingue indoeuropee comprendono vari rami tra i quali quello germanico, romanzo, slavo ecc. Sono indoeuropee molte lingue europee occidentali come il francese, l'inglese, l'italiano, lo spagnolo, il serbo, il greco.

**Parlata aspirata:** fenomeno diffuso in Toscana per il quale si aspirano alcune consonanti precedute da vocale come in *la casa* [la 'ha:sa(·)], *a casa* [a k. 'kha:sa(·)].

**a. Perché gli Etruschi furono grandi artisti?** *Perché non solo hanno fatto le tombe affrescate ma anche grande opere di ceramica, architettura, e scultura*

**b. Colora sulla piantina che trovi qui di seguito le zone in cui secondo te si estendeva il loro dominio.**

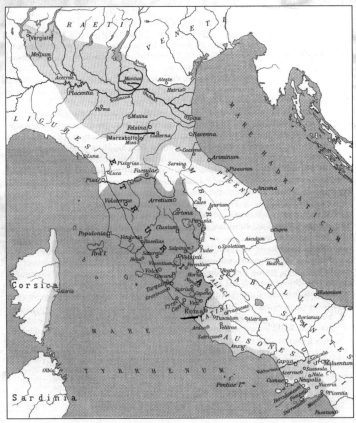

**c. Perché gli Etruschi sono un popolo misterioso?** *non hanno lasciato una lingua scritta la cultura era orale - doveva essere orale*

*ricavare - extract, fendout, deduce, obtain, lean*

## Revisione

Gli Etruschi o Rasenna, il nome con il quale loro stessi si chiamavano, occupano la regione dell'Italia centrale chiamata Etruria, area che oggi corrisponde alla Toscana e al Lazio settentrionale. Nel periodo della loro maggiore espansione e prosperità tra il VII e il VI secolo a.C. si estendono in un'area che va dalla pianura padana, dove fondano le città di Mantua (Mantova) e Felsina (Bologna), ad alcuni tratti della costa **campana**, diventando così una delle massime potenze del Mediterraneo. I Greci li chiamavano Tirreni o Tyrseni da cui deriva il nome del Mar Tirreno che bagna la costa occidentale dell'Etruria; i Romani li chiamavano Tusci da cui viene il nome Toscana.

Riguardo alla loro origine gli antichi sostengono tre ipotesi: secondo lo storico greco Erodoto provengono dall'Asia Minore, l'attuale Turchia; per lo storico Dionigi di Alicarnasso sono originari della penisola italiana; una terza teoria afferma la loro provenienza dall'Europa del Nord. Ci hanno lasciato solo iscrizioni funerarie (che riguardano le tombe e i defunti) dalle quali si sono ricavate informazioni per stabilire che l'etrusco non è una lingua indoeuropea. Questi dati sono però insufficienti per chiarire il mistero della loro origine.

Gli Etruschi, come i Greci, fondano città-stato indipendenti unite tra loro da un legame religioso. Dal IV secolo a.C. le dodici città più importanti si riuniscono in una confederazione, la Dodecapoli. Ogni città è governata da un re (*lucumone*), sotto di lui c'è una ricca *aristocrazia* formata dai proprietari di terre e sotto questa classe dominante ci sono i *servi*. Tutte le città sono costruite su colline e vicino ai fiumi perché in questo modo potevano essere difese facilmente. Tarquinia, Orvieto, Chiusi, Perugia, Arezzo, Volterra sono città di origine etrusca.

*link, tie, bond*

### LESSICO

• **Campana** - della Campania, regione meridionale, dove si trova la città di Napoli, che faceva parte della Magna Grecia.

## ATTIVITÀ 4

**Leggi questo articolo e svolgi i compiti A. e B.**

### Anche "mille e non più mille" è stato di origine etrusca

Secondo lo scrittore M. Pincherler i Romani hanno avuto molti contatti con i Rasenna, cioè gli Etruschi, hanno avuto anche alcuni re Etruschi e adottato molti dei loro usi e **costumi**. Ma perché questo grande e raffinato popolo è stato sconfitto dai Romani che a quel tempo erano **rozzi** e non avevano ancora una struttura statale solida? Pincherler afferma che è a causa del carattere pacifico e dell'amore per i piaceri della vita: gli Etruschi avevano insegnato ai popoli vicini a fabbricare le armi ma non le usavano. Inoltre egli afferma anche che gli Etruschi erano molto **"superstiziosi"** e pensavano con rassegnazione alla fine della loro civiltà, come testimoniano molte tombe e dipinti pieni di tristezza per una fine sentita vicina, infatti gli Etruschi avrebbero usato per primi il detto "mille e non più mille...".

### LESSICO

• **Costumi** - consuetudini, tradizioni.
• **Rozzi** - incivili, primitivi.
• **Superstiziosi** - persone che hanno credenze irrazionali causate spesso da ignoranza o paura, per esempio coloro che pensano che un gatto nero che attraversa la strada o il numero 17 portino sfortuna, o chi crede che per evitare un pericolo si debba toccare ferro o fare le corna.

**A. Secondo te che cosa vuol dire il detto *Mille e non più mille*?**

_____

_____

**B. Dividetevi a gruppi e pensate ad alcune superstizioni. Scrivetele qui sotto. Voi ci credete? Discutetene in classe dividendovi ora in due soli gruppi, uno favorevole e uno contrario. Alla fine della discussione scrivete le vostre conclusioni.**

*Bisogna credere alle superstizioni perché ...*       *Non bisogna credere alle superstizioni perché ...*

_____      _____

_____      _____

## Revisione

*[handwritten note: avvertire — advise, inform, warn, feel, perceive]*

Gli affreschi delle pareti delle tombe riproducono le scene più care vissute dal defunto mentre è in vita e ci permettono di conoscere molti aspetti della vita, dei miti, delle credenze degli Etruschi e ci fanno pensare agli Etruschi come a un popolo amante dei piaceri della vita nei suoi aspetti più sereni e divertenti. Frequenti sono le rappresentazioni di danze, gare atletiche, giochi, scene di caccia e pesca, banchetti (grandi pranzi con molti invitati) accompagnati da musicisti, cantanti e danzatori. Solo nelle pitture tombali dipinte durante il declino, nel V secolo a.C., i soggetti diventano drammatici ed i colori scuri, come se questo popolo avvertisse il suo declino. La fine della civiltà etrusca è forse facilitata dalla divisione politica e militare che favorisce la conquista da parte dei Romani. Tuttavia anche dopo il declino, gli Etruschi continuano ad esercitare la loro influenza su Roma e ancora oggi è vivo e attuale il fascino della loro civiltà che suscita interesse in tutto il mondo.

*[handwritten note: oreste, e...]*

*[handwritten note: fascino = fascination, charm]*

## Vuoi aiutare la fortuna?

Anche questa puntata la dedicherò alle credenze e ai riti magici, e, visto che questa notte nasce l'anno nuovo, potrebbero anche tornare utili. Primo consiglio. Questa sera mangiate tutti gli acini di un piccolo grappolo d'uva, poi mettete il raspo nel vostro portafoglio. Si dice che questo piccolo amuleto, consumato però entro la mezzanotte e conservato fino all'anno seguente, possa assicurare benessere monetario. Secondo. Regalate e fatevi regalare ramoscelli di vischio. Non usate coltelli o forbici per tagliarlo, ma spezzatelo solo con le mani, e naturalmente appendetelo dietro la porta d'ingresso per far entrare soltanto Signora Fortuna. Terzo. Questo è un po' difficile da seguire ma può essere interessante saperlo. Ecco l'elenco delle congiunzioni positive fra pietre e pianeti.

Un anello al giorno toglie il malocchio di torno. Domenica diamante su anello d'oro (Sole). Lunedì opale su anello d'argento (Luna). Martedì ematite con anello di ferro (Marte). Mercoledì diaspro rosa con anello d'argento (Mercurio). Giovedì carbonchio su anello di stagno (Giove). Venerdì corallo rosso su anello di bronzo (Venere). Sabato onice con anello di piombo (Saturno). Un augurio di una splendida alba a tutti.

## ATTIVITÀ 5

Questo è un sarcofago trovato in una tomba. Quando si parla di Etruschi si pensa sempre alle loro tombe, perché? Secondo te cosa contenevano?

_____

_____

*Tomba degli Sposi di Cerveteri*

*tappa = stage, stopover, milestone, landmark*

### evisione

*across, through*

...mancanza di documenti scritti possiamo ricostruire ...tappe fondamentali della civiltà etrusca attraverso le ...cropoli o "città dei morti". Gli Etruschi, come gli ...iziani, credono nell'aldilà, cioè nella vita dopo la ...orte, e per questo motivo ornano le tombe di vasi, ...ielli e di tutti gli oggetti cari in vita al defunto e ...e devono accompagnarlo nella vita ultraterrena. Le ...ù semplici sono formate da una o due camere co...unicanti, invece nelle più ricche si riproduce l'ap...rtamento del vivo fino ai più minimi particolari. ...rte con cornici, finestre, mobili e oggetti vari, tutto ...rodotto alla perfezione nella roccia scavata. Alcune ...cropoli, come quelle di Veio e Tarquinia, chiamate ...mbe a camera, sono sotterranee, scavate nelle rocce; ...re sono costruite in pietra o tufo, in superficie, tom- ...a tumulo e ricoperte da un grosso mucchio di terra

(tumulo) come quelle di Cerveteri. I morti riposavano in **sarcofagi** i cui coperchi, nel caso di famiglie appartenenti alla classe aristocratica, rappresentano il defunto in grandezza reale: famoso è il Sarcofago degli Sposi a Cerveteri. Note necropoli sono quelle di Cerveteri, Tarquinia, Veio, Vulci.

---

LESSICO

• **Tombe a camera** - tombe sotterranee con varie camere. *mound*
• **Tombe a tumulo** - tombe in superficie ricoperte da un grosso tumulo di terra.
• **Sarcofago** - cassa di pietra o di marmo decorata che nell'antichità e nel Medioevo era usata per contenere i corpi dei morti.

*canic rock*          *surface*

## 👥 ATTIVITÀ 6

Che cosa sono i luoghi e gli oggetti di queste immagini? Discuti con i tuoi compagni. Sono Etruschi o Romani?

1. _R   anfore_

2. _R   fori imperiato_

3. _R   colosseo_

4. _R_

5. _R   cisterna_

6. _E   chimera_

8.

## Revisione

Le Anfore romane sono vasi di terracotta di varie forme e misure che possono contenere acqua, olio, vino
ma anche offerte di cibo per i morti, molte sono giunte
ino a noi, trovate tra i resti di naufragi o nei sotterranei
elle abitazioni.

I Fori imperiali sono il centro dell'antica Roma dove
ono gli edifici più importanti. Si trovano tra il Circo
Massimo e il Campidoglio, sul Palatino, uno dei sette
olli di Roma (vedi Unità 1 Attività 7). Sono così chia-
ati perché il primo è stato costruito da Cesare (54 a.
.) seguito da quelli di Augusto, di Vespasiano, di Do-
iziano e di Traiano, il più grande.

Il Colosseo è il nome dato all'Anfiteatro Flavio perché
vanti all'ingresso c'era una colossale statua dell'impe-
tore Nerone. Iniziato nel 75 d.C. e terminato nell'80
C., poteva contenere fino a 70.000 spettatori posti per
sistere alle lotte tra i **gladiatori**, alle lotte con i leoni, le
gri, altri animali feroci e altre manifestazioni.

Per scrivere gli antichi Romani usano tavolette di
gno e un bastoncino (stilo) bagnato in un inchiostro
cavato da alcune bacche, poi sostituite da tavolette di
ra sulle quali incidono i segni e che possono essere
utilizzate **raschiando** lo strato superiore.

Cisterna romana. Scoperta alla fine degli anni Trenta
urante i lavori per la costruzione della Via dell'Impero
e attraversa i Fori Imperiali, in un primo momento si

pensava fosse un tempio, in seguito è riconosciuta come
una cisterna, per la raccolta dell'acqua piovana. La parte
principale è costituita da una costruzione rotonda con
un pilastro centrale. *pillar, column*

**6.** Chimera etrusca. Statua in bronzo scoperta nella
campagna di Arezzo nel 1553. Restaurata da Benvenuto
Cellini è stata conservata per un periodo a Palazzo Vecchio, ora è nel Museo Archeologico di Firenze.

**7.** Affresco etrusco. Gli affreschi delle pareti delle tombe
etrusche, uno tra i più famosi è quello della Tomba delle
Leonesse a Tarquinia, spesso mostrano scene liete con
colori vivi e forme leggere, senza pudore nel rappresentare anche i nudi. *modesty, reserve*

**8.** Simposio etrusco. Nelle campagne della Toscana e del
Lazio si possono ammirare le tombe etrusche che contenevano molti oggetti di uso quotidiano come i simposi,
brocche usate per versare e bere vino. *pour*
*symposium* *brocca = jug, caraffe, pitcher*

### LESSICO

• **Gladiatori** - schiavi o prigionieri addestrati alla lotta con altri gladiatori e anche con animali feroci, come
Spartaco, uno dei più famosi. Si servivano del gladio, un
tipo particolare di spada, o di altre armi e combattevano
nelle arene.

• **Raschiando** - grattando (⇐ raschiare, grattare).

## ATTIVITÀ 7

In coppia leggete i seguenti brani da "Memorie di Adriano" nel quale l'imperatore romano Adriano espone alcune opinioni su Roma. Sottolineate i riferimenti storici che trovate, poi confrontate ciò che avete sottolineato con le domande che seguono il brano e cercate di rispondere.

## Roma non è più Roma

Roma non è più Roma: dovrà riconoscersi nella metà del mondo o **perire**. I tetti, le terrazze, gli **isolati** che il sole al tramonto colora di rosa e d'oro non sono più, come al tempo dei re, circondati di mura: queste, le ho ricostruite in gran parte io stesso lungo le foreste della Germania, nelle **lande** della Britannia.

La nostra Roma non è ormai più il borgo di pastori dei tempi di Evandro, culla d'un avvenire che in parte è già passato; la Roma **predatrice** della Repubblica ha già svolto la sua funzione, la folle capitale dei primi Cesari tende già a **rinsavire** da sé; altre Rome verranno e io non so immaginarne il volto; ma avrò contribuito a formarlo. Nella più piccola città, ovunque vi siano magistrati intenti a verificare i pesi dei mercanti, a spazzare e illuminare le strade, a opporsi all'anarchia, **all'incuria**, alle ingiustizie, alla paura, a interpretare le leggi al lume della ragione, lì Roma vivrà. Roma non perirà che con l'ultima città degli uomini.

Per la costruzione del Pantheon, sono risalito ai monumenti dell'antica *Etruria* degli indovini e degli **aruspici**. L'Olympieion di Atene è il contrappeso esatto del Partenone, adagiato nella pianura come l'altro si innalza sulla collina, immenso dove l'altro è perfetto: l'ardore ai piedi della calma, lo splendore ai piedi della bellezza.

La mia tomba in riva al Tevere riproduce, su scala gigantesca, gli antichi *sepolcri della via Appia*, ma le sue stesse proporzioni la trasformano, fanno pensare a *Babilonia*, alle terrazze e alle torri attraverso le quali l'uomo si avvicina agli astri.

In un mondo ancor dominato, più che per metà, dalle selve, dal deserto, dalla terra incolta, è bello lo spettacolo d'una via **lastricata**, d'un tempio dedicato a un dio qualsiasi, di bagni e **latrine** pubblici, della bottega dove il barbiere commenta con i suoi clienti le notizie di Roma, il banco del pasticcere o del **sandalaio**, fors'anche una libreria, un'insegna di medico, un teatro nel quale di tanto in tanto si recita una commedia di Terenzio.

---

### LESSICO

- **Perire** - morire.
- **Isolati** - gruppi di edifici.
- **Lande** - pianure aride, abbandonate, non coltivate.
- **Predatrice** - che prende possesso con la forza, saccheggia.
- **Rinsavire** - riacquistare la ragione.
- **Incuria** - stato di abbandono, di disordine, negligenza.
- **Aruspici** - indovini, chi prevede il futuro.
- **Lastricata** - ricoperta di lastre, pietre, pavimentata.
- **Latrine** - bagni.
- **Sandalaio** - chi fabbrica sandali.

### NOTA

*Babilonia:* città dell'antichità famosa per i giardini e la sua bellezza, situata tra il fiume Tigri e l'Eufrate nella Mesopotamia meridionale (attuale Iraq), vicino a Ur, il primo insediamento urbano conosciuto, sorto intorno al 4000 a.C.

*Sepolcri della via Appia:* chiamata Regina Viarum (la Regina delle Vie), la Via Appia è la principale tra le vie consolari costruita dal console Appio Claudio nel 312 a.C.; arrivava in un primo momento fino a Capua e poi a Brindisi. Ai lati della strada ci sono monumenti funerari e catacombe. Celebri sono la tomba di Cecilia Metella, le catacombe di S. Sebastiano, S. Callisto e le catacombe ebraiche e Casal Rotondo, il più grande sepolcro della Via Appia.

*Etruria:* vedi Attività 3 di questa Unità.

**a.** *al tempo dei re.* Quali re e quale epoca sono?

a. _753 - 510 AC._

**b.** *lungo le foreste della Germania, nelle <u>lande</u> della Britannia.* Quale legame c'è con Roma?

*moors*

b. _Erano la periferia dell'impero dove Adriano ha costruito grande mure_

**c.** *Repubblica.* La prima forma di governo dei Romani era repubblicana?

c. _no era la monarchia_

**d.** *primi Cesari.* Pensate che ci sia un collegamento tra Giulio Cesare e i Cesari? Chi erano questi ultimi?

*connestia*

d. _Dopo ~~esse~~ Cesare ha eliminato Crasso e Pompeo, è stato assassinato. In suo onore, tutti gli imperatori romani si chiamano "Cesari"_

**e.** *una commedia di Terenzio.* Conoscete scrittori e artisti Romani?

_— l'Eneide - Enea_
e. _Virgilio, Cicerone, Ovidio_

**f.** Adriano non parla di conquiste e guerre ma di progresso nelle arti e nella società. Pensi che i Romani abbiano contribuito al progresso dell'umanità? Discuti con i tuoi compagni.

f. _____

## Revisione

L'imperatore Adriano (117-138 d.C.), secondo imperatore della dinastia Antonina, preferisce la poesia, il teatro, l'arte e i viaggi alle guerre e quindi amministra pacificamente l'Impero. Dice che per governare bene un Impero così grande, che va dalla Scozia al Golfo Persico, è necessario conoscerlo e infatti è spesso assente da Roma per visitare le varie regioni. Amante delle arti e della cultura greca soggiorna anche a lungo in Grecia e ad Atene fa costruire l'Olympieion (vedi Unità 1 Attività 8), importante tempio di cui si vedono ancora i resti nella valle sotto l'Acropoli. Di lui restano anche la Villa Adriana, a Tivoli, nella quale erano riuniti tesori in marmo, statue, stoffe ecc., e di cui ancora oggi si può ammirare l'armonica e raffinata architettura e la sua tomba, oggi chiamata Castel Sant'Angelo, che domina il Tevere. Fa erigere anche infrastrutture e opere di difesa, come il Vallo (opera di fortificazione) lungo 117 chilometri, tra Inghilterra e Scozia, per limitare a nord il confine dell'Impero.

La storia di Roma, che l'imperatore ricorda in questo passo, affonda le sue radici nella mitologia, con Evandro che avrebbe fondato una prima città sul Palatino e aiutato l'eroe troiano Enea al suo arrivo nel Lazio. Il periodo della monarchia inizia nel 753 a.C., anno della presunta fondazione della città, con una successione di sette re (secondo la tradizione): Romolo, Numa Pompilio, Tullo Ostilio, Anco Marzio, Tarquino Prisco, Servio Tullio e Tarquinio il Superbo. Durante il periodo monarchico Roma si estende sui sette colli della riva sinistra del Tevere: Palatino, Aventino, Esquilino, *Viminale, Quirinale, Campidoglio* e Celio e conquista i territori confinanti con il Lazio occupati dai popoli dei Marsi, Sanniti, Volsci, Vestini.

Nel 510 a.C. inizia il periodo repubblicano, uno splendido periodo nel quale Roma organizza meglio la struttura dello stato e allarga il proprio territorio con grandi conquiste nel Mediterraneo diventando anche potenza commerciale e bancaria. In trecento anni Roma conquista tutta la penisola italiana vincendo le guerre contro i Galli a nord, i Sanniti a sud-est e la città di Taranto a sud; nel 261 a.C. iniziano le guerre dette puniche contro l'altra grande potenza del Mediterraneo: *Cartagine*. Dopo cento anni circa Cartagine è distrutta e Roma estende il proprio dominio dalla Spagna lungo tutte le coste dell'Africa settentrionale fino alla Grecia compresa. Alle guerre segue un periodo di conflitti sociali che

termina con la concessione del diritto di cittadinanza romana a tutti i popoli della penisola italiana. Quest eventi riflettono la crisi della Repubblica: nel 60 a.C. Crasso, Pompeo e Cesare si accordano per dividersi potere e formano il primo triumvirato (governo di tr persone). A Cesare è affidato il compito di estendere domini romani nel nord del continente europeo e i poco più di un decennio conquista la Gallia (attua Francia), la Germania Renania, il Belgio, attraversa Manica e conquista la Britannia (attuale Gran Bretagna). Fonda in Francia, in un'isola della Senna, la citt di Leucotecia, poi Lutezia ed oggi Parigi, ed in Britania lungo la riva del Tamigi Londinium, oggi Londr Dopo queste trionfali conquiste, *alea iacta est* ("Il dado tratto"): Cesare **attraversa il Rubicone** (fiume vicino Rimini), elimina gli altri due triumviri, diventa dittato a vita. Viene ucciso da una congiura alle Idi di Mar. (secondo il **calendario Romano**, per noi il 15 marzo) d 44 a.C., in suo onore si chiamano da allora "Cesar tutti gli imperatori romani.

Roma è influenzata dall'ellenismo (cioè dalla cultur greca) e dalla eredità etrusca, elabora uno stile architet tonico originale, lo stile romanico; nel campo letterar vengono raggiunte espressioni di grande livello. Poe importanti sono Tibullo, che scrive *Le elegie*, poesie isp rate alla vita campestre, Ovidio le cui *Le Metamorf* sono un poema epico-mitologico, Lucrezio che nel *I rerum natura* si ispira alla filosofia del greco Epicuro, C tullo noto per le poesie di ispirazione amorosa, Virgi di cui ricordiamo *Le Georgiche* e *Le Bucoliche* ispirate mondo agricolo e *L'Eneide*, che narra il viaggio dell'er troiano Enea verso il Lazio per fondare Roma. Comm diografi famosi sono Plauto e Terenzio; mentre Enni Tacito e Tito Livio ci lasciano la testimonianza stori di Roma. Il grande **Cicerone** con *Le Orazioni*, scritte difesa dei personaggi famosi della Roma antica, è m estro di eloquenza (capacità di esporre le opinioni c discorsi eleganti).

**NOTA**

*Viminale:* oggi sede del Ministero dell'Interno.
*Quirinale:* fino al 1870 sede del Papato, oggi vi risie il Presidente della Repubblica.
*Campidoglio:* sede del Senato nella Roma antica, tualmente sede del Comune di Roma.
*Cartagine:* potente città che sorgeva nel golfo di Tun

e dominava le zone africane settentrionali e la Spagna oltre al commercio in Sicilia, Corsica e Sardegna.

**Attraversare il Rubicone:** da questo fatto deriva il detto "passare il Rubicone" che significa prendere una decisione importante perché il Rubicone segnava il confine tra la Gallia Cisalpina (attuale Italia settentrionale) e l'Italia e attraversarlo con l'esercito significava andare contro gli altri due triumviri, Crasso e Pompeo e quindi contro il potere stabilito a Roma.

**Calendario romano:** era diviso in 12 sezioni e l'anno cominciava con il mese di marzo. Nel 46 a.C. Cesare riforma il calendario in base ai cicli del sole, invece che della luna, in questo modo l'anno ha 365 giorni 6 ore e 12 mesi (calendario giuliano). È aggiunto il mese di luglio da Julius (Giulio) per ricordare Cesare, artefice della riforma, e agosto, da Augustus (Augusto), che ha fatto entrare in vigore la riforma dopo la morte prematura di Cesare.

**Cicerone:** ancora oggi si dice "fare il cicerone", che significa essere una guida, perché Cicerone è famoso per i suoi lunghi discorsi pubblici.

## ATTIVITÀ 8

**Lavorate in coppia. In queste foto vedete il Pantheon di Roma, il Partenone e l'Olympieion di Atene. Rileggete il brano in cui Adriano ne parla e scrivete cosa rappresenta ogni immagine. Secondo voi quale era il loro uso e quale collegamento c'era tra i Romani e gli antichi Greci?**

*Partenone*

1.

*Partenone*
*tempio dedicato ad Athena la dea protettrice di Atene*

Olympieion
- il tempio del dio
Giove Olimpio
- costruito da Adriano
a tene

2.

MAGRIPPALFCOSTERTIVMFECIT

3.

Pantheon
- tempio dedicato a tutte gli dei

I Romani e i greci adoravano gli
stessi dei ma li chiamavano con altri nomi

*Partenone (Atene)*
*Pantheon (Roma)*
*Olympieion (Atene)*

## Revisione

Il Partenone è il tempio dedicato ad Athena Parthenos, la dea protettrice di Atene, eretto sull'Acropoli, la parte più alta e antica di Atene, incendiato dai Persiani e poi ricostruito sotto Pericle (448-438 a.C.); l'Olympieion è il tempio del dio Giove Olimpio fatto costruire da Adriano sotto l'Acropoli, di cui oggi rimangono solo alcune colonne erette.

Il Pantheon, che si può ancora oggi visitare a Roma, era il tempio dedicato a tutti gli dei. Costruito intorno al 27 a.C. dal genero di Augusto, M. Agrippa, distrutto, poi ricostruito dall'imperatore Adriano, è trasformato in chiesa cristiana durante il cristianesimo. Ora al suo interno si trovano le tombe di Raffaello e dei primi re d'Italia, Vittorio Emanuele II e Umberto I (vedi Unità 4 Attività 6 e 7).

I Romani adorano gli stessi dei greci anche se li chiamano con altri nomi, per esempio a Zeus capo degli dèi greci corrisponde a Roma Giove, a Dioniso dio del vino Bacco, ad Atena dea della sapienza e giustizia Minerva, ad Ermes dio del commercio Mercurio, ad Afrodite dea dell'amore e della bellezza Venere. A Roma poi è importante la dea Vesta, che protegge la casa, del cui culto si occupano le Vestali, sacerdotesse molto rispettate. I Romani inizialmente adorano i loro dei nei boschi, poi per influsso degli etruschi e dei greci cominciano a costruire edifici sacri.

## ATTIVITÀ 9

La tomba di Adriano si chiama oggi Castel Sant'Angelo. Cerca in questa pianta di Roma dove si trova. Nella pianta sono segnalati anche altri monumenti legati a grandi personaggi o luoghi simbolici dell'antica Roma, prova a individuarli e a elencarli in queste tabelle.

*Roma: Castel Sant'Angelo*

| LUOGHI | PERSONAGGI |
|---|---|
| *terme di Caracalla* | *Car* |
| *Castel Sant'Angelo* | *Adriano - tomba* |
| *il coloseo* | *gladiator* |
| *circo massimo* | |
| | |
| | |

## Revisione

I monumenti dell'antica Roma sfidano i millenni perché i romani impastano la calce con un particolare tipo di pietra vulcanica, la pozzolana, proveniente dalle cave vicine a Roma che ha le stesse caratteristiche del cemento moderno. Costruzioni importanti di cui si ha ancora oggi testimonianza sono le vie, gli acquedotti e i ponti. Ciascuna dinastia e ciascun periodo della storia di Roma ha lasciato testimonianze artistiche e architettoniche: l'elegante centro aristocratico del Campo Marzio voluto da Augusto, le Terme (di Caracalla, di Diocleziano), i Fori, i templi e più tardi le basiliche (Massenzio), gli anfiteatri.

Oltre al Pantheon e a Castel Sant'Angelo, divenuto fortezza militare dei Papi durante il Medioevo, tra i monumenti meglio conservati ci sono il Colosseo, il Circo Massimo, il teatro di Marcello, il Campidoglio, gli archi di Tito e Costantino, tutti a Roma, e poi l'Arena a Verona e a Pola (Istria), l'arco di Traiano a Benevento, gli scavi di Pompei. Fuori d'Italia si possono ancora oggi ammirare famosi resti romani a Nîmes, Arles e Marsiglia in Francia, Segovia e Barcellona in Spagna, Leptis Magna in Libia ed altri monumenti in Europa, Africa, Asia.

## Gli ozi di Capri

Qualcuno preferisce guardarla dal mare, ormeggiando la barca in mezzo al blu. Molti, invece, si danno appuntamento ogni estate al *Quisisiana*, l'hotel delle celebrità. Poi ci sono quelli che su questa roccia scolpita dalle onde hanno innalzato ville favolose. L'imperatore romano Tiberio prima di tutti. Gli avevano detto che si sarebbe salvato solo se non avesse mai abbandonato l'isola. Così scelse un bel posto a strapiombo sul mare (*Villa Jovis*) e si fece costruire dodici edifici dedicandone ognuno a un vizio. Poi ne combinò di tutti i colori e diede un senso alla parola "baccanale" lanciando feste talmente spregiudicate da diventare leggendarie. Pare che nessuno, dopo di lui, si sia divertito di più, anche se facoltosi ed eccentrici negli anni Cinquanta ci sono andati molto vicino. Oggi esistono due Capri. La prima è quella dei turisti che arrivano la mattina in traghetto, vanno a vedere la Grotta Azzurra e i Faraglioni, fanno uno slalom veloce tra le vie del centro, danno una sbirciatina ai ricchi e famosi e la sera ripartono. La seconda è di chi possiede una delle tante, magnifiche case che hanno resa famosa Capri fin dal secolo scorso.

## ATTIVITÀ 10

Sono tre importanti personaggi della storia di Roma. Uno di voi legge le notizie sulla loro vita e lo descrive al compagno che cerca di indovinare chi è scegliendo il nome dalla lista e osservando attentamente le immagini.

**Personaggi: Caracalla • Cesare • Cicerone**

... è tra i più grandi generali e uomini politici di tutti i tempi. Sua maggiore gloria è la conquista delle Gallie e lo sbarco in Britannia, compiuti in 9 anni di comando; la rivalità di Pompeo e del *Senato* lo induce a marciare su Roma con l'esercito, iniziando una *guerra civile* che lo porta alla *dittatura* e alla morte per opera di **congiurati**.

... uccide il fratello Geta associato nell'Impero e numerosi seguaci di lui, resta così solo e tirannico imperatore. *Dà la cittadinanza romana a tutto l'Impero*. A Roma fa costruire le *terme* di cui restano le imponenti rovine.

... il più celebre *oratore* romano, è anche abile uomo politico e filosofo. La sua fama è legata alle orazioni contro Verre e contro Catilina, grazie alle quali è soprannominato "padre della patria", ma anche a quelle contro Antonio, le "Filippiche", che gli valgono la morte ad opera di **sicari**. È grande stilista e scrittore **fecondo**.

### LESSICO

• **Congiurati** - persone che si accordano per danneggiare il potere costituito dello stato o dei suoi rappresentanti.
• **Sicari** - coloro che uccidono per ordine di altri.
• **Fecondo** - fertile, che produce molto.

*Giulio Cesare*
*Cicerone*
*Caracalla*

Rileggete insieme le notizie di questi uomini. Ci sono alcune parole in evidenza: riflettete sul loro significato all'epoca di Roma e su quello che hanno oggi per l'Italia e per il vostro paese.

## Revisione

Giulio Cesare (100-44 a.C.) appartiene a una delle famiglie patrizie (i patrizi erano la classe sociale alta, i plebei quella bassa) più famose di Roma, la gens (= famiglia) Iulia che si vantava di avere come antenati Enea e suo figlio Iulio e quindi di avere origini divine per-

ché secondo la leggenda Enea è figlio della dea Vene... Conquista il potere con una serie di vittorie (vedi Uni... 1 Attività 7): tre famose parole "Veni, vidi, vici (ve... ni, vidi, vinsi = venire, vedere, vincere)" sottolineano rapidità delle sue conquiste. Cesare non è soltanto...

grande generale e un abile uomo politico, ma è anche uno dei più grandi oratori e scrittori dell'antica Roma perché aveva avuto una ottima educazione con maestri di greco e latino. A Roma infatti l'educazione dei giovani di famiglie patrizie viene affidata a docenti che insegnano filosofia, retorica e greco; famoso è Seneca, maestro e consigliere di Nerone. Cesare ci lascia un prezioso resoconto delle sue guerre nei suoi libri "De bello gallico" in cui racconta la conquista della Gallia e della Britannia e "De bello civili" sulla guerra contro Pompeo. Importante è anche la sua riforma del calendario chiamato *calendario Giuliano* (vedi Unità 1 Attività 7). Caracalla (186-217 a.C.), secondo imperatore della dinastia dei Severi, con l'editto (= legge dell'imperatore) del 212 a.C. dà la cittadinanza romana a tutti gli abitanti dell'Impero e fa costruire le famose terme, uno dei luoghi di incontro preferiti dai Romani, dotate di bagni, piscine, palestre, biblioteche, sale di conversazione e sale per gli spettacoli. L'ingresso alle terme è gratuito o a prezzo ridotto quindi ogni cittadino romano, sia patrizio che plebeo, senza distinzione di classe, vi può trascorrere il suo tempo libero.

Cicerone (106-43 a.C.) è un famoso oratore, uomo politico e filosofo romano. I suoi scritti sono presi come modello di latino nell'Umanesimo (vedi Unità 2 Attività 16). Tra questi sono importanti le opere filosofiche come *De Repubblica* e *De legibus*, il vasto epistolario (raccolta di lettere) e le 58 orazioni contro o a favore di importanti uomini politici (come le *Catilinarie* contro Catilina e le *Filippiche* contro Antonio). È chiamato "padre della Patria" perché è il difensore della Repubblica e della Costituzione romana.

## ATTIVITÀ 11

**Osserva queste fotografie, indica nella cartina che trovi nella pagina successiva dove si trovano gli oggetti raffigurati e scrivi quale era la loro funzione.**

*Acquedotto di Nîmes (Francia)*

*Gortina (Creta): muro con le tavole del Codice romano*

**Funzione:**

*[handwritten]* - porta l'acqua delle montagne Gallia - si trova in Francia

**Funzione:**

*[handwritten]* nel isola di - si trova a Gortina in Creta - era l'unica legislazione scritta del periodo repubblicano

*[handwritten margin note]* actually in Greek - Dorico dialetto - not Latin but part of Roman law

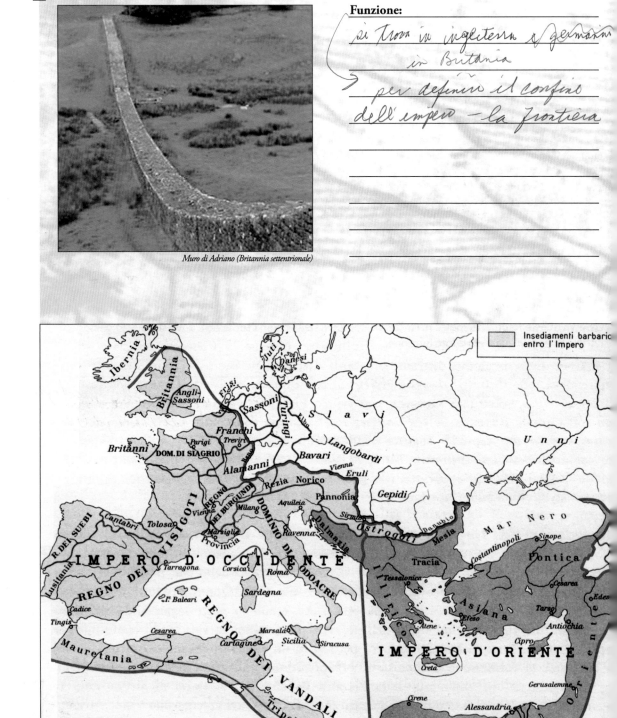

Muro di Adriano (Britannia settentrionale)

**Funzione:**

*si trova in inghilterra e germania in Britania*

*per definire il confine dell'impero – la frontiera*

Piantina Impero Romano d'Occidente/Or

*[annotazione manoscritta: giurisprudenza, law]*

## Revisione

Gortina è un'antica città dell'isola di Creta dove sono state ritrovate le Tavole del **Codice** romano, importanti nella storia del diritto perché mostrano il grado di civiltà raggiunto da questo popolo. Le Dodici Tavole (450 C.) contengono le prime regole di diritto privato e pubblico. Secondo la tradizione il testo delle XII Tavole opera di una commissione di dieci uomini (decemviri) ed è l'unica legislazione scritta del periodo repubblicano (510-27 a.C.). Nel periodo imperiale la legislazione raccolta nel Codice Teodosiano (438 d.C.) e, successivamente, nel Codice di Giustiniano (534 d.C.) che è la raccolta più completa di costituzioni imperiali e di leggi vedi Unità 1 Attività 15).

Oltre ad essere esperti legislatori i Romani sono abili ingegneri, famosi non solo per la costruzione di strade, ponti, edifici ma anche per gli acquedotti, opere di gran-

*[annotazioni manoscritte: through?; careful, precise; study]*

de precisione che attraverso un attento studio delle pendenze permettono all'acqua di percorrere enormi distanze senza l'aiuto di macchine. Nel I secolo dell'Impero Roma è servita da dieci acquedotti che portano migliaia di litri d'acqua al giorno nella capitale. Gli acquedotti sono lunghi decine, a volte centinaia di chilometri e si trovano in tutto l'Impero. Sono visibili ancora oggi le rovine monumentali in Spagna, Germania, Inghilterra, Turchia e a Nîmes, nella Francia meridionale.

*[annotazione manoscritta: thousand]*

● **NOTA**

Il **Codice** romano è alla base del diritto italiano che è diviso in quattro codici: Codice civile e di procedura civile, Codice penale e di procedura penale.

## ATTIVITÀ 12

**Sulla base di ciò che ricavi dalle notizie contenute in questo articolo e dall'immagine della Lupa capitolina** [*simbolo di Roma*] **scrivi un breve testo sull'origine di Roma immaginando di pubblicarlo su un opuscolo turistico.**

**Le origini di Roma:**

*[risposta manoscritta:]*
A volte é meglio lasciare i fatti della storia agli storici specialemente quando pensiamo l'origine di Roma, una città magica e incantata.

Dell'unione di eroi e dei sono nati i due gemelli, Romolo e Remo. Abbandonati in un cesto in un fiume, allattati da una lupa Romolo creerebbe una città incantata e le darebbe il suo nome.

## Chi fondò Roma? Di certo non fu Romolo

*I racconti dello storico Tito Livio hanno origine da leggende. Lui stesso lo ammette.*
Le fasi più antiche della vita di Roma, fondata secondo la tradizione nel 753 a.C., sono state narrate da Tito Livio, Dionigi di Alicarnasso, Cicerone. Tutti autori degni di fede ma vissuti ai tempi di Cesare e Augusto (dal 60 circa a.C. al 14 d.C.) e che quindi raccontavano fatti accaduti almeno sei secoli prima e dei quali non esisteva alcuna prova. Le fonti storiche erano tradizioni e racconti orali.
*Romolo e Remo.* L'arrivo di Enea nel Lazio dopo la guerra di Troia, la fondazione di Alba Longa da parte di suo figlio Ascanio e poi quella di Roma da parte del suo discendente Romolo (dopo aver ucciso il fratello gemello Remo), sono da considerare leggende diffuse per dare gloria al periodo delle origini. Lo stesso Livio scrive che queste vicende sono "arricchite più di poetiche favole che di documentazione storica".
Anche sulla sequenza dei re non esistono prove: forse prima della Repubblica Roma ha avuto un periodo monarchico e probabilmente i primi re erano di origine **sabina** e etrusca e magari avevano anche i nomi a noi noti: Numa Pompilio, Tullio Ostilio, Anco Marzio, Tarquinio Prisco, Servio Tullio, Tarquinio il Superbo.
***Sette re*** per due secoli. È però escluso che in sette abbiano potuto coprire due secoli e mezzo di storia, in un'epoca in cui la vita non superava di molto i trenta anni.

**LESSICO**

• **Sabina** - della regione compresa tra la provincia di Roma e di Rieti, a nord di Roma.

*NOTA*

***Sette re*** - Oggi gli storici sono convinti che ci sono stati più di sette re, tre (Tarquinio Prisco, Servio Tullio, Tarquinio il Superbo) erano etruschi.

## Revisione

Secondo la leggenda Enea (vedi Unità 1 Attività 7), fuggito da Troia e dopo aver lasciato Cartagine, risale le coste del Tirreno e sbarca nel "Latium" (pianura larga) dove sposa Lavinia, figlia del re Turno. Dall'unione di una loro discendente, Rea Silvia, con il dio della guerra Marte nascono due gemelli, Romolo e Remo. I due gemelli sono abbandonati in un cesto sulla riva del fiume Tevere e qui raccolti da una donna, soprannominata la Lupa per il suo brutto carattere. Quando i gemelli sono grandi decidono di fondare una città sui colli della riva sinistra del Tevere: salgono sul Palatino e decidono che chi tra loro vedrà il maggior numero di avvoltoi av diritto a scegliere il luogo ed il nome della città. La so favorisce Romolo ma mentre lui traccia il solco della c tà Remo, per invidia, lo scavalca; i due litigano. Romo uccide Remo, diventa il primo dei re di Roma e dopo morte è venerato come dio Quirino. Alcuni storici pe sano che questa sia soltanto una leggenda e che Ror sia stata fondata dagli Etruschi duecento anni prir della data della fondazione leggendaria. Infatti Rum è parola etrusca che significa "la città del fiume".

## Cuma, la grotta della Sibilla

Cuma sorge all'estremità nordoccidentale del Golfo di Napoli: siamo nella zona dei Campi Flegrei, nota soprattutto per l'intensa attività vulcanica.
Ai tempi dell'antica Roma vi sorgevano numerose ville di patrizi, attirati in quel luogo dal clima mite, dalla fertilità del terreno e dalla presenza di sorgenti termali. La vera celebrità di Cuma, però, era la Sibilla, nota in tutto il modo antico perché dotata di un potere ignoto ai comuni mortali: quello di prevedere il futuro.
Sapete chi fu il "cliente" più illustre della Sibilla? Enea, il protagonista dell'*Eneide* di Virgilio. Il grande

poeta racconta che l'eroe troiano si recò a Cuma per conoscere il proprio destino. Si addentrò in un'oscura galleria che si apriva nel tempio di Apollo e incontrò la profetessa che – sono parole di Virgilio – "predice dal fondo del santuario tremendi responsi ambigui, e mugghia nell'antro mascherando con oscure parole la verità". Ecco perché si usa l'aggettivo "sibillino" per indicare una risposta che si presta a numerose interpretazioni!

## ATTIVITÀ 13

Dividetevi in gruppi. Leggete e osservate il fumetto e le vignette, poi fate ipotesi su: come si vestivano e mangiavano i Romani; come erano i loro insediamenti urbani, le loro case e i loro accampamenti; che cosa facevano in Gallia [*Francia*]. Quali attività commerciali e quali negozi potevano esistere alla loro epoca? Confrontate le vostre ipotesi con quelle degli altri gruppi.

*addestrato - practices, trained*
*addestrare - train, drill, coach*
*avvertire - advise, inform, warn*

*stretch out*

*ridi pow auth*

*widespread*

*any*
*leech*
*weight in gold*

Per rendere biondi i capelli, le donne dell'antica Roma erano disposte a qualsiasi sacrificio. Fra le tinture più diffuse, ve n'era una "insuperabile": era un intruglio a base d'uova di corvo e di sanguisughe lasciate macerare in vino rosso per due mesi. Veniva venduta a peso d'oro, ed era considerata tanto "forte" che si consigliava per precauzione, durante le applicazioni, di "tenere la bocca piena d'olio".

*raven*

*intruglio - swill, concoction*

Nell'antichità, tanto i Greci quanto i Romani bevevano il vino diluito con acqua: per tale ragione quello delle migliori annate veniva conservato finché non diventava denso e mieloso.

*- as long as*
*- until*

## Revisione

Nel periodo imperiale Roma, con la periferia, conta oltre un milione di abitanti che vivono in case (*insulae*) con finestre verso l'interno, nell'atrio (*atrium*). Il vero disagio per il cittadino è l'inquinamento acustico, poiché dalle strade interminabili file di carri riforniscono la città di alimenti durante la notte. Nel periodo di massimo splendore Roma accumula immense ricchezze ed anche i plebei hanno diritto a divertirsi. Il Colosseo contiene circa 70.000 spettatori e il Circo Massimo oltre 200.000. I Romani vestono con semplicità: tunica, cioè veste senza maniche lunga fino al ginocchio e spesso fermata in vita, mantello di varie forme e colori e calzari (sandali). La donna a Roma (chiamata "la matrona" nelle famiglie più ricche) è rispettata, stimata ed ascoltata, si dedica alla famiglia e particolarmente all'educazione dei figli. Ama vestirsi elegantemente, usa dolci profumi dell'Oriente, cura la sua persona, si trucca, si pettina con fantasia e porta gioielli preziosi. Tuttavia il capo della famiglia è il padre (*pater familias*) al quale spetta la scelta di riconoscere i figli, è proprietario di tutti i beni, padrone degli schiavi. I Romani sono amanti dei piaceri della vita, passano il tempo libero ammirando spettacoli nel circo e **vanno alle terme**, dove si discute e si gioca ai dadi, oltre a fare il bagno nelle piscine di acqua fredda e acqua calda. Le terme più famose sono quelle di Caracalla e Diocleziano, colossali costruzioni che si possono ammirare ancora oggi. La sera vanno anche a teatro: famoso è il teatro di Marcello dove si rappresentano commedie di Plauto e tragedie greche. Le famiglie più ricche mangiano pasti abbondanti adagiate su triclini, il pasto principale (cena) è nel pomeriggio. In occasioni particolari sono preparati abbondanti banchetti che durano molte ore, fino a tarda notte, nei quali si beve molto **vino**. La cucina romana è varia e semplice, a base principalmente di formaggi, pesce, frutta, noci, olive, uova, vino, miele e pane. La carne è una rarità per le classi sociali più povere; per condire i cibi si usa il *garum*, salsa ottenuta dalla fermentazione di pesce ridotto in poltiglia (cioè quasi liquido).

I Romani si dedicano all'agricoltura, coltivano cereali, viti, ulivi, frutta, verdura; allevano il bestiame, soprattutto ovini (pecore), pescano, sanno sfruttare le miniere di ferro, zolfo, rame, piombo. Sono anche abili artigiani, lavorano il ferro, il rame, l'oro, la pelle. Nelle strade di Roma si trovano i negozi degli artigiani e dei commercianti: falegnami, panettieri, fabbri, **calzolai**, venditori di tessuti. Gli antichi Romani sono anche molto bravi nell'idraulica: gli acquedotti romani si ammirano ancora oggi, come quello di Claudio vicino Roma. Eccellenti architetti e ingegneri, sono esperti costruttori di ponti, volte, cupole, archi e strade e creano una fitta rete stradale che raggiunge le più lontane regioni dell'Impero. In Italia sono ancora praticabili le antiche **strade romane** che portano nomi di imperatori e politici, per questo sono chiamate anche strade consolari; le più importanti sono: l'Aurelia fino a Ventimiglia, la Cassia fino a Siena, la Flaminia (dopo chiamata Emilia) fino a Pesaro, la Tiburtina fino a Pescara, l'Appia fino a Brindisi, la Salaria fino ad Ascoli.

Dall'Oriente e dal nord Africa importano aromi, spezie, profumi, metalli e tessuti. Possiedono una flotta da guerra ben attrezzata per i combattimenti e molte navi per il commercio tra le varie province del Mediterraneo; i porti più importanti sono Brindisi, Taranto, Siracusa, Ostia, Pozzuoli.

---

### LESSICO

• **Calzolai** - artigiani che lavorano il cuoio o la pelle per fare scarpe e sandali, nell'antica Roma chiamati calzari.

---

### NOTA

*Vino:* i romani iniziano la tradizione di citazioni sul vino (in genere positive) giunte fino ad oggi: *in vino veritas* = nel vino sta la verità, cioè chi ha bevuto molto dice anche cose che non vorrebbe dire; *buon vino fa buon sangue*: il vino fa bene; ecc.

*Strade romane:* sono ancora chiamate così le strade italiane e seguono gli stessi percorsi, invece le più importanti autostrade sono segnalate con un riferimento numerico:

l'A1 unisce Milano a Napoli, è il principale collegamento tra il Nord e il Sud d'Italia;

l'A4, o Serenissima, da Torino arriva fino a Venezia, città detta anche La Serenissima;

l'A7, o Autostrada dei Fiori, va da Milano a Ventimiglia città della Liguria (al confine con la Francia), regione nella quale è molto fiorente la coltivazione dei fiori e in cui si svolge un Festival dei fiori legato alla canzone, il Festival di San Remo (vedi Unità 5 Attività 18);

l'A2 unisce Roma a Napoli.

Oggi alla numerazione italiana viene unito anche il riferimento numerico europeo (es. E35).

*Vanno alle terme:* i Romani hanno l'abitudine di passare il tempo libero alle terme dove si incontrano e prolungano la vita sociale, ma questa usanza è ancora oggi molto viva tra gli italiani. Centri termali si trovano un po' in tutto il territorio italiano ma molto noti sono quelli di Ischia, Saturnia, Abano, Montecatini, Bagno Vignoni.

### Terme: Bagno Vignoni

*La vasca medioevale di Bagno Vignoni*

Situate nelle vicinanze della statale per Roma, a soli 4 chilometri dal capoluogo, le terme erano note almeno fin dal tempo dei Romani, come testimonia un'antica iscrizione latina in travertino collocata all'interno dello stabilimento termale, che le dichiara sacre alle Ninfe.

Conosciute e frequentate durante tutto il Medioevo, la loro storia è spesso legata a quella di San Quirico. Il Bagno, passato nel 1318 in possesso dei Salimbeni, fu al centro di contese fra quei signori e Siena, insieme ad altri castelli della val d'Orcia, fra cui Vignoni e la Ripa. I medesimi castelli, oltre al Bagno, furono nel 1417 venduti da Cocco Salimbeni ai senesi per 5.000 fiorini d'oro.

Venuto a far parte del Granducato di Toscana, nell'anno 1600, Ferdinando II de' Medici, concesse il Bagno in proprietà alla famiglia Amerighi, con l'obbligo della sua manutenzione. Nel 1676 la proprietà delle terme fu ceduta al Cardinale Flavio Chigi: attualmente la famiglia Chigi ha in concessione perpetua le acque.

### Efficacia delle acque

L'analisi delle caratteristiche idriche e la secolare esperienza attribuiscono alle acque di Bagno Vignoni un'ottima applicazione nelle malattie artro-reumatiche di qualunque origine, oltre che nelle affezioni delle mucose accessibili (rino-faringiti, apparati genitali femminili).

Inoltre va ricordata l'azione tonico-trofica sull'apparato cutaneo e l'efficacia dei casi di riabilitazione da postumi di fratture.

# Vini

## Indicazioni sull'uso dei vini di pregio italiani

In Italia la produzione offre una gamma vastissima di ottimi e squisiti vini dalle infinite variazioni di gusto, di colore, di profumo e di sapore, che, oltre a soddisfare l'altrettanto variata qualità di cibi regionali, può accontentare le pretese dei cibi così considerevolmente aumentate.

Per ben gustare un vino bisogna prima osservarne la limpidezza ed il colore, poi aspirarne il profumo ed infine sorbirlo lentamente, a piccoli sorsi per apprezzarne il sapore in tutte le sue delicate e piacevoli sfumature.

La temperatura alla quale devono essere serviti i vini è in stretto rapporto con la colorazione, invecchiamento, gradazione, bouquet.

I vini bianchi devono essere tanto più freddi quanto più sono pronunciati questi caratteri.

I vini rossi devono essere serviti a temperatura ambiente, maggiormente elevata per i vini di corpo e di più lungo invecchiamento.

Stapparli, a differenza dei vini bianchi, qualche tempo prima dell'uso giungendo anche fino a 8 ore.

I vini rosati non devono raggiungere mai i bassi limiti dei bianchi e gli alti limiti dei rossi, con una temperatura che sia quindi tra gli 11° e i 15°.

Per consumare più tipi di vino in un dato pranzo è necessario tenere presente, oltre all'appropriato accoppiamento con le pietanze, la regola della progressione, senza mai tornare indietro, della gradazione e del passaggio dai vini più giovani ai più vecchi, dai meno profumati ai più aromatici, da quelli asciutti ai liquorosi.

## Sardegna

La Sardegna è una delle due isole più grandi del Mediterraneo. Ha la forma di un quadrilatero e su ciascuno dei lati si aprono grandi insenature che fanno delle coste sarde le più varie e stupende di tutto il Mediterraneo. La vite in Sardegna è stata sempre conosciuta ed era una coltura insostituibile per la bontà dei prodotti, anche se la trasformazione dell'uva in vino veniva fatta in forma quanto mai primitiva. Nota già al tempo dell'Impero Romano, la viticoltura, con alterne fortune, ha seguito le vicende della storia delle sue terre. Tra il XV e il XVIII secolo furono importati dalla Spagna i vitigni Monica, Cannonau ed il Girò insieme alle tecniche della produzione dei vini liquorosi, ma soltanto dopo il passaggio dell'isola alla monarchia sabauda, ci fu un primo rilancio della viticoltura. Oggi la Sardegna produce ottimi vini da pasto e da dessert.

## Vernaccia di Oristano

Probabilmente introdotta nel territorio di Oristano dalla Spagna verso la fine del XIV secolo, la Vernaccia definita "di Oristano" per non confonderla con altri vitigni di Vernaccia, ha sempre fornito un generoso squisito vino dal colore giallo dorato ambrato: profumo delicato, alcolico, con sfumature di fior di mandorlo; sapore fino, sottile, caldo, con leggero e gradevole retrogusto di mandorle amare.

## ATTIVITÀ 14

Gioco di squadra. Dividetevi in due gruppi. Quali sono i periodi della storia dell'Antica Roma? Numerate in ordine crescente le caselle che trovate qui sotto. L'insegnante chiederà a ciascun gruppo di leggere la propria lista e segnerà quanti errori ci sono. La squadra avversaria ha la possibilità di correggere. Per ogni risposta giusta 2 punti, per la correzione di ogni risposta 1 punto. Leggete poi il testo che segue e trovate il giusto ordine.

INVASIONI BARBARICHE (n°...) 7

GUERRE PUNICHE (n°...) 3

IMPERO (n°...) 5

IMPERO D'ORIENTE E IMPERO D'OCCIDENTE (n°...) 6

I RE DI ROMA (n°...) 1

GIULIO CESARE (n°...) 4

LA REPUBBLICA (n°...) 2

## Da villaggio a Impero

Roma nasce dall'unione di alcuni villaggi dei colli alla sinistra del Tevere, nei primi tempi era governata da re affiancati da un Senato, formato dai capi delle famiglie patrizie. Si racconta che Tarquinio il Superbo era un re tirannico e che i Romani si ribellarono al suo potere e crearono una forma nuova di governo, la Repubblica. Tuttavia questa forma di governo è molto lontana da quella a cui siamo abituati oggi e le classi più povere erano escluse dalla politica. Roma inizia la sua espansione politica mentre al suo interno si fanno strada le riforme sociali. I Romani disponevano di un esercito molto numeroso ma, cosa ancora più importante, di fronte al nemico dimenticavano le differenze di classe e le lotte interne. Vincono molte guerre, come quelle contro i Galli, i vicini Sanniti o le guerre puniche contro Cartagine. Via via che i confini si allargano e le conquiste portano nuove ricchezze e popolazioni sotto il dominio di Roma gli uomini che comandano gli eserciti acquistano sempre più potere tanto che si sostituiscono alla Repubblica e assumono il comando del governo, come Cesare che diviene dittatore a vita (vedi Unità 1 Attività 7 e 10). Roma non tornerà più ad essere Repubblica e si trasformerà presto in Impero, con Ottaviano che lo stesso Cesare aveva indicato tra i suoi eredi. Gli imperatori si succedono per dinastia e, come sempre avviene in questi casi, ce ne sono di buoni e di meno buoni. L'Impero si trova ad affrontare problemi interni ed esterni sempre più gravi e alla fine neppure la divisione in due parti fatta da Teodosio, in Impero di Oriente e di Occidente, servirà a ristabilire lo splendore dei primi tempi. Ben presto i popoli ai confini, i **barbari**, invadono i territori di Roma e l'Impero di Occidente (di cui faceva parte Roma) finisce nel 476.

### NOTA

**Barbari:** (vedi Unità 1 Attività 15) popolazioni che vivevano al di fuori dei confini dell'Impero Romano, di altra cultura, stranieri, e che parlavano una lingua incomprensibile = una lingua barbara (vedi Unità 2, Attività 1); oggi usato nel senso di primitivo, selvaggio, violento.

## Revisione

Il primo periodo della storia di Roma è monarchico con sette re (il primo è Romolo), dal 753 a.C. al 510 a.C., segue la Repubblica, dal 510 a.C. al 31 a.C. con le tre guerre puniche tra Roma e Cartagine (264-241, 218-202, 151-146) che terminano quando l'esercito romano sotto il comando di Scipione l'africano sconfigge quello cartaginese guidato da Annibale. Cartagine è distrutta e Roma diventa la potenza incontrastata nel Mediterraneo (Vedi Unità 1 Attività 7). Nel 60 a.C. Giulio Cesare forma con Pompeo e Crasso il I triumvirato, nel 48 a.C. è nominato dal Senato dittatore a vita e muore nel 44 a.C ucciso dal figlio adottivo, Bruto, e da Cassio. Nel 30 a.C. Ottaviano, figlio adottivo di Cesare, diventa il primo imperatore con il titolo di Cesare (in onore di Giulio Cesare) Ottaviano Augusto. Augusto governa fino al 14 d.C. e sotto il suo regno nasce Gesù. Augusto appartiene alla dinastia Giulia (Tiberio, Caligola, Claudio, Nero-ne) che si conclude nel 68 d.C., seguita dal 69 al 96 da quella Flavia (Vespasiano, Tito, Domiziano) e dal 98 al 192 da quella degli Antonini (Nerva, Traiano, Adriano, Antonino Pio, Marco Aurelio, Commodo). In questo periodo con l'imperatore Adriano (117-138) l'Impero raggiunge la sua massima espansione. Infine Caracalla (211-217) conosciuto per le terme che portano il suo nome e per l'editto con il quale dà a tutti gli abitanti dell'Impero la cittadinanza romana, inaugura la dinastia dei Severi, 193-235 (Settimio Severo, Caracalla, Marino, Eliogabalo, Alessandro Severo). In seguito si succedono poi al comando imperatori che non sanno più tenere unito l'Impero fino ad Aureliano che introduce il culto del dio Sole, di cui l'imperatore è sacerdote supremo; seguono Diocleziano conosciuto per le sue persecuzioni dei cristiani e Costantino che riunifica l'Impero e porta la capitale a Bisanzio. Inizia un periodo di grande instabilità.

## ATTIVITÀ 15

Leggete e osservate questi documenti. Quali capitali si sono succedute a Roma? Quale pensate sia il motivo della loro posizione? Quale cambiamento politico, religioso, sociale e culturale pensate che ci sia stato? Confrontate le vostre osservazioni con l'ipotesi dell'Attività 14.

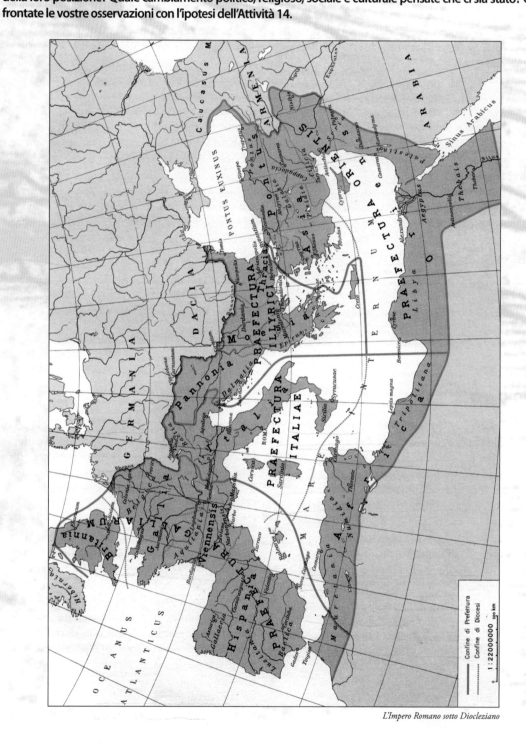

*L'Impero Romano sotto Diocleziano*

*L'Impero Romano e i Regni barbarici alla morte di Giustiniano*

*Mausoleo di Teodorico a Ravenna*

## La fine dell'Impero

Costantino andò a Milano, dove venne **emanato** (313) il celebre Editto di tolleranza a favore dei Cristiani, riammessi nella *legge comune*. Oltre alla politica verso il Cristianesimo, due atti di governo di Costantino ebbero conseguenze molto importanti: la creazione di una nuova capitale dell'Impero a Costantinopoli e la rivoluzione monetaria. Costantino scelse un'antica colonia greca del Bosforo, Bisanzio, famosa per la bellezza della sua posizione ed eccellente per il suo valore strategico, anello di congiunzione fra l'Occidente e l'Oriente. Pensò che per fondare il sistema monetario sulla base d'una moneta di metallo pregiato era necessario abbandonare la vecchia moneta a **corso forzoso**.

Con l'avvento di Teodosio I si ha il principio delle grandi invasioni dei popoli germanici. L'Impero d'Occidente si trovò ridotto a poco più che l'Italia, dove si succedettero dal 455 al 476 una decina di imperatori deboli di fronte al potere dei capi barbari. Nel 408 fu trasferita la capitale da Milano a Ravenna.

Teodorico fu il più famoso dei sovrani dei regni romano-brabarici formatisi in Occidente alla caduta dell'Impero: governò l'Italia conservando intatte le antiche istituzioni e si valse dell'opera di uomini **insigni** come Liberio, Cassiodoro, *Boezio* e Simmaco, che furono gli ultimi rappresentanti della civiltà antica agli inizi della nuova età. Teodorico pose la capitale del suo regno a Pavia, ebbe il sogno di fare del Regno d'Italia la potenza **egemone** del Mediterraneo e, nello stesso tempo, un elemento di mediazione tra i barbari e l'Impero bizantino.

LESSICO
- **Emanato** - pubblicato, emesso, si emana un documento ufficiale, una legge.
- **Corso forzoso** - valore del denaro imposto dalla legge.
- **Insigni** - famosi, illustri.
- **Egemone** - che domina.

NOTA
*Legge comune:* cioè i Cristiani potevano praticare pubblicamente la loro religione; il cristianesimo è una religione riconosciuta alla pari degli altri culti dell'Impero.
*Boezio:* filosofo del Tardo Impero, scrive il *De consolatione philosophiae*.

## Revisione

Costantino (306-337) permette ai Cristiani di professare la propria religione con l'editto di Milano (313) e in suo onore l'antica Bisanzio, oggi Istanbul, diventa capitale dell'Impero romano d'Oriente (330) con il nome di Costantinopoli (città di Costantino).

L'Impero è troppo grande per essere governato da un unico potere centrale e le invasioni barbariche diventano sempre più minacciose, per questa ragione nel 395 l'imperatore Teodosio divide l'Impero in due parti: Occidente e Oriente e Ravenna diventa la capitale dell'Impero d'Occidente (408).

Nel 410 Roma è assediata dalla popolazione germanica dei Visigoti guidata da Alarico, re dei Visigoti; seguono le invasioni degli Unni guidati da Attila e dei Vandali che nel 453 saccheggiano nuovamente Roma. Sotto le pressioni delle invasioni barbariche l'Impero è ai suoi ultimi giorni. Romolo Augustolo, l'ultimo imperatore romano, regna solo un anno, dal 475 al 476: è la fine dell'Impero romano d'Occidente. Sulle rovine dell'Impero romano nascono i regni romano-germanici governati da sovrani germanici. Tra questi si distingue Teodorico (493-526), re degli Ostrogoti, che diventa re d'Italia e stabilisce la sua corte a Ravenna; è un barbaro "illuminato" che subisce il fascino della civiltà romana e cerca una possibile convivenza tra l'elemento germanico e quello latino. A differenza dell'Impero romano d'Occidente l'Impero romano d'Oriente, chiamato bizantino dall'antico nome di Costantinopoli, Bisanzio, sua capitale, resiste alle invasioni barbariche. L'imperatore Giustiniano (527-565) favorisce lo sviluppo della civiltà bizantina che è un incrocio tra la cultura greca, la religione cristiana, il diritto e l'organizzazione statale romana. La sua opera più grande è la raccolta delle leggi romane nel *Corpus iuris*, documento prezioso perché base degli ordinamenti giuridici attuali. L'Impero romano d'Oriente cade sotto il dominio di Maometto II nel 1453.

## ATTIVITÀ 16

Attività di gruppo. Conoscete questi modi di dire? Spiegateli con parole vostre.

*[annotazione manoscritta:]* Le strade erano interconnesse

*[annotazione manoscritta:]* Roma è una città antica - anche le sue opere sono senza tempo

### ROMA, LA CITTÀ ETERNA

### TUTTE LE STRADE PORTANO A ROMA

*[annotazione manoscritta:]* Roma è il centro del mondo

### ROMA CAPUT MUNDI

*[annotazione manoscritta:]* Perché Roma era la capitale del mondo conosciuto in quel periodo

### ROMA NON FU FATTA IN UN SOL GIORNO

*[annotazione manoscritta:]* una grande civiltà richiede molto tempo per svilupparsi - o - per creare qualcosa di valore richiede pazienza / non può essere fatta subito

Conoscete modi di dire sulla capitale del vostro Paese? Scriveteli e spiegateli ai vostri compagni.

*[annotazione manoscritta:]*

Washington

Conn = The Constik State

— "lo stato della costituzione" perché prima della Revoluzione americana Ct è stata lo primo stato con una costituzione scritta.

— "gli ordini fondamentali di Ct."

## Revisione

Ci sono diversi modi di dire su Roma: "Roma, la città eterna" è una metafora per indicare la grandezza di Roma, capitale dell'Impero e del Cristianesimo, città che non morirà mai. Per raggiungere da Roma i luoghi più lontani dell'Impero gli ingegneri romani costruiscono una fitta rete di strade, praticabili ancora oggi (vedi Unità 1 Attività 13), per questo si dice che "Tutte le strade portano a Roma".

Il detto "Roma caput mundi" si riferisce a Roma, cap tale del mondo perché capitale dell'Impero più estes dell'antichità che a quei tempi era considerato il mond perché non si conosceva l'esistenza delle Americhe e altre zone della terra.

"Roma non fu fatta in un solo giorno" perché ci son voluti parecchi secoli per costruire la potenza romana la bellezza della città.

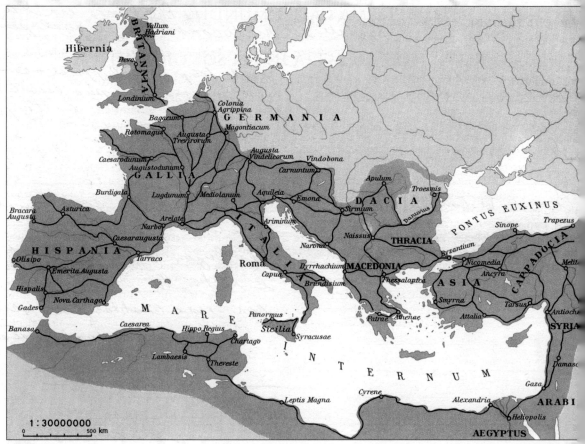

*Le principali strade dell'Impero Rom*

# Unità 2

INTORNO AL MILLE

E VERSO IL QUATTROCENTO

## ATTIVITÀ 1

Uno di voi guarda con attenzione l'immagine (A) che trova qui sotto e legge il testo I barbari. Perché i monasteri erano protetti e organizzati così? Quali funzioni potevano svolgere? Quale destinazione potevano avere gli edifici e gli spazi del monastero dell'immagine A? *(carry out)*

L'altro legge le notizie sulla nascita e lo sviluppo di Venezia, testo Venezia. Quale era il santo protettore della città? Cerca nell'immagine (B) i luoghi che corrispondono ai nomi in corsivo. C'è una relazione?

Raccontate l'uno all'altro ciò che avete scoperto e insieme fate un quadro della situazione in quell'epoca.

## I barbari

I Romani chiamavano barbari, cioè non Romani, tutte le popolazioni che vivevano oltre i confini dell'Impero come le tribù germaniche (Franchi, Ostrogoti, Visigoti, Vandali ecc.). Quando l'Impero diviene debole i barbari invadono la parte occidentale e **saccheggiano** Roma (vedi Unità 1 Attività 14 e 15).

Teodorico, re degli Ostrogoti, re d'Italia per circa trenta anni (493-526), elegge Ravenna capitale del suo regno. In questa città ancora oggi si possono osservare gli splendidi monumenti fatti costruire da lui, il Mausoleo, Santo Apollinare Nuovo ecc., insieme ai resti della ricca arte bizantina originaria dell'Impero d'Oriente.

Tuttavia altri popoli barbari giungono nel nord della penisola, i Longobardi, e occupano anche gran parte dell'Italia centrale e meridionale. Si apre un periodo nero nel quale dominano povertà e carestie; i centri abitati legati alle ville dei padroni e signori (*curtis*) vivono nell'isolamento.

In questa epoca la Chiesa cristiana svolge una attività di **aggregazione** e protezione, i monasteri organizzano una vita autosufficiente all'interno delle loro mura dove si alleva il bestiame, si coltiva la terra, si svolgono attività artigianali. I monaci, tra le altre attività, **intraprendono** la copiatura di testi sacri e di scrittori pagani; questi lavori hanno la caratteristica di presentare miniature, cioè scene di piccole dimensioni contenute all'interno della lettera iniziale della pagina, lettera che ha un carattere molto più grande delle altre. Grazie al lavoro dei monaci oggi possiamo avere notizia di molte opere di cui altrimenti avremmo perso le tracce.

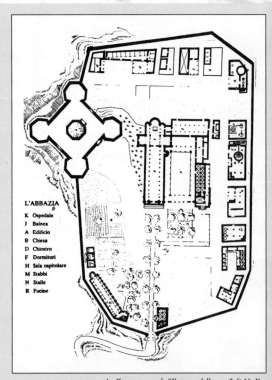

**L'ABBAZIA**

K  Ospedale
J  Balnea
A  Edificio
B  Chiesa
D  Chiostro
F  Dormitori
H  Sala capitolare
M  Stabbi
N  Stalle
R  Fucine

A. *Il monastero de "Il nome della rosa" di U. Eco*

*from the Veneto - related to Venice*

*from the Po valley*

## Venezia

Quando Visigoti, Unni, Ostrogoti, Longobardi gli uni dopo gli altri si **abbatterono** sulla pianura padana, i Romani che abitavano nelle città venete in preda al terrore cercarono **scampo** lungo la costa e popolarono le isolette di fango e di sabbia della laguna adriatica. Le capanne dei primi **profughi** si moltiplicarono e divennero case di pietra, furono gettati tra isola e isola ponti di barche e di legno, le diverse comunità (*Civitas Nova, Malamocco, Rivo Alto,* cioè *Rialto*) si fusero e formarono una unica città. Elessero un proprio capo, il doge (= duca) e dominarono i traffici dell'Adriatico, **sgominando**, intorno al Mille, i pirati *slavi* (gli *Schiavoni*), che si nascondevano sulle coste dalmate. Costruirono lo splendido *Palazzo Ducale*; per custodire il corpo del santo protettore, innalzarono la cattedrale che continuarono ad arricchire e ad abbellire per secoli.

B.

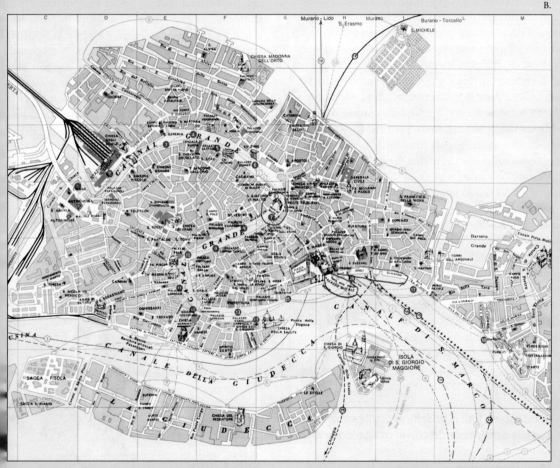

---

**LESSICO**

- **Saccheggiano** - (⇐ saccheggiare) distruggere.
- **Aggregazione** - riunione, raggruppamento.
- **Intraprendono** - (⇐ intraprendere) cominciare, iniziare.
- **Abbatterono** - (⇐ abbattere) prendere possesso con la forza e far cadere con violenza.

- **Scampo** - salvezza, via d'uscita.
- **Profughi** - chi deve lasciare la propria patria e cercare rifugio in un altro Paese in seguito a guerre, problemi politici, eventi naturali ecc.
- **Sgominando** - (⇐ sgominare) battere l'avversario, costringere alla ritirata il nemico.

## Revisione

Durante le invasioni barbariche (vedi Unità 1 Attività 14 e 15) i monasteri non sono solo un luogo di preghiera, di meditazione e di rifugio per le popolazioni in caso di attacchi dei barbari, ma anche centri della rinascita culturale. Nei monasteri i monaci, oltre alla pratica religiosa, svolgono una serie di attività: la coltivazione dei campi, la costruzione di edifici e varie attività artigianali ma la più importante è l'intensa attività culturale che consiste nella copiatura dei testi antichi. I monaci hanno infatti salvato dalla distruzione molti testi, sacri e pagani, perché li ricopiavano e questo ha un valore inestimabile dato che all'epoca non esisteva la stampa e senza questo lavoro di riscrittura le grandi opere greche e romane non sarebbero arrivate a noi. Ci sono ordini monastici (vedi Unità 2 Attività 5) diversi che si distinguono per il colore e la forma del saio (veste); tra i monasteri quello di **Monte Cassino**, fondato da San Benedetto nel 529, è molto noto, la sua Regola (massima) "Ora et labora" (Prega e lavora) diventa la norma di ogni monastero.

Tra il V e il VI secolo le invasioni barbariche spingono le popolazioni della terraferma del nord-est della penisola italiana a trovare rifugio nelle isole della laguna veneziana, così nasce la città di Venezia costruita su più di dieci piccole isole separate da canali, il più grande dei quali è il Canal Grande. Nel VIII secolo il "dux" bizantino (poi doge veneziano) si trasferisce da *Civitas Nova* più tardi chiamata Civitas Heracliana o Heraclea, sulla terraferma a Malamocco, che si trova nella parte meridionale dell'isola del Lido ed in seguito a Rivoalto,

Rialto, famoso ponte sul Canal Grande e primo no[me] della città. In questo modo Venezia acquista una m[ag]giore autonomia dall'Impero bizantino. Venezia nel [ ] secolo si afferma come grande porto commerciale [ ] collegamento tra Oriente e Occidente e diventa la [più] importante Repubblica Marinara (vedi Unità 2 Atti[vi]tà 6). La sua potenza nel Mediterraneo dura fino a[lla] scoperta dell'America quando incomincia il suo de[cli]no. Il governo di Venezia è nelle mani di poche famig[lie] aristocratiche che possono occupare un posto nel [più] alto organo della città, *Il Gran Consiglio*; la residenza [del] capo della città, il Doge, è il Palazzo Ducale, costru[ito] tra il 1309 e il 1442. Il Santo protettore è San Marc[o] in suo onore è costruita la basilica di *San Marco*, di [stile] bizantino-romanico, ricca di marmi e di oro. Tra le p[arti] più note della città ci sono: Rialto, con il famoso po[nte] centro principale della laguna e primo nome della c[ittà] e la Riva degli Schiavoni, che prende il nome dai m[a]rinai slavi che venivano dalla Slovenia, oggi Dalma[zia] e si estende fino ai giardini pubblici creati per ord[ine] di Napoleone dove sorgono i padiglioni della Bienn[ale] (esposizione internazionale di arte moderna che a pa[rti]re dal 1895 si tiene, appunto, ogni due anni).

#### NOTA

***Monte Cassino:*** si trova a sud di Roma, nel Lazio meri[dio]nale, è stato distrutto e ricostruito più volte, l'ultima du[ran]te la II Guerra Mondiale. Nel Medioevo ha avuto gra[nde] importanza culturale e politica, di cui rimane testimonia[nza] nella biblioteca e nell'archivio salvati dall'ultima distruzio[ne].

## ATTIVITÀ 2

Sotto hai una foto di una chiesa di stile romanico e una di stile gotico.
Leggi le definizioni e descrivi in cosa secondo te sono differenti.

### Stile Romanico

Usa la volta a forma semicircolare, la copertura **a botte** e **a crociera** (per le **navate**), i pilastri rinforzati da colonne che continuano gli elementi della volta, rare le finestre nelle mura esterne. La pittura romanica si ricollega all'arte dei mosaici.
Le costruzioni di chiese sono in mattoni o pietra.

### Stile Gotico

Si distingue per le ogive (volte costruite su **costoloni** diagonali), l'arco a sesto acuto, archi esterni che sostengono le volte della navata maggiore e per uno slancio verticale imponente, grandi finestroni e sculture su **pinnacoli** e guglie. Fa grande uso di pietra e marmo.

## Stile Romanico

*Chiesa romanica*

## Stile Gotico

*Duomo d'Orvieto*

_____ ✓

_____

_____

_____

_____

_____

### LESSICO

• **A botte** - volta a forma circolare.

• **A crociera** - volta a sesto acuto, cioè angolo stretto.

• **Navate** - parti in cui la chiesa è divisa, la navata centrale parte dall'ingresso e va fino all'altare maggiore, possono esserci anche altre navate laterali o che si incro-

ciano con la centrale all'altezza dell'altare maggiore.

• **Costoloni** - spigoli, angoli, delle volte a crociera.

• **Pinnacoli** - motivo architettonico a forma piramidale o di cono, generalmente posto nella parte più alta di un edificio, usato come elemento ornamentale.

### evisione — *Review/Revision*

...o stile romanico si diffonde in tutta la penisola: in ...tto (mattoni) nel Nord dove si chiama romanico-...mbardo come nelle chiese di San Michele e San Pietro ...Ciel d'Oro a Pavia, San Zeno a Verona, il Duomo di ...sa, San Miniato a Firenze; nel sud il romanico si fonde ...n elementi orientali come a Benevento nella chiesa di ...nta Sofia e a Bari nella chiesa di San Nicola.

...o stile gotico nasce in Francia e si diffonde in tutta

*, dodicesimo*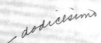

Europa nel XII secolo. Originariamente il nome "gotico" ha un significato negativo (gotico = barbarico, dal popolo dei barbari "Goti"). Le sue caratteristiche principali sono l'arco a sesto acuto e il predominio delle linee verticali. Importanti testimonianze dell'arte gotica in Italia sono il Duomo di Milano, il Duomo di Orvieto, il Duomo di Siena e il Palazzo Ducale a Venezia.

**ATTIVITÀ 3**

Ciascuno esprima la sua ipotesi sull'origine e sul significato della parola MEDIOEVO.
Uno di voi raccoglie tutte le ipotesi e le scrive sulla lavagna; discutete e cercate una definizione generale.

| MEDIOEVO |
|---|
| *età intermedia* |
| |
| |
| |
| |
| |
| |
| |

## Revisione

La parola "Medioevo" significa "Età intermedia", indica il periodo storico compreso tra la caduta dell'Impero Romano d'Occidente, nel 476, e il 1492, scoperta dell'America ed inizio dell'Età moderna. Si divide in tre periodi: Alto Medioevo che va dal 476 al 1000, Basso Medioevo dal 1000 al 1300 circa e Tardo Medioevo dal 1300 al 1400 circa. Il Medioevo è considerato un periodo buio e di regressione nella storia della civiltà, in particolare il primo periodo, l'Alto Medioevo, perché dopo la distruzione dell'Impero Romano e le invasioni barbariche segue un periodo di povertà che dura parecchi secoli. Solo verso il 1000 c'è un miglioramento delle condizioni di vita dovuto a importanti innovazioni agricole: la rotazione triennale delle colture, l'aratro a ruote, il ferro di cavallo e il pettorale di cuoio che permettono al cavallo di portare un carico più pesante. In questo stesso periodo nascono le Repubbliche Marinare che ristabiliscono il commercio con l'Oriente. Il rifiorire delle attività culturali e sociali si ha però dopo il Mille.

## ATTIVITÀ 4

Osserva questi castelli, fortezze e borghi fortificati.
Chi ci abitava? Perché erano costruiti così?
Ci sono castelli nel tuo Paese? Quali sono i più conosciuti?
A quale epoca risalgono?

*Vulci*

**Chi ci abitava?**

*il signore – la sua
corte. – gli artigiani e
i servatori*

**Perché erano costruiti così?**

*per dare protezione
in caso di attachi
dei barbari*

*Lucera – Foggia*

**Ci sono castelli nel tuo Paese?** *? no*

*In America non c'e stata
mai la nobilità o
attachi di barbari*

**Quali sono i più conosciuti?**

**A quale epoca risalgono?**

*San Marino*

*– exactly cosi t
was in med ages
– intact*

*Monteriggioni – Siena*

*Fortezza di Montalcino (Siena)*

*Castello di Avio vicino a Trento*

*Castello di Fenis*

In questo disegno viene mostrata l'organizzazione e l'architettura di un castello. Come pensi che si svolgesse la vita al suo interno? Discuti con i compagni.

# Revisione

L'Italia è piena di castelli, tra i più importanti si ricordano quelli della Valle D'Aosta, il castello di Ivrea, di Mantova, quello Scaligero a Verona, Castel Arquata a Piacenza, il Castello Visconteo a Pavia, lo Sforzesco a Milano, il Mastio Angioino a Napoli.

Il castello medievale è costruito quasi sempre in collina, consiste generalmente in tre parti: *la cinta, il mastio* e *il palazzo. La cinta* è formata dalle mura, rinforzate da torri. Per rendere più difficile ai nemici raggiungere il castello intorno alle mura e al loro esterno spesso viene costruito un fossato, in questo modo il castello diventa una vera fortezza il cui ingresso è chiuso da un ponte levatoio (cioè che può essere alzato per impedire l'accesso ai nemici). Al centro della costruzione c'è *il mastio*, la torre più alta e impenetrabile usata per la difesa e per l'osservazione di ciò che avviene al di fuori. *Il palazzo* è la residenza del signore e della sua corte e spesso al suo interno c'è anche una chiesa o una cappella.

All'interno delle mura del castello si trovano le botteghe degli artigiani (falegname, macellaio, sarto, **sellaio**, **scudiero** ecc.) e le abitazioni dei servitori. Fuori delle mura si sviluppa il borgo dove abitano i "servi della gleba", le persone più povere che, in caso di attacco, si rifugiano dentro il castello. Il borgo nei secoli diventa sempre più grande e si popola di un nuovo ceto di artigiani e commercianti chiamato *borghese* (da *borgo*) che diventa poi il ceto medio, l'attuale borghesia. Il borgo dà origine ai *Comuni*, alle "città medievali": molte città europee sono di origine medievale e per questo motivo hanno strade strette, la fortezza o il castello, la cattedrale, qualche piazza per il mercato e le antiche mura con torri e porte.

**LESSICO**

• **Sellaio** - artigiano che fabbrica le selle per i cavalli e lavora il cuoio.

• **Scudiero** - giovane al seguito di un cavaliere che aveva il compito di occuparsi del cavallo, di portare lo scudo e le armi.

### ATTIVITÀ 5

San Francesco è un religioso medievale i cui ideali sono sintetizzati nel *Cantico delle Creature* da cui è tratto questo brano, che è anche una delle prime testimonianze della letteratura italiana delle origini.
Osserva la prima chiesa costruita dal Santo e rifletti sul contenuto del Cantico: quali sono questi ideali? In che cosa è differente questa chiesa da quelle dell'Attività 2? Discuti le tue ipotesi con i tuoi compagni.

*Umbria*

## IL CANTICO DELLE CREATURE

*Laudato sie, mi' Signore, cum tucte le tue creature,*

*specialmente messer lo frate sole,*
*lo qual è iorno, et allumini noi per lui.*

*Et ellu è bellu e radiante cum grande splendore*
*De te, Altissimo, porta significatione.*
*Laudato si', mi Signore, per Sora Luna e le Stelle.*

*In celu l'ài formate clarite et pretiose et belle.*
*Laudato si', mi' Signore, per frate Vento*
*e per Aere et Nubilo et Sereno et onne tempo,*

*per lo quale alle tue creature dài sustentamento.*

Che Tu sia lodato, o mio Signore, insieme a tutte le tue creature,
specialmente il sole, nostro signore e fratello,
che è la luce del giorno, per mezzo del quale ci illumini.

Ed egli è bello e raggiante nel suo grande splendore:
di te, o Altissimo, porta l'impronta.
Che Tu sia lodato, o mio Signore, per sorella luna e per le stelle:
nel cielo le hai create luminose e preziose e belle.
Che Tu sia lodato, o mio Signore, per fratello vento
E per l'aria e per le nuvole e per il sereno e per ogni tempo,
per mezzo del quale nutri le tue creature.

*Porziuncola*

**Osservazioni**

le chiese dell' Att. 2
sono più grandi – questa
è più piccola semplice e decorata
con una scena religiosa

## Revisione

Una delle figure più profonde e rappresentative della vita religiosa medievale è San Francesco d'Assisi (1182-1226) fondatore dell'ordine dei frati minori o francescani. San Francesco nasce ad Assisi da una famiglia della ricca borghesia mercantile, la sua prima giovinezza è caratterizzata dal godimento dei piaceri terreni e della ricchezza. Giunge alla fede attraverso una lunga sofferenza spirituale; episodi che provocano il cambiamento sono, secondo i cronisti del suo tempo, una grave malattia che lo avrebbe portato a una prima consapevolezza della superficialità dei valori fino allora perseguiti ed il miracolo del crocefisso di San Damiano dal quale Francesco sente questa frase: "Va' e ripara la mia casa che va in rovina". Francesco compie infatti i primi miracoli nella Porziuncula, cappella che oggi si trova nella chiesa di S. Maria degli Angeli, vicino ad Assisi. Verso la fine del primo decennio del XIII secolo fonda *l'ordine dei francescani* le cui norme pratiche di vita sono la fraternità, la povertà assoluta e la semplicità. San Francesco muore il 4 ottobre 1226, due anni prima aveva ricevuto le "stimmate", cioè le piaghe (ferite) fatte a Gesù quando è crocefisso, sul monte Verna (vicino ad Arezzo), espressione della sua singolare esperienza mistica. Francesco, nella volontà di comunicare e diffondere tra gli umili il suo messaggio di amore universale si serve del volgare, la lingua del popolo, perché il latino, lingua ufficiale della Chiesa, è ormai lontano dalla vita quotidiana e capito solo da pochi. Usa però anche canzoni popolari e rappresentazioni per diffondere la fede, si dice ad esempio che abbia inventato il *presepe natalizio*. Nel *Cantico delle Creature o Cantico di Frate Sole*, una delle prime poesie della letteratura italiana in volgare, il santo esprime il suo amore per ogni creatura e per la natura, opera e dono di Dio gli uomini.

### NOTA

*ordine dei frati francescani:* ordine dei frati che seguono le regole religiose di San Francesco. Altri ordini religiosi sono per esempio i domenicani, che seguono le regole di San Domenico, i benedettini dell'ordine di San Benedetto, i gesuiti seguaci di Sant'Ignazio di Loyola e le suore clarisse dell'ordine di Santa Chiara.

*presepe:* o "presepio" (dal latino *praesepium* = stalla), è la rappresentazione in pittura o con statue della capanna dove era nato Gesù con la Madonna, San Giuseppe, il bue, l'asinello e i pastori giunti per adorare il bambino. Il presepe viene fatto nelle chiese ma soprattutto nelle case con statuine, casette di legno e altri materiali tra cui spesso anche lampadine per l'illuminazione, alcuni giorni prima di Natale e rimane fino al 6 gennaio, giorno in cui nella tradizione i Re Magi portano i loro doni a Gesù. Il 6 gennaio in Italia la Befana porta i regali ai bambini e il carbone se sono stati cattivi. Per festeggiare il Natale si usa anche l'albero, generalmente un abete, con ricchi addobbi o fatti artigianalmente (foto 1) ma la tradizione di fare il presepe è molto diffusa al centro e soprattutto al sud, famosi sono i presepi che si fanno a Napoli (come quello che si vede nella foto 2).

*1 - Presepio artigianale con albero di Natale*

*2 - Presepio Napoletano*

*undicesimo*  *dodicesimo*

## ATTIVITÀ 6

Osserva nella piantina del Mediterraneo dei secoli XI e XII dove si trovano le Repubbliche Marinare.
Perché avevano questo nome? Quali potevano essere le loro principali attività?
Scrivi le tue ipotesi qui sotto.

| REPUBBLICHE MARINARE PERCHÉ ... |
| --- |
| Venezia, Genova, Pisa e Amalfi |
| Sono state chiamate "marinare" perché erano |
| situati sulla costa e erano potente economicamente |
| a causa di successo commerciale |
| **ATTIVITÀ:** |
| L'attività principale era l'importazione di spezie, |
| aromi, metalli, seta e cotone |
| Venezia - la più potente - esporta il sale e il vetro |
| due prodotti locale |
| → ha fondata colonie lungo la costa dalmata |

## Revisione

Le Repubbliche Marinare sono i porti più importanti della penisola, in ordine di importanza sono: Venezia detta la Serenissima, Genova detta la Superba, Pisa e Amalfi. Queste città sono le prime a trarre beneficio dalla ripresa economica dopo la caduta dell'Impero Romano e i primi tempi del Medioevo: il commercio con il Mediterraneo orientale s'intensifica, creando una fitta rete di trasporti che arricchisce queste città e pone le basi della rinascita economica di tutta la penisola. Dall'Oriente si importano soprattutto spezie, aromi, metalli, seta e cotone. Amalfi, che aveva iniziato i traffici con l'Oriente fin dal IX secolo, cade però sotto i Normanni nel 1131. Pisa e Genova, alleate nella lotta contro i pirati saraceni, sviluppano una fiorente attività commerciale con il vicino Oriente: Siria, Palestina e Asia Minore. Venezia (vedi Unità 2 Attività 1), la più potente delle Repubbliche Marinare, gode di privilegi particolari concessi dall'Imperatore bizantino, come l'esenzione dalle tasse sul commercio, e in poco tempo diventa l'intermediario principale tra l'Europa e l'Oriente dove esporta due prodotti locali: il sale e il vetro lavorato a Murano (isola vicina alla città). Venezia libera il mare Adriatico dai pirati e fonda molte colonie lungo la costa dalmata e nel Mediterraneo orientale; il suo dominio che si estende fino alla Turchia e comprende la Grecia, durerà fino alla scoperta dell'America. Nel 127 il veneziano Marco Polo per cercare una via terrestre per i commerci della seta arriva nella lontana Cina dalla sua esperienza di viaggio scrive *Il Milione* attraverso il quale si conoscono la vita, gli usi, i costumi e le tradizioni della Cina.

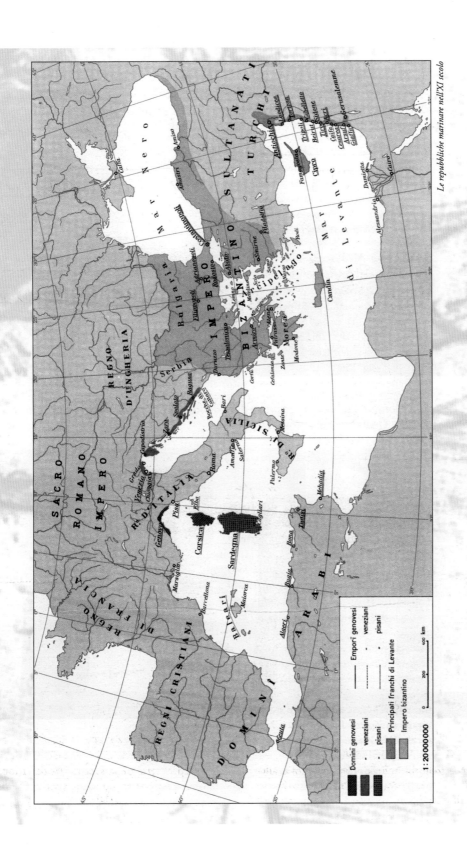

Le repubbliche marinare nell'XI secolo

*materiale diverso*

 **ATTIVITÀ 7**

Osserva questa immagine di epoca normanna a Palermo.
Trovi che lo stile sia diverso da quello di altre parti d'Italia che conosci?

**Osservazioni**

*È diverso dagli stili roman- e gotico. Non ha le linee lunghe – verticali – anche non ha i pinnacoli – ma ha l'arco a sesto acuto – ha sezioni circolari e rettangolari. – È più decorato dello style romantico – ma senza finestre*

Questo è Castel del Monte in Puglia, fatto costruire da Federico II di Svevia, re dei Normanni e Imperatore del Sacro Romano Impero. Quale funzione poteva avere?

**Funzione** *forse è una fortezza o un palazzo reale o una parte di un'abbazia? ma sappiamo ben poco*

*(annotazione manoscritta: what is said)*

**Leggi ora questo brano e confronta quanto si dice con la tua ipotesi.**

## Federico II e Castel del Monte

Il Castello rappresenta la geniale personalità di Federico II e lo splendore del Regno di Sicilia. Sulla sua origine e sulla sua funzione sappiamo però ben poco: non sappiamo chi lo ha progettato, né quando è iniziata la sua costruzione né per quali motivi è stato costruito o se Federico ci abbia mai soggiornato. Non è un castello per la difesa militare perché non ha il fossato e il ponte levatoio, non ha **scuderie**, camere e cucine per la **guarnigione**. Non è un luogo di passatempo perché la sua struttura è troppo essenziale. Secondo gli studiosi ha un significato misterioso, **occulto**. Forse Federico ha voluto edificare la più splendida struttura, l'enigma, che doveva nascondere un segreto difficile da interpretare. Si pensa che il Castello sia posto esattamente a metà fra i meridiani della Cattedrale di Chartres e la piramide di Cheope, due costruzioni che Federico amava. Il Castello forse doveva far scoprire un segreto che l'uomo ricerca sin dai tempi antichi, una stanza a 74 m. di profondità nella piramide di Cheope. Lo stesso messaggio si raccoglie nella Cattedrale di Chartres. Il Castello è costruito in base a calcoli matematici sorprendenti sulle fasi solari creando ombre perfette nei tempi e nelle lunghezze e corrispondenti ai segni dello zodiaco.

---

**LESSICO**

• **Scuderie** - grandi stalle cioè luoghi per far riposare i cavalli.

• **Guarnigione** - soldati che sorvegliano il castello.

• **Occulto** - nascosto.

**NOTA**

*Zodiaco:* sono i 12 segni astrologici più o meno corrispondenti ai 12 mesi (ariete, toro, gemelli, cancro, leone, vergine, bilancia, scorpione, sagittario, capricorno, acquario, pesci). Molte persone credono all'oroscopo, leggono sul giornale le previsioni per il loro segno e si fanno fare un "piano astrologico", basato sulla data e l'ora di nascita, per sapere di più sulla loro personalità e sui momenti favorevoli della loro vita, per attuare progetti importanti.

---

**Nel tuo Paese esistono costruzioni la cui funzione ancora oggi è misteriosa? Parlane con i tuoi compagni.**

**Revisione** *(annotazione: 1000 - 1300)*

Nel Basso Medioevo i Normanni ("uomini del nord", popolo originario della penisola scandinava) liberano la Sicilia occupata dagli arabi e stabiliscono il loro dominio nel sud della Penisola italiana; nel centro della penisola c'è il Regno dei Papi e nel centro-nord le città si organizzano in Comuni, prime forme di governo indipendente e democratico. Federico II di Svevia, nato in Italia da Enrico VI e Costanza d'Altavilla, eredita il regno normanno del sud e l'Impero germanico, così il suo vasto impero va dal Mare del Nord alla Sicilia. Egli fa della città siciliana di Palermo la capitale e il centro culturale dell'Impero. Federico II può essere considerato il primo sovrano moderno perché rafforza il potere centrale dello stato a svantaggio dei feudatari, cioè i proprietari di un feudo (territorio), ai quali toglie alcuni poteri. Ma egli non è solo una figura importante nella storia politica del Medioevo, è anche un grande promotore di attività culturali e amante della letteratura e delle arti, si ispira al modello classico della Roma antica. Fonda la "Scuola Siciliana" che raggruppa i migliori poeti del tempo, come *Pier delle Vigne*. Questa scuola ha soprattutto un'importanza storica perché favorisce la diffusione del volgare attraverso le opere letterarie, prima infatti si scriveva solo in latino. Sotto Federico II Palermo diventa una città ricca di splendidi monumenti come il Duomo di Monreale e la chiesa di San Giovanni degli Eremiti caratterizzati da una architettura normanno-bizantina. Fa costruire uno dei castelli più belli, Castel Del Monte in Puglia, non per scopi militari ma forse come residenza di caccia o come simbolo esoterico.

---

**NOTA**

*Pier delle Vigne:* (1190-1249) poeta della scuola siciliana che scrive poesie in volgare, è nominato da Dante nel canto XIII dell'Inferno.

## Il Pendolo di Foucault

Io sapevo che la terra stava ruotando, e io con essa, e Saint-Martin-des-Champs e tutta Parigi con me, e insieme ruotavamo sotto il Pendolo che in realtà non cambiava mai la direzione del proprio piano, perché lassù, da dove esso pendeva, e lungo l'infinito prolungamento ideale del filo, in alto verso le più lontane galassie, stava, immobile per l'eternità, il Punto Fermo.

La terra ruotava, ma il luogo ove il filo era ancorato era l'unico punto fisso dell'universo.

Dunque non era tanto alla terra che si rivolgeva il mio sguardo, ma lassù, dove si celebrava il mistero dell'immobilità assoluta. Mi scosse un dialogo, preciso e svogliato, tra un ragazzo con gli occhiali e una ragazza che purtroppo non li aveva.

"È il pendolo di Foucault," diceva lui. "Primo esperimento in cantina nel 1851, poi all'Observatoire, e poi sotto la cupola del Panthéon, con un filo di sessantasette metri e una sfera di ventotto chili. Infine, dal 1855 è qui, in formato ridotto, e pende da quel buco, a metà della crociera."

"E che fa, penzola e basta?"

"Dimostra la rotazione della terra. Siccome il punto di sospensione rimane fermo…"

"E perché rimane fermo?"

"Perché un punto… come dire… nel suo punto centrale, bada bene, ogni punto che stia proprio nel mezzo dei punti che tu vedi, bene, quel punto – il punto geometrico – tu non lo vedi, non ha dimensioni, e ciò che non ha dimensioni non può andare né a destra né a sinistra, né in basso né in alto. Quindi non ruota. Capisci? Se il punto non ha dimensioni, non può neppure girare intorno a se stesso. Non ha neanche se stesso…"

"Nemmeno se la terra gira?"

"La terra gira ma il punto non gira. Se ti piace, è così, se no ti gratti. Va bene?"

"Affari suoi."

Miserabile. Aveva sopra il capo l'unico luogo stabile del cosmo, l'unico riscatto alla dannazione del *panta rei*, e pensava che fossero affari Suoi, e non suoi.

Io guardavo con reverenza e paura. In quell'istante ero convinto che Jacopo Belbo avesse ragione. Quando mi parlava del Pendolo attribuivo la sua emozione a un vaneggiamento estetico. Ma se aveva ragione sul Pendolo, forse era vero anche tutto il resto, il Piano, il Complotto Universale, ed era stato giusto che fossi venuto là, alla vigilia del solstizio d'estate. Jacopo Belbo non era pazzo, semplicemente aveva scoperto per gioco, attraverso il Gioco, la verità.

## ATTIVITÀ 8

**Sono tre immagini di Siena medievale. Lavorate a coppie: uno di voi osserverà queste immagini di Siena e l'altro leggerà il brano. Scambiatevi le informazioni che ricavate e scrivete insieme un breve articolo per presentare Siena su una guida turistica.**

*Il Guidoriccio, affresco della Sala del Consiglio del Palazzo comunale*

*Palazzo Comunale*

*guelfi*

*"Il Buon Governo" di Ambrogio Lorenzetti - 1337 - 1339*

## La città medievale

Il dipinto di Ambrogio Lorenzetti conservato a Siena raffigura **l'archetipo** della città medievale (italiana). Tranne che per lo specifico e particolare carattere degli edifici, che hanno un enfatico sviluppo verticale, questo è l'archetipo della città storica di tutte le età, dotata di cittadella fortificata, di mura circolari e di grandi porte. L'artista, riducendo il numero degli edifici e la dimensione orizzontale, ha dato maggiore evidenza non solo alle torri ma anche all'effetto generale di verticalità; ha fatto perdere in tal modo - quasi profetizzasse mutamenti futuri - il senso degli spazi interni e dei giardini che sicuramente vi erano. Nei Palazzi comunali di Firenze e di Siena sono conservate molte vedute di città, compresa la famosa allegoria del Buon e del Mal Governo a Siena.

*bastioni*
*greder*
*patency*
*obviousness*

LESSICO

• **Archetipo** - simbolo, modello originario.

### SIENA

**Articolo**

Siena non è solo il colore della sua terra e pietra. È una città orgogliosa, entro le cui mura la sua lunga storia è in attesa di essere vissuta. Una città medievale ben conservata, trabocca di ricordi del suo ricco passato. Venire durante il Palio, vedere il suo sfarzo, è di essere toccato dal suo passato.

## Revisione

Ambrogio Lorenzetti (Siena, 1285-1348) rappresenta i vari aspetti della vita e della realtà del tempo nel famoso dipinto *Gli effetti del Buon Governo* che si trova nel Palazzo Pubblico di Siena.

Nel dipinto un particolare rilievo ha l'impostazione prospettica e l'uso dello spazio. La città ritratta è Siena, uno dei Comuni più importanti del Medioevo che ancora oggi mantiene il suo aspetto medievale ben visibile e al cui centro si accede attraverso le vecchie porte. Nel dipinto la città è raccolta dentro le mura, le vie sono affollate di gente a piedi o a cavallo e gli artigiani lavorano nelle botteghe, i muratori costruiscono palazzi, segno della ricchezza dei suoi abitanti, gruppi di fanciulle ballano e fuori dalle mura i contadini lavorano nei campi in lontananza c'è la campagna. Le porte della città sono aperte, segno che è un periodo di pace, e c'è gente che entra con le merci e gente che esce. Sopra l'intera scena c'è una figura allegorica che rappresenta la *Securitas*, sicurezza, effetto del governo del Comune di Siena, che assicura pace e prosperità a tutti i cittadini. Per questi motivi *Gli effetti del Buon Governo* è un'opera non solo di interesse artistico, ma anche documentario.

### Il mito contagioso: un viaggio nelle mitologie del Palio.

Il Palio di Siena non è una corsa di cavalli. È una festa che è stata molte feste, è il rito di una città e la memoria storica di una civiltà, della quale due volte l'anno mette in scena la concezione del mondo con tutte le sue "mitologie". Le suggestioni più antiche vengono dalle sagre degli etruschi, che nei loro rituali corsero i loro Palii. Nel fregio di tempio ritrovato a Murlo un gruppo di fantini corre a pelo, indossa berrette e tiene lunghi nerbi simili a quelli attuali.

Il Comune medievale fece la sua fortuna sulle strade d'Italia e d'Europa. E su per la Cassia romana, la Francigena, vennero da Roma la romanità, la cristianità e un mito di "fondazione", nelle vesti di una leggenda medievale, che faceva nascere Siena dalla costola di Roma. Secondo la narrativa, morto Remo, i suoi figli Senio e Aschio fuggirono da Roma inseguiti dai cavalieri di Romolo che li volevano uccidere. E giunsero a Siena di gran carriera, su due cavalli, uno bianco e l'altro nero, come le nuvole di fumo che si innalzarono dalle due are ove offrirono i sacrifici agli dei per propiziare la nascita di Siena. La città viene fondata alla fine di un mitico "palio alla lunga".

Come dire che il Palio è antico quanto Siena, è connaturato alla sua esistenza e parte inscindibile della sua storia, come la lupa bigemina e la Balzana, insegna mai cambiata dalle origini forse perché è il segno eloquente del carattere netto ed estremo della città.

L'antico palio era anche simbolicamente progresso ed ascesi, gioco rituale oltre che, naturalmente e letteralmente, sport medievale, mimica battaglia, *training* per la guerra che i signori erano obbligati a combattere personalmente sui loro cavalli da battaglia.

Quando poi Siena diventa una delle città più floride e poi più colte d'Europa, il Palio fu l'evento ludico e il momento catartico culminante delle magnifiche feste annuali in onore di Nostra Donna d'Agosto, Maria Vergine Assunta, regina e patrona di Siena e del suo Stato.

La festa dell'Assunta resta uno dei più chiari paradigmi di festa medievale, autentica, sacra, profana, devota e politica. La città accoglieva tutti i cittadini del suo Stato perché come i senesi tutti avevano l'obbligo di offrire personalmente un dono di cera fina alla Vergine. Gli operai del Duomo ammassavano sotto la grande volta stellata della Cattedrale fino a 30.000 libbre di cera fine, che poi sarebbe stata ridistribuita a tutte le chiese del Vescovato.

La città riceveva l'omaggio dei suoi cittadini ed in cambio li intratteneva con corti imbandite, rinfreschi e cibo e vino reperiti, offerti, ostentati a tutti. Musici, giullari e saltimbanchi divertivano la folla. Cortei, parate e processioni mostravano ritualmente la dignità e prosperità della *Saena felix*. L'ostentazione di devozione per la Madonna Assunta si abbinava a un rinnovato atto di appartenenza e fedeltà verso il Comune che la rappresentava in terra.

Alla fine delle grandi feste si correva il Palio.

*Piazza del Campo per il Palio*

## ATTIVITÀ 9

Durante il Medioevo l'Imperatore e il Papa hanno combattuto per il potere sul territorio italiano con l'appoggio dei Comuni che si dividevano in **guelfi** [*fedeli al Papa*] e **ghibellini** [*fedeli all'Imperatore*]: la forma dei merli che si trovano nei palazzi dell'epoca indica l'adesione all'uno o all'altro partito. Confronta la foto del palazzo di Bergamo che segue con quella del Palazzo di Siena (vedi Unità 2 Attività 8). Quale delle due città era fedele al Papa e quale all'Imperatore? Secondo te perché il Papa voleva dominare l'Italia?

*⇨ per proteggere il potere e a richezza del papato*

*Viterbo Palazzo dei Papi* ⇨

*stilo romanico*

*Ghibellini guelfi*
*Bergamo*

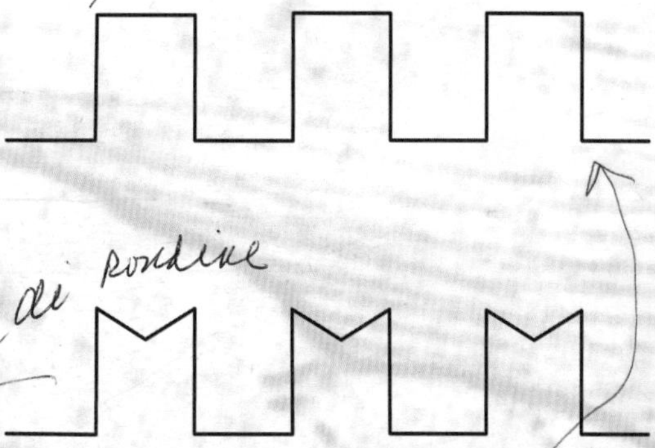

*merli sommità squadrati* (handwritten)

*fedeli al papa - guelfi* (handwritten)

**Osservazioni**

*fedele al Imperatore o ghibì — ghibellini* (handwritten)

*coda di rondine* (handwritten)

*Merli guelfi e ghibellini*

## Revisione

Le denominazioni *guelfi* e *ghibellini* derivano dal tedesco *Welfen* e *Waiblingen*, i castelli del duca Welf di Baviera e Waiblingen di Svevia (vedi Unità 2 Attività 7). La casa di Baviera appoggia il Papa mentre la casa di Svevia è dalla parte dell'Imperatore; in seguito questi due nomi definiscono anche in Italia due fazioni opposte: i guelfi fedeli al Papa e i ghibellini fedeli all'Imperatore. La lotta tra le due fazioni è frutto della passione politica sem[pre] presente nelle città italiane e specialmente in Tosca[na]. Molti scontri tra le due fazioni coinvolgono Lucca, S[ie]na, Firenze, Pisa, Orvieto.

I merli guelfi hanno la sommità squadrata e quelli g[hi]bellini a "coda di rondine".

*fruit is result of* (handwritten)

*involved* (handwritten)

*sguared* (handwritten)

*swallow-tailed* (handwritten)

## ATTIVITÀ 10

**In questa piantina sono segnalati i luoghi in cui esistevano le università prima del 1300.**
**Chi pensi potesse frequentarle in quell'epoca? Secondo te che cosa si insegnava in queste università?**
**Quali sono le università più prestigiose del tuo Paese? Per quali discipline sono famose?**

*figli dei ricchi, della nobiltà* (handwritten)

*teol filos* (handwritten)

*Università in Europa prima del 1300*

**Osservazioni**

_____

_____

_____

**evisione**

*trade*     *commerce*

n l'intensificarsi dei traffici e dei commerci e la rina-
ta economica dovuta all'affermarsi delle Repubbliche *awress*
arinare e dei Comuni c'è la necessità di una nuova
sse di avvocati, medici, maestri che non si possono
formare all'interno dei monasteri; nascono così le *develop*
me ***università***, nuovi centri del sapere e della cultura,
*colleges*
e prevedono quattro facoltà: "le arti" per studenti che
siderano avere una cultura di base, e le facoltà spe-
lizzate di "diritto", "medicina" e "teologia". La scuola
iversitaria più antica è la Scuola medica di Salerno
( secolo), seguita dall'università di Bologna (1158)
nosciuta per gli insegnamenti di lettere (*humanitas*)
diritto, poi ci sono Parigi (1180), Cambridge (1209),
ford (1214), Salamanca (1218), Padova (1222) e
poli (1234). L'insegnamento è organizzato in manie-
molto diversa da oggi e possono accedere agli studi
tanto i giovani di famiglie potenti e ricche.

*NOTA*

***Università:*** ancora oggi le università di Bologna e Padova godono di un notevole prestigio, altre università
importanti sono La Normale di Pisa per le materie letterarie, la Bocconi di Milano per l'economia, Ca' Foscari
a Venezia per le lingue e letterature orientali, La Sapienza a Roma. In Italia esistono anche due Università "per
stranieri", di Siena e Perugia (aperte a studenti italiani e
stranieri), specializzate nell'insegnamento dell'italiano a
stranieri e nell'italiano come lingua straniera con indirizzi in traduzione e mediazione linguistica e culturale.
A seguito dell'ultima riforma universitaria le università
offrono: corsi di Laurea Triennale (Laurea breve), corsi
di Laurea Specialistica o Magistrale (2 anni), Scuole di
Specializzazione (2 anni), Master di I e II livello e Dot-
torati di Ricerca. Le Università italiane sono collegate a
quelle europee con programmi di scambio di studenti e
docenti, come il Programma Erasmus, e di ricerca.

*orientation learning*

### ATTIVITÀ 11

Dante è una delle figure più conosciute della letteratura italiana e la sua opera più nota è la *Divina Commedia* che racconta il suo viaggio nell'Inferno, nel Purgatorio e nel Paradiso cristiani. Osserva l'immagine che riproduce lo schema della *Divina Commedia* e cerca di capire quali peccati sono più importanti per lo scrittore. Tu quali peccati consideri più gravi? Disegna nella pagina di fianco il tuo inferno. Se nella tua religione non esiste il concetto di peccato spiega quali sono i comportamenti che devono tenere gli esseri umani.

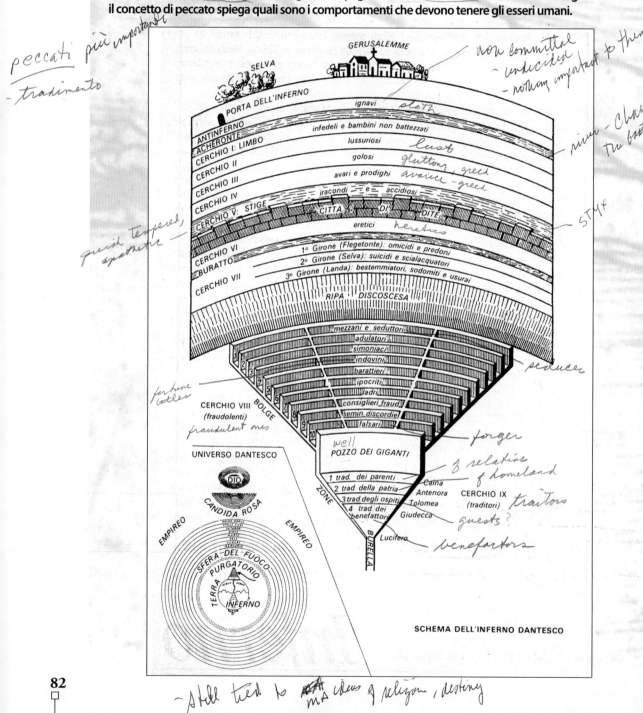

*Handwritten annotations:*
- peccati più importanti
- tradimento
- non committal — undecided — nothing important to them
- sloth
- river — Charon to battle
- lust
- gluttony, greed
- avarice — greed
- quick tempered, apathetic
- STYX
- heretics
- fortune tellers
- seducer
- fraudulent ones
- well
- forger
- relatives of homeland
- traitors
- guests?
- benefactors
- still tied to ideas of religion, destiny

SCHEMA DELL'INFERNO DANTESCO

**Osservazioni**

_____

_____

_____

_____

_____

_____

_____

_____

_____

_____

## ...evisione

...a "Divina Commedia", capolavoro della letteratura ita-...na, si divide in tre cantiche o libri: Inferno, Purgatorio ...Paradiso. Ciascuna cantica è divisa in 33 canti, più uno ...troduttivo nell'Inferno. Dante descrive il suo viaggio ...ell'Inferno e nel Purgatorio con la guida di Virgilio, sim-...olo della Ragione, e nel Paradiso con Beatrice, la donna da ...i amata, simbolo della Teologia e della Sapienza.

...ante immagina che l'Inferno si trovi nell'emisfero boreale ...l Purgatorio, una montagna sulla cui cima si trova il Para-...so Terrestre, dalla parte opposta nelle acque dell'emisfero ...eridionale; intorno alla terra, immobile in accordo con le ...edenze dell'epoca, girano i cieli e l'Empireo che formano ...Paradiso.

...econdo la rappresentazione dantesca l'Inferno è un imbu-... (cono rovesciato che serve per versare liquido) sotterra-...o formatosi per la caduta di Lucifero, angelo cacciato dal ...ielo, che si estende fino al centro della terra. Si divide in: ...ntinferno, *Limbo* che occupa il primo cerchio, e *Inferno* ...ro e proprio, dal secondo cerchio al nono cerchio.

...ell'Antinferno sono puniti gli **ignavi**, cioè coloro che non ...endono una decisone per paura (vili) e non affrontano le ...versità: la loro pena, secondo la legge del contrappasso, è ...rrere dietro a un'insegna irraggiungibile, punti costante-...ente da vespe. Nel Limbo troviamo le anime di uomini ...ustri vissuti prima di Cristo e quindi non battezzati, tra

i quali Omero, Aristotele, Saladino, Platone, Cicerone, Seneca ecc. e anche Virgilio, grande poeta latino. L'Infer-no vero e proprio è diviso in tre parti secondo i peccati di incontinenza, di violenza e di malizia ed è percorso da 3 fiumi. Nella parte più bassa dell'Inferno, più lontani da Dio e più vicini a Satana, ci sono i peccatori di malizia e nell'ottavo cerchio, chiamato anche Malebolge, sono pu-niti i seduttori. Nel nono cerchio, diviso in quattro parti, sono condannati i peccatori che usano malizia verso chi si fida, per Dante è il peccato più grave, e si dividono in tra-ditori di: parenti, patria, ospiti, benefattori e autorità divina e umana. Qui troviamo Giuda, traditore di Cristo, e Bruto e Cassio traditori di Cesare (Vedi Unità 1, Attività 14), che simboleggiano rispettivamente il tradimento della Chiesa (religioso) e dell'Impero (politico). L'Inferno è popolato di personaggi mitologici e storici, di antichi poeti, di eroi, di re e di gente comune, tutti uniti da uno stesso destino, che rappresentano la storia della natura umana, dei suoi vizi e delle sue passioni. I peccatori ignorano il presente ma cono-scono il futuro, di questo Dante si serve per far dire a molti di loro delle profezie, cioè prevedere i fatti futuri.

---

**LESSICO**

• **Ignavi** - vili, codardi.

*retaliation, eye for an eye*

*nella vita hanno abbandonato la ragione e sono travolti – portati via dalla loro passione. Adesso, sono portati via da un vento tempestoso e interminabil che non possano controllare.*

## ATTIVITÀ 12

Nella struttura dell'Inferno di Dante i peccati sono puniti nei gironi [*cerchi*] secondo la loro *gravità* (il IX è per i peccati più gravi, il I per quelli meno gravi) ma anche seguendo la *legge del contrappasso*, cioè la corrisponden- za tra la pena che il peccatore deve scontare e la colpa commessa. I dannati del II cerchio (Canto V) dell'Inferno, tra i quali si trovano Paolo e Francesca, sono i lussuriosi. Lavorate a coppie, dite quale legge del contrappasso è stata applicata in questo caso e cercate di spiegarla.

## Paolo e Francesca

L'attenzione di Dante viene attratta da due anime che procedono unite nel vento della **bufera**. Sono Paolo e Fran- cesca, cognati, uccisi da Gianciotto, marito di Francesca e fratello di Paolo. Da Francesca Dante **ode** il racconto commosso del modo in cui nacque il loro amore **funesto**, favorito dalla **suggestione** delle frequenti letture di argomento amoroso e da un'educazione al culto del sentimento, raffinata ma poco solida moralmente. Al pianto commosso di Paolo, sempre silenzioso, si accompagna il pianto di Dante, umanamente partecipe della **sciagura** dei due cognati; e anzi l'angoscia lo vince a tal punto da farlo **svenire**.
Prendendo lo spunto da un fatto di cronaca realmente accaduto, con Francesca da Rimini Dante crea una figura di grande profondità umana e femminile, peccatrice non per **carenza** ma per eccesso di sensibilità e di sentimento.

| | |
|---|---|
| *Noi leggiavamo un giorno per diletto* | Un giorno noi leggevamo per divertirci |
| *Di Lancialotto come amor lo strinse;* | Di come l'amore prese con forza Lancillotto; |
| *soli eravamo e senza alcun sospetto.* | eravamo soli e senza nessun presentimento. |
| *Per più fiate li occhi ci sospinse* | Per più volte quella lettura spinse i nostri occhi |
| *Quella lettura, e scolorocci il viso;* | ad incontrarsi e ci fece impallidire |
| *ma solo un punto fu quel che ci vinse.* | Ma quello che ci vinse fu un unico punto. |
| *Quando leggemmo il disiato riso* | Quando leggemmo che la desiderata bocca ridente [*di Ginevra*] |
| | |
| *Esser baciato da cotanto amante,* | Era baciata da un simile amante, |
| *questi, che mai da me non fia diviso,* | questi [*Paolo*], che non sarà mai più separato da me |
| *la bocca mi baciò tutto tremante.* | tutto tremante mi baciò la bocca. |
| *Galeotto fu 'l libro e chi lo scrisse:* | Il libro e chi lo scrisse furono **Galeotti** |
| *quel giorno più non vi leggemmo avante.* | Quel giorno non leggemmo più. |

*Dante*

### LESSICO
- **Bufera** - tempesta di neve o pioggia.
- **Ode** - (⇐ udire) sentire.
- **Funesto** - portatore di dolore e sfortuna.
- **Suggestione** - condizionamento, influenza.
- **Sciagura** - disgrazia, catastrofe, sventura.
- **Svenire** - perdere i sensi, la conoscenza per breve tempo.
- **Carenza** - mancanza, povertà di qualcosa.

### NOTA
**Il credente medievale**
Nella *Divina Commedia* Dante espone il sistema filosofico morale dei cattolici dell'epoca medievale (1265/1321).

## Revisione

Nel secondo cerchio i dannati sono i lussuriosi, considerati peccatori di incontinenza perché non riescono a contenere i propri istinti entro i limiti della ragione; in base alla legge del contrappasso come pena sono travolti da una bufera che non si ferma mai, simbolo della passione che li ha travolti in vita. Il V Canto è anche chiamato Canto di Paolo e Francesca perché dopo che Virgilio indica a Dante amanti famosi nella storia, morti direttamente o indirettamente a causa di una passione amorosa, come Elena di Troia e la regina d'Egitto Cleopatra, l'episodio di Paolo e Francesca occupa gran parte del canto. L'attenzione di Dante si rivolge a due anime che, a differenza delle altre, volano unite. Sono le anime di Francesca da Rimini e Paolo Malatesta, cognati, che si sono innamorati e sono sorpresi da Gianciotto Malatesta, rispettivamente marito e fratello, e da lui uccisi. È Francesca che racconta come è nato il loro amore mentre Paolo piange, ed il suo racconto ci porta nell'ambiente raffinato di una corte medievale. I due amanti stavano leggendo insieme un romanzo d'amore cortese, la storia di Lancillotto e Ginevra, quando nella scena del bacio di Lancillotto la passione amorosa prende il sopravvento e Paolo bacia Francesca. Dante prova un profondo sentimento di pietà per Francesca, per sè stesso e per ognuno di noi e sviene; perché Francesca, che anche nell'Inferno non rinnega il suo amore, rappresenta la fragilità umana e la potenza dei sentimenti.

### NOTA

**Galeotti:** da Galehaut, personaggio del romanzo di Lancillotto che favorisce l'amore tra Ginevra e Lancillotto, nell'uso comune oggi la parola "galeotto" indica chi favorisce i rapporti amorosi.

**Virgilio:** importante poeta latino, autore dell'Eneide, libro che narra la storia del viaggio di Enea, dopo la distruzione di Troia, verso il Lazio dove, secondo la leggenda, i suoi eredi fonderanno Roma (Vedi Unità 1 Attività 12).

**Elena di Troia:** figlia bellissima del dio Zeus e di Leda, di lei si innamora Paride che la rapisce e la porta a Troia. La sua storia è la causa mitologica della guerra di Troia, cantata nell'Iliade di Omero.

**Cleopatra**: regina dell'Egitto, sposa Antonio che faceva parte del II triumvirato romano assieme a Ottaviano e Lepido, muore suicida quando Ottaviano conquista l'Egitto nel 30 a. C.

**Malatesta**: nobile famiglia che ha la Signoria di Rimini dal 1295 al 1503. Il Castello dei Malatesta, che si trova a Gradara, vicino a Rimini, è ancora oggi meta turistica.

## ATTIVITÀ 13

Leggete questo sonetto di Petrarca. Quale idea della donna e dell'amore contiene?

## Francesco Petrarca

### Chiare, fresche e dolci acque (CXXVI)

| | |
|---|---|
| *Chiare, fresche e dolci acque* | Chiare, fresche e dolci acque |
| *ove le belle membra* | dove il bel corpo |
| *pose colei che sola a me par donna;* | immerse colei che sola a me sembra donna; |
| *[...]* | [...] |
| *erba e fior che la gonna* | erba e fiori che la gonna |
| *leggiadra ricoverse* | ricoprì |
| *co' l'angelico seno;* | con l'angelico grembo; |
| *aer sacro, sereno,* | arie sacre e serene, |
| *ove Amor co' begli occhi il cor m'aperse;* | ove Amor con i begli occhi il cuore mi aprì; |
| *date udienza insieme* | date ascolto insieme |
| *a le dolenti mie parole estreme* | alle mie dolenti parole estreme |
| *[...]* | [...] |

Qui sotto trovate un famoso sonetto di Cecco Angiolieri che è stato anche cantato dal cantautore *Fabrizio de' André*. Leggetelo con attenzione.

Confrontate il messaggio del sonetto del Petrarca con quello di Cecco Angiolieri.

*Fabrizio de' André*

*singer-songwriter*

---

**NOTA**

***Fabrizio de' André:*** cantautore famoso negli anni '70 (Vedi Unità 5 Attività 18), ha cambiato la canzone italiana con le sue ballate a metà tra realtà e fantasia. Molte ballate si rifanno alla tradizione medievale, altre alla canzone francese, altre ancora ai canti dei pastori sardi. Tra le più famose ricordiamo "La canzone di Marinella", "La guerra di Piero", "Bocca di rosa".

## Cecco Angiolieri

### Bizzarria

*= oddity, whimsy, peculiarity*

| | |
|---|---|
| *S'i' fosse foco, arderei 'l mondo;* | Se io fossi fuoco brucerei il mondo; |
| *s'i' fosse vento, lo tempesterei;* | se io fossi vento lo colpirei; |
| *s'i' fosse acqua, i' l'annegherei;* | se io fossi acqua lo inonderei; *(flood)* |
| *s'i' fosse Dio, mandereil'en profondo;* | se io fossi Dio lo farei sprofondare; |
| | |
| *s'i' fosse papa, sarे' allor giocondo,* | se io fossi papa me ne burlerei |
| *che tutt'i cristiani imbrigherei;* | perché ubriacherei tutti i cristiani; |
| *s'i' fosse 'mperator, sa' che farei?* | se io fossi imperatore sai che farei? |
| *a tutti mozzarei lo capo a tondo.* | decapiterei tutti. |
| | |
| *s'i' fosse Morte, andarei da mio padre;* | se io fossi Morte, andrei da mio padre; *(go to)* |
| *s'i' fosse Vita, fuggirei da lui:* | se io fossi Vita fuggirei da lui: |
| *similmente farìa da mi' madre.* | allo stesso modo farei con mia madre. |
| | |
| *S'i' fosse Cecco, com'i' sono e fui,* | Se io fossi Cecco, come sono e fui, |
| *torrei le donne giovani e leggiadre,* | prenderei le donne giovani e belle, |
| *e vecchie e laide lasserei altrui.* | e quelle vecchie e brutte le lascerei agli altri. |

---

| **Quale idea dell'amore e della natura esprimono i due poeti?** | P. = l'amore è una passione per una donna per tutta la vita - idealizzata e irraggiungibile. Lui vede la natura in termini gentili - quasi solenne. Angiolieri = l'amore è più concreto che ideale. Parla delle donne no di una donna sola — e delle donne giovani come se le vecchie non possono essere oggetti d'amore. E rispetto alla natura, un atteggiamento un po' sarcastico o ostile. |
|---|---|

| Pensate che i due poeti vedano il mondo, la natura e l'amore allo stesso modo? | *No* |
| --- | --- |
| Perché? | *Descrivono il loro rapporto con l'amore e la natura in termini molto diversi* |
| Con quale dei due concordate? *agree with* | *È difficile scegliere perché penso che a volte possiamo provare uno o entrambi dei questi sentimenti* |
| *Nel nostro mondo* Descrivete la vostra donna / il vostro uomo ideale. | *La donna ideale non esiste – è una finzione. Tuttavia ci sono characteristiche che per una donna, o un uomo, possono fare un rapporto gratificante. Lei deve essere onesta con se stessa e con suo marito. Deve avere un forte senso di autostima – un senso dell'umorismo e compassione. deve essere disposta a lavorar con il suo partner per rendere il loro rapporto soddisfacente e felice.* |

## Revisione

Francesco Petrarca (1304-1374) è un grande poeta del Trecento. La sua opera più importante è *Il Canzoniere*, una raccolta di poesie dedicate a Laura, la donna da lui amata. L'amore per Laura è il fatto centrale di tutta la sua vita e della sua produzione poetica, un amore impossibile, irraggiungibile, testimonianza che ogni sentimento umano, per primo l'amore, ha in sè stesso i suoi limiti. Come Beatrice per Dante (vedi Unità 2 Attività 11), anche Laura è idealizzata, è la donna-angelo, appare come parte del paesaggio, ideale di bellezza, felicità e amore, costante richiamo ai beni terreni e al fatto che non durano in eterno. Laura, anche dopo la sua morte, è sempre presente negli scritti di Petrarca con la stessa importanza perché diventa il simbolo del dolore e dell'inquietudine del poeta. *Il Canzoniere* è non solo la storia di un amore ma anche e soprattutto un'opera autobiografica, un diario poetico. In una delle più belle poesie, *Chiare, fresche e dolci acque*, il poeta ricorda di aver visto Laura davanti a un fiume e quei luoghi sembrano conservare il fascino della sua bellezza. Spera, quindi, di essere sepolto in quei luoghi e immagina che Laura, vedendo la sua tomba, potrà almeno portargli il conforto delle sue lacrime.

Opposto è il modo di vivere l'amore e di vedere il mondo e la natura di Cecco Angiolieri (1260-1313). La sua co-

*buried*

➡️

micità, vivacità, allegrezza e leggerezza lo avvicinano alla tradizione dei giullari (artisti che nel Medioevo andavano in giro per le corti del tempo a intrattenere e divertire il Signore cantando, suonando, facendo giochi e scherzi), esalta come supremi ideali la taverna, il gioco, la bellezza e la donna: non la donna idealizzata come Laura per Petrarca bensì una donna reale,

terrena e un amore non platonico ma concreto, come si può notare nel sonetto "S'i' fosse fuoco, arderei 'l mondo". In questo sonetto, forse il più conosciuto di Angiolieri, si attaccano tutte le istituzioni e i valori del tempo: il Papa, l'Imperatore, i genitori.

## ATTIVITÀ 14

Nel *Decameron*, cioè "novelle di dieci giornate", Boccaccio raccoglie i racconti di dieci giovani riuniti in una villa nei dintorni di Firenze per sfuggire al contagio della peste del 1348.
Spiega quale è secondo te la morale di questa novella.

*Rappresentazione ideale del giardino nell'introduzione alla terza giornata nel Decamerone*

## Giovanni Boccaccio

### Chichibío

Currado Gianfigliazzi con un suo falcone avendo un dì presso a ***Peretola*** una gru ammazzata, trovandola grassa e giovane, la mandò ad un suo buon cuoco, il quale era chiamato Chichibío, ed era veneziano, e gliela mandò dicendo che a cena l'arrostisse e la governasse bene. Chichibío la mise a fuoco e con sollicitudine a cuocerla cominciò. La quale essendo già quasi cotta e grandissimo odor venendone, avvenne che una femminetta della contrada, la qual Brunetta era chiamata e di cui Chichibío era molto innamorato, entrò nella cucina; e

sentendo l'odor della gru e, vedendola, pregò caramente Chichibío che gliene desse una coscia.

Chichibío le rispose cantando e disse:

- Voi non l'avrete da me, donna Brunetta, voi non l'avrete da me.

Di che donna Brunetta essendo un poco turbata, gli disse:

- In fé di Dio, se tu non me la dài, tu non avrai mai da me cosa che ti piaccia -; e in brieve le parole furon molte. Alla fine Chichibío, per non crucciar la sua donna, spiccata l'una delle cosce alla gru, gliela diede.

Essendo poi davanti a Currado e ad alcun suo forestiere messa la gru senza coscia, e Currado meravigliandosene, fece chiamare Chichibío e domandò cosa fosse accaduto all'altra coscia della gru. Al quale il veneziano bugiardo subitamente rispose:

- Signor mio, le gru non hanno se non una coscia e una gamba.

Currado allora turbato disse:

- Come diavolo non hanno che una coscia e una gamba? Non vidi io altre gru che questa?

Chichibío seguitò:

-Egli è, messer, com'io vi dico; e quando vi piaccia, io ve lo farò vedere ne' vivi.

Currado, per amor dei forestieri che con se aveva, non volle continuare, ma disse:

- Poi che tu dici di farmelo vedere ne' vivi e io lo voglio vedere domattina e sarò contento; ma io ti giuro in sul corpo di Cristo, che, se altrimenti sarà, io ti farò conciare in maniera che tu con tuo danno ti ricorderai, sempre che tu ci vivrai, del nome mio.

La mattina seguente come il giorno apparve, Currado, a cui non era per lo dormire l'ira cessata fatto montar Chichibío sopra un ronzino, verso una fiumana, alla riva della quale sempre soleva in sul far del dì vedersi delle gru, nel menò dicendo:

- Ora vedremo chi avrà iersera mentito, o tu o io.

Chichibío cavalcava appresso a Currado con la maggior paura del mondo, e volentieri, se potuto avesse, sarebbe fuggito.

Ma già vicini al fiume pervenuti, gli venner prima che ad alcun vedute sopra la riva di quello ben dodici gru, le quali tutte in un piè stavano sì come quando dormono soglion fare. Per che egli prestamente mostratele a Currado, disse:

- Assai bene potete, messer, vedere che iersera vi dissi il vero, che le gru non hanno se non una coscia e un piè, se voi riguardate a quelle che là stanno.

Currado vedendole disse:

- Aspetta, che io ti mostrerò che elle ne hanno due -; e fattosi alquanto più a quelle vicino gridò: - Ho ho -; per lo qual grido le gru, mandato l'altro piè giù, tutte dopo alquanti passi cominciarono a fuggire. Currado rivolto a Chichibío disse:

- Che ti pare, ghiottone? Ti pare che elle ne abbiano due?

Chichibío quasi sbigottito, non sapendo egli stesso donde si venisse, rispose:

- Messer sì, ma voi non gridaste "ho ho" a quella di iersera: se così gridato aveste, ella avrebbe così l'altra coscia e l'altro piè fuor mandata, come hanno fatto queste.

A Currado piacque tanto questa risposta, che tutta la sua

ira si convertì in festa e riso, e disse:

- Chichibío, tu hai ragione, ben lo deva fare.

*NOTA*

**Peretola:** sobborgo di Firenze oggi sede dell'aeroporto di Firenze "Amerigo Vespucci".

---

**Scrivi ora una novella famosa del tuo Paese con una morale simile e cerca una immagine (o fai un disegno) del luogo in cui si svolge. Illustrala poi ai tuoi compagni.**

Una volta c'era una volpe che era molto, molto brutta e meschina. Un giorno aveva fame e cercava da mangiare. Ha visto un piccolo coniglio che mangiucchiava un pò di erba. La volpe ha iniziato a sbavare. Poi d'improvviso ha saltato sul coniglio e lo ha colto nelle sue fauci. Il coniglio, per paura della sua vita ha comminciato a gridare: fai quello che vuoi a me, anche me puoi mangiare, ma per favore, se hai anche un pò di compassione, non, me butti in quella macchia di rovo i cui spine mi fanno a pezzi. Udendo questo la volpe cattiva l'ha buttato nella macchia di rovo - Poi il coniglio ha alzato la sua testa e ha gridato: stupida volpe - non sai che io sono nato e cresciuto in una macchia di rovo

## Revisione

Giovanni Boccaccio (1313-1375) è il terzo grande scrittore del Trecento, autore del *Decameron*, scritto tra il 1348 e il 1353. Il titolo significa "dieci giorni": è infatti una raccolta di cento novelle, drammatiche e comiche, che lo scrittore fa raccontare da dieci giovani amici, tre ragazzi e sette ragazze, che per sfuggire alla peste che colpisce Firenze nel 1348 si rifugiano in una villa nella campagna vicino alla città. In un paesaggio idilliaco, senza preoccupazioni, lontani dal dolore e dalla morte che regnano a Firenze, i giovani si raccontano per dieci giorni dieci novelle al giorno, ogni giorno è eletto un re o una regina che decide il tema della giornata (tema libero solo nella I e IX giornata).

I temi principali del *Decameron* sono l'amore e l'ammirazione per l'intelligenza. L'amore per il Boccaccio è, a differenza di Petrarca e Dante, concepito nel suo aspetto sensuale, come impulso concreto e forza delle passioni. La donna non è angelicata, ma una creatura reale con i suoi istinti e desideri. L'altro tema, quello dell'intelligenza, è per lo scrittore la capacità di capire sè stessi e dominare il mondo che ci circonda; Boccaccio apprezza infatti l'intelligenza vivace e svelta: l'inganno, la beffa che gli intelligenti fanno agli ingenui sono il tema centrale di molte novelle e per questo motivo nel *Decameron* prevale il tono comico su quello tragico. La novella di *Chichibío* è un esempio della comicità del Boccaccio, in questa novella il cuoco si salva da una situazione imbarazzante - aver presentato alla tavola del suo padrone una gru senza una gamba, donata ad una donna di cui era innamorato - con una battuta pronta e furba (*Signore lei non ha gridato "oh" "oh" alla gru che ho portato in tavola ieri sera altrimenti anche quella si sarebbe alzata come questa e avrebbe mostrato tutte e due le gambe*), dimostrazione dell'intelligenza umana e della capacità di avvantaggiarsi delle opportunità che si presentano. Per questa concezione della natura umana il Boccaccio è considerato un precursore del pensiero rinascimentale.

## ATTIVITÀ 15

**Leggi questo articolo (A) sulla nascita del volgare. Che cosa sai di come si è formata la tua lingua? Discuti con i tuoi compagni.**

**Dante, Petrarca e Boccaccio non sono solo importanti per la storia della letteratura italiana ma anche per la storia della lingua. Dopo aver letto i brani (B) e (C) spiegate insieme il perché.**

**Nel tuo Paese ci sono scrittori importanti per la storia della tua lingua? Parlane con la classe.**

### A - Volgari e Lingue Romanze

Il latino, usato inizialmente in una zona del Lazio, si estende nel mondo antico in seguito alle conquiste dei Romani e si modifica a seconda dell'epoca delle conquiste, delle lingue parlate dai popoli sottomessi, delle zone di provenienza dei conquistatori.

Il latino che si diffonde è il latino volgare, cioè parlato, mentre il latino classico mantiene le sue strutture ed è usato dalle classi colte.

Il latino volgare **muta** anche a causa della diffusione del Cristianesimo e soprattutto delle invasioni dei barbari e per l'isolamento delle varie zone della Romània (l'Impero) che ne **consegue**.

Con la **frantumazione** e la caduta dell'Impero romano il suo uso viene meno in alcune regioni (Inghilterra, Africa ecc.) e in altre si evolve dando luogo alle lingue romanze (o neolatine): portoghese, spagnolo, catalano, franco-provenzale, provenzale, francese, ladino, italiano, sardo, dalmatico, rumeno.

### B - Affermazione del fiorentino

Già nella prima metà del Trecento lontano dalla toscana i **dotti** affermano che il toscano (o il fiorentino) è la lingua più adatta per la letteratura. Grande importanza ha anche l'inizio della STAMPA di libri in volgare perché tra questi nei primi decenni si stampano soprattutto Dante, Petrarca, Boccaccio: del 1470 è la prima edizione del *Canzoniere* petrarchesco, dello stesso anno o del successivo quella del *Decameron*, che ricompare comunque ancora nel 1471 e nel 1472, anno cui appartengono tre edizioni della *Divina Commedia*, e così via.

Del 1525 sono le *Prose della volgar lingua* di **Pietro Bembo**, veneziano, libro che codifica l'imitazione dei grandi autori del Trecento (e particolarmente del Petrarca per la poesia e del Boccaccio per la prosa) e che ebbe influenza decisiva presso gli autori, i grammatici e i lessicografi successivi.

## C - Diffusione del fiorentino

Le opere di Dante, Petrarca e Boccaccio si diffondono rapidamente nelle varie regioni d'Italia, sono lette e imitate dovunque; con esse si diffonde anche il fiorentino: tutti i letterati, infatti, cercano di scrivere nella lingua di quei grandi capolavori.

L'azione della *Commedia* fu sostenuta da quella del *Decameron* e del *Canzoniere*, che divennero rispettivamente i modelli della prosa d'arte e della lirica amorosa.

---

**LESSICO**

- **Muta** (⇐ mutare) cambia.
- **Consegue** (⇐ conseguire) deriva.
- **Frantumazione** - divisione in piccole parti.
- **Dotti** - sapienti, colti, saggi.

*NOTA*

*Pietro Bembo:* (1470-1547) religioso veneto, codi-fica l'importanza della lingua volgare prendendo a modello i grandi scrittori del Trecento: Dante, Petrarca e Boccaccio. In particolare diffonde la poesia del Petrarca che per il Bembo è "nobile poesia" perché il Petrarca non è solo un modello di stile letterario ma anche di ideale di vita.

---

## Revisione

Tra il Duecento e il Trecento la lingua ufficiale della penisola italiana è il latino parlato nelle università, nelle corti, nella Chiesa e usato nelle opere letterarie mentre i contadini e il popolo parlano in volgare (*vulgus* = popolo). Con la rinascita economica delle città, l'affermarsi dei Comuni e l'importanza sempre maggiore dell'attività commerciale e mercantile la lingua parlata dal popolo, dagli artigiani, dai mercanti si diffonde sempre più anche tra le classi colte.

Nel Duecento il movimento letterario del "Dolce Stil Nuovo" raggruppa poeti, tra cui Dante, che scrivono in "volgare", detto anche lo "*stile dolce*" per il suo suono melodioso e musicale, più adatto del latino ad esprimere i sentimenti e l'interiorità del poeta. Con la *Divina Commedia* Dante diffonde il volgare anche come lingua letteraria, per questo si dice che Dante è il padre della lingua italiana

e in questo senso ha un'importanza storica fondamenta[le] Petrarca e Boccaccio insieme a Dante diventano mode[lli] di lingua e di stile per tutti i poeti e prosatori futuri c[he] progressivamente abbandonano il latino.

Il latino si continua a usare sia in chiesa che nella scuo[la] infatti la celebrazione della messa, ad eccezione della p[re]dica, è in latino fino agli anni Cinquanta del secolo sco[rso] e nei programmi scolastici si studia latino per otto ann[i] Dal 1963 ad oggi, con la riforma scolastica della me[dia] unificata, studiano latino per 5 anni gli studenti che f[re]quentano il liceo scientifico e il liceo classico, in quest'u[l]timo si studia anche greco. L'insegnamento del latino [è] molto importante perché il latino non solo è la lingua m[a]dre dell'italiano e delle altre lingue romanze ma ha da[to] origine anche a molte parole dell'inglese e del tedesco.

---

 ## ATTIVITÀ 16

Scrivi qui sotto quale è per te il significato delle parole **Umanesimo** e **Rinascimento**, discuti poi con i tuoi compagni ciò che ciascuno ha scritto.

C'è un'epoca storica e artistica simile nel tuo Paese? Parlane con i compagni.

_[handwritten margin notes: "more Philosophical", "still written in Latin", "All activity Art, Sci etc", "wrote in Volgare"]_

| UMANESIMO | RINASCIMENTO |
|---|---|
| _- esseri umani sono al centro dell'universo_ | _- la riscoperta del mondo antico - greco + romano_ |
| _- enfasi sul valore dell'essere umano_ | _- l'uomo crea il suo destino_ |
| _- interesse rinnovato per gli antichi umanisti per es. Cicerone_ | _- enfasi sulla ragione invece sulla fede._ |
| | _- self-destiny_ |
| | _- great artistic expression_ |
| | _- Xtians + Pagans in Art_ |

_[handwritten: "not in Art for relig. reasons", "symbols = religious + pagans but not faith", "renewed"]_

## Revisione

Il primo periodo del Rinascimento si chiama "Umanesimo" dal latino *humanitas*, che si riferisce alla rinnovata centralità dell'uomo e dell'opera umana nella concezione della vita e al recupero del patrimonio artistico e letterario greco e romano. All'Umanesimo si collega il termine Rinascimento, "rinascita", della civiltà dopo il periodo di crisi del Medioevo, rinascita determinata dalla riscoperta delle opere classiche e dal fiorire delle arti e delle lettere ma anche dal miglioramento della qualità della vita. Il Rinascimento è considerato il periodo di passaggio dal Medioevo all'Età moderna, si sviluppa inizialmente in campo artistico e letterario italiano per poi diffondersi negli altri Paesi europei.

Alla base della cultura rinascimentale c'è l'idea che l'uomo è al centro dell'universo, protagonista e responsabile della storia, costruttore del proprio destino, libero e laico (non legato alla religione), più vicino alle leggi della ragione che non alle leggi della fede. Non si crede più al concetto di predestinazione come nel Medioevo: l'uomo con la sua volontà ed intelligenza domina la realtà che lo circonda ed ha il potere di decidere della propria vita. Importante sostenitore del pensiero rinascimentale è Pico della Mirandola: nel suo libro *Sulla dignità dell'uomo* afferma la concezione dell'uomo come unica creatura a cui Dio ha dato la libertà, l'intelligenza e il potere di elevarsi attraverso la cultura perché l'essere umano è sintesi di materia e spirito, un "microcosmo" che ha in sé elementi di natura divina.

_[handwritten interlinear glosses: "recovery", "linked", "supporter"]_

## ATTIVITÀ 17

Le immagini che trovate sotto riproducono opere famose del Rinascimento: ne conoscete qualcuna?
Cosa sono? Hanno qualcosa in comune?

## Revisione

Nel Rinascimento le città si abbelliscono di opere d'arte, palazzi, chiese e nascono scuole di pittura nelle corti principesche finanziate da principi-*mecenati*. Pittura, scultura e architettura diventano molto importanti e anche gli artisti godono di una situazione di privilegio nella società rinascimentale tanto che nel 1550 è pubblicata la prima storia dell'arte: *Vite dei più eccellenti architetti, pittori e scultori italiani* di Giorgio Vasari, in cui si narrano le biografie dei maggiori artisti del tempo.

Nell'arte c'è un ritorno alla bellezza e all'armonia classica: l'arte antica è ammirata e presa ad esempio. Domina il concetto dell'imitazione del naturale ed emerge la figura dell'artista creatore anziché semplice artigiano, ricercato dai Signori e Papi dell'epoca, come Botticelli che lavora

alla corte di Lorenzo il Magnifico e Michelangelo che pinge la Cappella Sistina per Papa Giulio II.

Sandro Botticelli (Firenze, 1445-1510) è uno dei pit più importanti del Rinascimento per l'eleganza, l'arr niosità delle figure e la delicatezza dei colori: "la Pri vera" e "La nascita di Venere", che si trovano nel mu degli Uffizi a Firenze, sono tra i suoi dipinti più famos L'architettura rinascimentale si sviluppa per opera di uomo di genio: Filippo Brunelleschi (1377-1446). ᴀ base del nuovo stile c'è l'adozione delle forme archi toniche dell'antichità greca e romana perché impon ti e monumentali, scelta dettata dalla nuova visione mondo, fondata non più sulla fede come nel Med vo ma sulla ragione: l'architettura classica si basa in principi di razionalità. L'altro elemento basilare è la prospettiva tridimensionale (cioè a tre dimensioni: lunghezza, larghezza e altezza): lo slancio verticale, gli archi acuti, le guglie e le torri del Medioevo lasciano il posto a strutture orizzontali segnate da angoli retti e semicerchi, simmetriche e regolari su tutti gli assi, in orizzontale e in verticale. Nelle chiese l'elemento dominante è la cupola, ispirata alla cupola del Pantheon a Roma (vedi Unità 1 attività 8): esempi mirabili sono la cupola di Santa Maria del Fiore a Firenze per opera del Brunelleschi e di San Pietro a Roma per opera di Michelangelo. Un nuovo tipo di costruzione che si afferma nel Rinascimento è il palazzo, la residenza cittadina del nobile o del mercante che, abbandonato il borgo o il castello medievale, partecipa alla vita della città: noti esempi sono il Palazzo Rucellai a

Firenze, costruito da Leon Battista Alberti, altro famoso architetto, Palazzo Farnese a Roma per opera di Antonio da Sangallo e Michelangelo, il Palazzo dei Diamanti a Ferrara per opera di Biagio Rossetti e il Palazzo Ducale a Mantova con i famosi affreschi di Andrea Mantegna.

### NOTA

**Mecenati:** da Gaio Mecenate, consigliere di Augusto e famoso protettore di poeti, parola che nel linguaggio comune si usa per indicare i protettori degli artisti e i committenti di opere d'arte. Lorenzo de' Medici, detto il Magnifico, è la migliore personificazione del mecenatismo perché alla sua corte operano poeti e pittori famosi come Botticelli, Sangallo, Poliziano.

## ATTIVITÀ 18

Leggete il brano e osservate la cartina storica della situazione politica nel 1492. Quali erano le famiglie più importanti? Quali dominatori stranieri c'erano nel territorio italiano? Pensate che il Papa avesse molto potere? Riempite la griglia.

**CHI**

**DOVE**

*Cartina situazione storica 1492*

## "La politica dell'equilibrio"

Il principale sostenitore di questa politica è *Lorenzo de' Medici*, detto il Magnifico, Signore di Firenze che voleva conservare una situazione di equilibrio tra i cinque maggiori stati italiani: Milano, Venezia, Firenze, Roma, Napoli. Ognuno di tali stati doveva rinunciare ad allargare il proprio dominio e permettere la sopravvivenza degli stati minori (come Mantova, Ferrara, Genova, il Piemonte): se l'accordo non era rispettato gli altri stati dovevano intervenire in difesa di chi era stato aggredito.

In questo periodo, dunque, la *diplomazia* prese il posto delle armi. Tuttavia, mentre i sovrani ospitavano nelle loro corti artisti e letterati, la vita politica **si svolgeva** in un clima di **intrighi**, di violenze e di tradimenti. Nel caso di un eventuale attacco degli stranieri l'Italia era disunita e debole.

Infatti gli Stati italiani non avevano eserciti propri, ma assumevano a seconda delle necessità **mercenari** che poi, finito lo stato di guerra, licenziavano.

Dunque, nonostante le fastose apparenze, gli Stati Italiani erano deboli politicamente e militarmente.

___
**LESSICO**

• **Si svolgeva** - (⇐ svolgersi) accadere.
• **Intrighi** - situazioni complicate e difficili.

• **Mercenari** - soldati che combattono a pagamento e non per appartenenza allo stato o per fede.

## Revisione

Nel Quattrocento all'interno dei Comuni si afferma la supremazia delle famiglie più potenti e si formano così le Signorie: aristocrazia illuminata del Rinascimento. Le Signorie si dividono la penisola e impediscono la formazione di una monarchia nazionale come in Inghilterra, Francia e Spagna. Quelle più importanti sono: i Medici a Firenze, i Visconti poi gli Sforza a Milano, i Gonzaga a Mantova, gli Scaligeri a Verona, gli Estensi a Ferrara, Modena e Reggio e i Montefeltro a Urbino. Le altre maggiori potenze della penisola sono: la Repubblica di Venezia (con Veneto e metà Lombardia fino all'Adda e la Dalmazia); lo Stato della Chiesa con Romagna, Marche, Umbria e Lazio; il Regno di Napoli con la Sicilia e l'Italia meridionale. Lorenzo dei Medici, detto il Magnifico e Signore di Firenze, sostiene una politica di equilibrio tra le Signorie, il Papato e gli altri Stati, ma alla sua morte nel 1492 (vedi Unità 2 Attività 20) la situazione peggiora. Inoltre con la scoperta dell'America il commercio marittimo si sposta dal Mediterraneo all'Atlantico e incomincia un periodo di crisi per l'Italia.

Nel 1494 Carlo VIII di Valois, re di Francia, approfitta della situazione di confusione politica italiana e s'impadronisce del Regno di Napoli che per cinquant'anni era stato sotto il dominio degli Aragonesi (Spagna). Anche in altri Stati della penisola ci sono sovrani stranieri: Sicilia e Sardegna sono sotto il dominio degli Aragona (Spagna).

 ATTIVITÀ 19

Attività a gruppi di tre.
Ciascuno legge un brano a scelta (A, B e C). Discutete poi insieme di come era la vita tra il '400 e il '500 e rispondete alle domande che trovate dopo le letture (leggetele prima del brano per cercare meglio le risposte).

## A - Il cortigiano

Il conte Castiglione nel suo libro *Il Cortigiano* (1528) parla della corte dei Montefeltro, duchi di Urbino, dello splendido palazzo dagli appartamenti decorati di vasi d'argento, di **tappezzerie** d'oro e di seta, di statue e di **lumiere** antiche di marmo e di bronzo, di dipinti di ***Piero della Francesca***; dei libri latini, greci, ebraici qui raccolti.

Alla corte di Urbino il tempo trascorre in feste, danze, giostre, tornei e conversazioni. Dopo la cena e le danze, si gioca facendo delle **sciarade**, poi la serata prosegue tra conversazioni amichevoli dove ogni cavaliere ha a lato una dama.

Secondo il Castiglione il cavaliere perfetto deve essere "mediocremente **erudito**, almeno in questi studi che si chiamano d'umanità; avere **cognizione** non solamente della lingua latina ma anche della greca, conoscere poeti, oratori e storici antichi ed essere capace di scrivere versi e prosa, specialmente

*Il giardino all'italiana, la cui concezione si forma e si perfeziona tra il XVI e il XVIII secolo, è famoso in tutto il mondo. Boboli (Firenze).*

in volgare italiano, cioè nella lingua di Dante, del Petrarca e del Boccaccio, essere passabile intenditore di musica, saper disegnare, cavalcare, volteggiare a cavallo, nuotare, saltare, correre, giocare a palla".

Il cavaliere deve dominarsi, essere padrone di sé. Deve evitare le espressioni **triviali**, le parole sconvenienti, i **motti** che possono far arrossire le dame. La regola migliore è di comportarsi in modo da piacere alla donna perfetta. Nel libro del Castiglione si danno anche consigli di comportamento alla dama che vive in corte. A lei si addice "sopra ogni altra cosa una certa affabilità piacevole", per mezzo della quale sappia gentilmente intrattenere gli altri con discorsi pieni di **garbo** e di finezza. La perfetta dama deve poi conoscere le lettere, la musica, la pittura, e saper danzar bene.

*(Horti Leonini - San Quirico - Siena)*

## B - Feste spettacolose

Per sollevare lo spirito dalle preoccupazioni che il governo della città procurava, i Signori davano spesso grandiose feste. Poiché anche in queste occasioni ogni corte **mirava** a superare l'altra in **fasto** e splendore, l'organizzazione di tali feste veniva affidata ai migliori artisti del secolo. Basti pensare che persino Leonardo da Vinci fu scomodato per **allestire** una grandiosa festa presso la Corte Sforzesca di Milano.

Da genio eccezionale qual era, Leonardo escogitò un apparato meccanico così fantastico che per molto tempo se ne parlò con meraviglia anche fuori d'Italia. Esso rappresentava in proporzioni colossali il sistema solare con tutti i suoi movimenti. Le feste, alle quali partecipava tutta la corte, si svolgevano nelle sale più ampie del palazzo oppure nei giardini.

A queste feste private i Signori ne facevano spesso seguire di pubbliche. Esse consistevano soprattutto in tornei, cioè in combattimenti fra cavalieri, lo spettacolo allora più **in voga**.

*La Galleria della Mostra del Palazzo Ducale di Mantova può dare un'idea del fasto delle corti principesche italiane del Rinascimento.*

## C - Le armature

Milano nel Quattrocento era la capitale delle armature. E in effetti l'armatura funzionava. La parte meno efficace si rivelò l'elmo, ma soltanto perché i soldati, per maggiore comodità, lo tenevano spesso aperto. Il duca di Urbino, Federico da Montefeltro, venne ferito in guerra a un occhio e rimase famoso per la sua benda in stile pirata. Non soltanto: per poter meglio utilizzare l'unico occhio rimastogli, si fece scavare da un chirurgo l'attaccatura del naso. Così poteva accorgersi se qualcuno si avvicinava dal lato dal quale non vedeva più.

Anche il cavallo aveva diritto all'armatura, visto che giocava un ruolo fondamentale in battaglia e dunque andava difeso. Con il XV secolo nasce poi la "barda d'arme" (cioè un'armatura completa) che, composta da piastre di acciaio di vari spessori e dimensioni, come quella per gli uomini, copre interamente il cavallo, a volte sino ai **garretti**, e pesa circa 35 chili.

*Duca di Urbino, Federico di Montefeltro (opera di Piero della Francesca)*

— Oh, no!... Di nuovo cibo in scatola?

*Palazzo del duca di Urbino*

**LESSICO**

- **Tappezzerie** - stoffe per il rivestimento delle pareti di una stanza.
- **Lumiere** - lampadari, luci, illuminazione.
- **Sciarade** - gioco in cui si deve indovinare una parola o una frase sulla base di allusioni semantiche delle parti in cui può essere scomposta.
- **Erudito** - dotto, istruito.
- **Cognizione** - conoscenza.
- **Triviali** - volgari.
- **Motti** - detti.
- **Garbo** - grazia, cortesia, gentilezza.
- **Mirava** - (⇐ mirare) aveva l'obiettivo di.
- **Fasto** - ricchezza.

- **Allestire** - organizzare.
- **Escogitò** - (⇐ escogitare) inventare, ideare - inventò, ideò.
- **In voga** - di moda. / ieri
- **Garretti** - parte posteriore delle zampe sopra gli zoccoli, detti soprattutto per i cavalli. *hoof*

**NOTA**

*Piero della Francesca*: (1416-1492) importante pittore del '400, lavora alla corte degli Estensi, dei Malatesta e dei Montefeltro. Tra i suoi dipinti più famosi: "Battesimo di Cristo" (National Gallery di Londra), "Ritratto di Federico da Montefeltro" (Galleria degli Uffizi) e "Storie della vera croce" (chiesa di S. Francesco ad Arezzo).

**a) Chi organizzava le feste delle corti rinascimentali?**

*i Signori del rinascimento - le famiglie nobili* — più importanti

**b) Che cosa creò Leonardo per gli Sforza?** *Ha creato una macchina colossale* based on Copernicus

*che ha mostrato tutti i movimenti del sistema solare*

**c) Come si volgevano le feste?** *I signori davano le feste per*

*sollevare lo spirito dalle preoccupazioni del governo della città*

**d) Chi pensate potesse entrare nei giardini e nei saloni dei Signori?**

*tutta la corte* competizione — like ancient forms

**e) Che cosa erano i tornei?** *I tornei erano combattimenti fra cavalieri*

**f) Perché le armature erano importanti?** *Erano un mezzo di protezione in*

*battaglia*

**g) Secondo voi gli italiani di oggi come passano il loro tempo libero? Chi sono i "cortigiani" del XXI secolo?**

*- frequentano il cinema, il teatro, concerti.*

*- fanno sport*

*- forse in Giappone, le geishe*

## Revisione

*Il Cortigiano* è una delle opere più famose del Rinascimento. In questa opera il Castiglione (1478-1529) ritrae le qualità morali e fisiche del perfetto uomo di corte (cortigiano), personificazione dell'uomo ideale del Rinascimento che riesce a raggiungere un perfetto equilibrio tra la grazia, la cultura, la saggezza e l'intelligenza. L'autore, che lavora per nove anni al servizio del Duca di Montefeltro a Urbino - una delle Signorie più eleganti dell'epoca - si serve della sua diretta conoscenza dell'ambiente aristocratico della corte, centro della nuova cultura, che rappresenta l'ideale rinascimentale di armonia, intelligenza e grazia. Nelle corti del Rinascimento nascono e si diffondono nuove mode e nuovi ideali di bellezza. L'ideale della bellezza femminile era una donna dalla carnagione chiara, i capelli biondi e la fronte alta e bombata. Cavalieri e dame erano elegantemente vestiti con velluti ricercati e stoffe damascate dai colori vivaci e ricchi di ricami preziosi, spesso con bordi di pellicce. Portavano anche lunghi mantelli, cappelli fantasiosi e gioielli ricercati. Nei giardini e nei saloni delle corti i Signori organizzavano feste di grande effetto con musiche, danze e banchetti, seguite da *tornei* cavallereschi. Ai banchetti si mangiano diversi tipi di carne e pollame e si b vino, gli invitati assistono a danze e ascoltano musica, a te si costruiscono scenari e macchinari nei giardini e questo si usa l'abilità dei maggiori artisti dell'epoca, cc Leonardo da Vinci. Nei tornei e nei combattimenti i ca lieri indossano le armature, indumenti usati per difenc fatti di corazza, elmo, scudo, ginocchiere; spesso anch cavallo è protetto da un'armatura, ma mantenere un vallo è molto costoso quindi alle armi si può dedicare : chi ha i mezzi e di conseguenza i "cavalieri" appartenev all'aristocrazia.

<hr>

### NOTA

***Tornei:*** gare, competizioni medievali con i cavalli ch svolgevano tra singoli cavalieri o tra quartieri della st città. Ancora oggi in molte città italiane ci sono torne origine medievale: i più importanti sono il Palio di Si corsa di cavalli che si tiene nella piazza principale della c la Piazza del Campo (vedi Unità 2 Attività 8); il Torneo Saracino ad Arezzo, gara tra cavalieri, la Corsa dei Ce Gubbio e il Palio d'Asti.

### 👤 ATTIVITÀ 20

**Leggi questo canto di carnevale e rifletti sul ritornello. Quali temi del Quattrocento contiene? Chi sono Bacco e Arianna? Tu cosa ne pensi?**

## Canzone di Bacco e Arianna

*Quant'è bella giovinezza*
*che si fugge tuttavia!*
*Chi vuol esser lieto, sia:*
*di doman non c'è certezza.*
*Quest'è Bacco e Arianna,*
*belli, e l'uno dell'altro ardenti:*
*perché il tempo fugge e inganna,*
*sempre insieme stan contenti.*
*[...] ciascun apra bene gli orecchi:*
*di doman nessun* **si paschi***:*
*oggi siamo, giovani e vecchi,*
**lieti** *ognuno, femmine e maschi:*
*ogni triste pensiero* **caschi***;*
*facciam festa tuttavia.*

*Chi vuol esser lieto, sia:*
*di domani non c'è certezza.*
*Donne e giovinetti amanti,*
*viva Bacco e viva Amore!*
*Ciascun suoni, balli e canti!*
**Arda** *di dolcezza il core!*
*di doman non c'è certezza.*

<hr>

### LESSICO

- **Si paschi** - (⇐ pascere) si nutra.
- **Lieti** - felici.
- **Caschi** - (⇐ cascare) cadere - cada.
- **Arda** - (⇐ ardere) bruciare – bruci.

Revisione

Lorenzo de' Medici, l'ago della bilancia politica italiana (vedi Unità 2 Attività 18), non solo garantisce all'Italia e soprattutto a Firenze decenni di pace e prosperità fino alla sua morte nel 1492, ma è anche protettore di letterati e artisti e lui stesso è poeta originale e interessante. Il "Trionfo di Bacco e Arianna", una delle sue poesie più famose, è uno dei canti delle maschere durante il **Carnevale**. In onore di Bacco già nell'antica Roma si festeggiavano i Baccanali, feste in cui si mangiava, si danzava e si beveva.

Bacco e Arianna sono due figure mitologiche. Dopo aver aiutato Teseo a vincere il Minotauro Arianna, figlia di Minosse, re di Creta, fugge con Teseo e, abbandonata da questi nell'isola di Nasso, è trovata e confortata da Bacco (Dioniso per i greci), dio del vino e dell'ebbrezza (stato di ubriachezza di chi ha bevuto troppe bevande alcoliche o vino, esaltazione), i due s'innamorano e si sposano. Tema del canto è quello dell'importanza di godere e vivere intensamente la giovinezza, la stagione più bella della vita, perché passa rapidamente:

"di domani non c'è certezza". Il tema della brevità della giovinezza, della bellezza e della vita, è un motivo comune della poesia del Quattrocento.

**NOTA**

**Carnevale:** in Italia è molto festeggiato, in alcune regioni più che in altre e in alcune città con manifestazioni molto note.
A Venezia il Carnevale è una festa che coinvolge tutti e che era molto apprezzata anche nei secoli passati; sono famosi i costumi veneziani ispirati al '700 e le maschere create da artigiani molto stimati. Nei giorni del Carnevale le calli e i canali della città si riempiono di gente vestita in maschera che festeggia giorno e notte.
A Viareggio il Carnevale è caratterizzato dalle sfilate di carri nei quali vengono poste enormi statue di cartapesta (cioè carta trattata con colla e altri materiali fino a diventare dura) che riproducono personaggi del mondo dello spettacolo o della politica.

*Immagini di Venezia e Viareggio per Carnevale*

**Nel tuo Paese si festeggia il Carnevale, come?**
**Ci sono particolari cibi che si preparano in questo periodo dell'anno?**

## Dieci feste da non perdere. *not to be missed*

I maestri cartapestai sono a Viareggio, a Sciacca, ad Acireale, a Putignano, a Fano. Ma poi nulla va perduto e il materiale viene riciclato, come accade a Cento (Ferrara) che dalla cartapesta fa una bandiera ecologista.
Le pantomime storiche recuperano vicende realmente accadute e ne cambiano il finale, certo a favore dei più deboli: giustizia è fatta, come accade a Castello Tesino (Trento) in cui il tiranno che ha goduto dello "ius primae noctis" viene condannato a morte. Animali inquietanti sono il male da esorcizzare a Mamoiada, in Sardegna, così come a Tufara, in Molise. Sono esempi di uno scenario ricchissimo. Ecco una selezione di dieci Carnevali che testimoniano la varietà della festa.

### Putignano (Bari)
Per i suoi carri è la Viareggio del Sud. Qui il Carnevale nacque alla fine del Trecento e dura dal 26 dicembre al martedì grasso. La maschera tipica è Farinella.

### Pontelandolfo (Benevento)
Nei carnevali campani c'è la tradizione dei giocatori di formaggio. Qui la gara sta nel far rotolare una "pezza" rotonda (la ruzzola) su un selciato di pietre scalpellate.

### S. Giovanni in Persiceto (Bologna)
Nella terra del poeta Giulio Cesare Croce, i protagonisti sono Bertoldo, Bertoldino, la moglie Marcolfa e la Corte.
Momento clou, "el spel", la trasfigurazione dei carri.

### Oristano
La Sartiglia risale al XII-XIII secolo fu portata dai crociati: un torneo equestre in cui cavalieri mascherati devono centrare con una spada una stella forata.

### Offida (Ascoli Piceno)
Il venerdì grasso c'è il "lu bov fint" in cui si simula una caccia al bove. Il martedì, la festa del Vlurd: un enorme falò di fascine di canne, come rito di purificazione.

### Madonna di Campiglio (Trento)
Atmosfera viennese con grandi balli: è il Carnevale asburgico, omaggio a Sissi che qui veniva in vacanza.

### Venezia
L'origine risale alla vittoria sul patriarca di Aquileia (1420), ma la festa fu istituita nel '700. Venezia fece della maschera un simbolo di trasgressione.

### Mezzojuso (Palermo)
Una pantomima del '400. Il Mastro di Campo (con un'orrida maschera rossa) seduce la regina e sconfigge il re. Inseriti anche personaggi garibaldini.

### Ronciglione (Viterbo)
Per le strade una corsa di bàrberi, i cavalli senza cavalieri, che riprende una tradizione dello Stato Pontificio.

### Ivrea (Torino)
Uno dei più famosi d'Italia: nove squadre si danno battaglia in tutta la città a colpi di arance. Così fu rappresentata dal popolino la battaglia per la libertà.

## ATTIVITÀ 21

Immagina di essere una guida turistica e di accompagnare un gruppo di tuoi connazionali nei musei italiani. Descrivi loro queste opere aiutandoti con il confronto tra le immagini e la descrizione che le accompagna.

### Sposalizio della Vergine di Raffaello (1483/1520)
### Pinacoteca di Brera Milano

Raffaello dipinge la tavola a vent'anni, rifacendosi a un quadro del suo maestro, il Perugino. Però il tempio sul fondo non è più un semplice scenario addossato alle figure, ma una costruzione che domina lo spazio, reso profondo dalla pavimentazione digradante a lastroni.
Non solo: l'architettura circolare diventa il motivo unificante di tutto il quadro, dove i personaggi formano un cerchio al centro. Con un effetto di armonia totale e con il sublime equilibrio che solo Raffaello ha saputo raggiungere.

*Sposalizio della Vergine – Raffaello*

### L'ultima cena di Leonardo (1452/1519)
### Refettorio di Santa Maria delle Grazie Milano

Leonardo dipinge la parete tra il 1495 e il 1498. Come sempre, fa esperimenti, usando la tempera su una doppia preparazione, permeabile però purtroppo all'umidità del refettorio. Altri danni saranno causati dalle guerre, ma soprattutto da restauri sconsiderati. Solo l'ultimo (del 1994), perfetto, ha ridato volto a una delle opere chiave del Rinascimento. Le figure occupano lo spazio e si muovono con estrema naturalezza; sentimenti e storie individuali sono espressi dai volti, nei gesti, negli atteggiamenti. Ancora: la realtà è sottolineata dal lontano paesaggio di Prealpi lombarde, e da alcune miracolose "nature morte" in primo piano, sulla tovaglia bianca.

*L'ultima cena – Leonardo*

### Affreschi della Camera di S. Paolo del Correggio (1489/1534) – Parma

Antonio Allegri, detto il Correggio, avrà enorme influenza sul suo secolo e sui due seguenti. Si capisce il perché in questa grande sala, affrescata nel 1519. Il Correggio immagina a soffitto un pergolato, dove putti compaiono e scompaiono in corsa fra siepi verdi, fiori e frutti; dipinge invece le pareti con un sofisticato monocolore beige, così che l'allegria è tutta concentrata nella festa degli angeli ridenti. In lui scompare il '500 "classico"; ci sono invece una nuova leggerezza, una vibrazione sottile e intensa dei contorni, una malizia di espressioni e una luminosità che diventeranno patrimonio del '700 in tutta Europa.

### Vergine Annunziata di Antonello da Messina (1430/1479) – Galleria Regionale Palermo

L'artista dipinge questo sbalorditivo "ritratto" di Madonna dopo il 1476, di ritorno da Venezia. Il senso del volume deriva da Piero della Francesca; la finezza tecnica, il gusto degli oggetti e l'uso della luce dai fiamminghi. Ecco allora la compattezza della figura; il primo piano del tavolo, col foglio sollevato; e la luce che scende sul volto e sulla mano, alzata per creare profondità. Ma è una "lezione" veneziana il manto, tessuto con infiniti passaggi di blu. E tutto diventa, in Antonello, poesia.

*Affreschi della Camera San Paolo - Correggio*

*Vergine Annunziata – Antonello da Messina*

### PER SAPERNE DI PIÙ

| Le scuole italiane nella pittura del Rinascimento ed i loro pittori più rappresentativi | |
|---|---|
| **Scuola Veneziana** | Giovanni Bellini (1430 ?-1516) - Vittore Carpaccio (1455-1526) Giorgione (1477-1510) - Tiziano (1477-1576) Lorenzo Lotto (1480-1556) - Tintoretto (1518-1594) Paolo Veronese (1528-1588). |
| **Scuola dell'Italia Settentrionale** | Vincenzo Foppa (1428 ?-1516) - Cosimo Tura (1430-1495) Andrea Mantegna (1431-1506) - Correggio (1489 ?-1534). |
| **Scuola Toscana** | Paolo Uccello (1397-1475) - Masaccio (1401-1428) Andrea del Castagno (1423-1457) - Andrea del Verrocchio (1435-1488) Botticelli (1445-1510) - Ghirlandaio (1449-1494) Leonardo (1452-1519) - Michelangelo (1475-1564) Andrea del Sarto (1486-1531). |
| **Scuola dell'Italia Centrale** | Piero della Francesca (1420 ?-1492) - Pietro Vannucci, detto il Perugino (1445-1523) - Raffaello (1483-1520). |
| **Scuola dell'Italia Meridionale** | Antonello da Messina (1430-1479). |

## Revisione

Nel Rinascimento c'è una vera rivoluzione nel campo delle arti figurative con l'uso della prospettiva. Alle figure medievali piatte, su fondo oro, in una rappresentazione gerarchica del mondo, in alto Dio e i Santi e in basso gli uomini, la pittura rinascimentale sostituisce uno sfondo naturale e paesaggistico e personaggi mitologici o personaggi comuni affiancano quelli religiosi. Le caratteristiche della pittura sono le stesse della scultura e dell'architettura: ricerca dell'effetto tridimensionale, dato dalla prospettiva e del realismo, l'interesse per l'uomo e per la natura, la tecnica del chiaroscuro. Ci sono poi molti ritratti e autoritratti, questi ultimi sono una novità dell'epoca. La riscoperta della bellezza e dell'armonia dell'arte greco-romana consiste anche in un recupero delle forme architettoniche antiche: cupole, porticati e colonne come si può notare in uno dei più famosi dipinti di Raffaello, lo *Sposalizio della Vergine*, nel cui sfondo c'è un immaginario edificio che racchiude tutti gli elementi dell'architettura antica.

Tutti i grandi artisti del Rinascimento cominciano a lavorare come apprendisti nelle botteghe dei maestri di pittura dove i giovani non solo imparano a dipingere ma anche a scolpire, a disegnare, a costruire macchine di vario genere: militari, meccaniche, idrauliche ecc. In queste botteghe, scuole dell'epoca, si formano pittori, scultori, ingegneri, meccanici, tecnici, architetti. Gli artisti imparano, quindi, tutte le "arti meccaniche" che si distinguono dalle "arti liberali" cioè la poesia e la filosofia. L'eclettismo dell'uomo rinascimentale trova la più alta espressione nei due grandi artisti del tempo che riassumono tutte le qualità dell'uomo nuovo: Leonardo e Michelangelo.

Leonardo (1452-1519) incomincia a dipingere nella bottega di Andrea Verrocchio. È pittore, inventore, architetto, scienziato, studioso di anatomia, fisica e geologia, oltre che pittore. Personifica l'ideale rinascimentale dell'uomo nuovo che lotta per valorizzare tutte le sue facoltà e mettere in

opera tutto il suo talento: tra i suoi dipinti più famosi ricordiamo *L'Ultima Cena* nella chiesa di S. Maria delle Grazie a Milano, *La Gioconda* nel museo del Louvre e *l'Annunciazione* e *l'Adorazione dei Magi* negli Uffizi.

L'altro grande genio del Rinascimento, Michelangelo (1475-1564), è scultore, architetto, pittore, poeta. Con lui si raggiunge il vertice della pittura e della scultura rinascimentale. La conoscenza dell'anatomia umana è evidente nella valorizzazione del corpo umano e nella corposità ed espressività delle sue figure, come si può vedere nei particolari della Cappella Sistina. Ne *La creazione dell'uomo* tutta l'attenzione si concentra sulle due figure di Adamo e del Creatore.

Raffaello (1483-1520), allievo del Perugino, è famoso per i suoi ritratti e le sue Madonne (*Madonna della seggiola, Madonna del Granduca, Madonna del Belvedere*). Semplicità, linearità e luminosità sono le caratteristiche della sua pittura come si può notare nel famoso *Sposalizio della Vergine* (Pinacoteca di Brera). È chiamato a Roma da Papa Giulio II per affrescare le Stanze Vaticane (*La scuola di Atene*) ed è sepolto nel Pantheon.

Correggio (Antonio Allegri, 1489-1534) prennuncia il manierismo. Nella sua pittura si trovano influssi di Leonardo e di Raffaello, elementi caratteristici sono l'uso della luce e del colore, la morbidezza delle forme e un forte senso naturalistico. Predilige i paesaggi e i soggetti mitologici come si può notare negli affreschi della Camera di San Paolo a Parma.

Raffaello, Leonardo, Michelangelo e gli altri artisti rinascimentali come Masaccio, Piero della Francesca, Andrea Mantegna, Botticelli, Tiziano, Tintoretto, solo per nominare alcuni, danno vita a una delle più grandi stagioni nella storia dell'arte e rappresentano per gli artisti futuri un modello di tecniche, di idee e di invenzioni.

*[handwritten annotation at top: blend of art + science - study anatomy in order to paint it — related manto nature - re proportion + working of his body — body designed by nature + in a certain proportion]*

## ATTIVITÀ 22

Non solo le arti ma anche le scienze progrediscono a partire dal Quattrocento. Questo famoso disegno di Leonardo da Vinci ne è un simbolo. Che cosa rappresenta? Scrivete la vostra ipotesi su quale è stato il contributo di Leonardo al progresso, poi leggete il brano che segue. Confrontate le ipotesi dei vari gruppi.

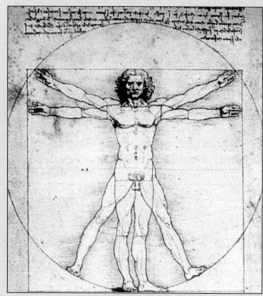

*L'uomo di Vitruvio - Leonardo*

### Leonardo e l'anatomia

L'inizio degli studi anatomici è visto come uno dei primi fattori della rinascita della medicina. Ma altri fattori, egualmente decisivi, contribuiscono a deter- minarla. Nel Cinquecento l'Italia diventa il centro degli studi medici; diciannove nazioni sono iscritte nelle università di Padova e di Bologna; la lingua latina, la lingua dei dotti, è lingua internazionale nelle scuole e nei testi. A questa fioritura di opere si aggiunge *l'invenzione della stampa* e la prodigiosa attività delle stamperie italiane, che favoriscono la diffusione del sapere.

Un notevole impulso agli studi anatomici è dato anche dalla riapparizione del nudo nell'arte. Le bellissime statue greche **dissepolte**, che tornavano a rivivere al sole del Rinascimento, accendono nell'animo degli scultori e dei pittori il desiderio di conoscere l'intima struttura del corpo umano. Tra questi s'innalza la figura gigantesca di Leonardo da Vinci, che è il vero creatore del metodo scientifico dell'anatomia. Per molti anni, a Milano, a Firenze, a Roma e dovunque poté venire in possesso di cadaveri, Leonardo si dedicò alle ricerche anatomiche. Di propria mano eseguì le **dissezioni** e fedelmente le riprodusse, con mirabili disegni nei suoi quaderni.

---

**LESSICO**

• **Dissepolte** - (⇐disseppellire) riportate alla luce.
• **Dissezioni** - tagli, separazioni di parti del corpo umano a scopo di studio anatomico.

---

**NOTA**

*L'Invenzione della stampa:* è per opera di Gutenberg nel 1455, la prima opera stampata è la Bibbia.

---

Ipotesi: *rappresenta*
*- una miscela d'arte e scienza*
*- uno studio di anatomia per dipingerla più realisticamente*
*- forse dimostra come la natura ha disegnato il corpo umano con proporzioni ideali*

espemente e teorie su elettricità, luce,
correnti oceaniche,

# Unità 2      INTORNO AL MILLE E VERSO IL QUATTROCENTO

Scienza

Scienza - B. Franklin

Inghilterra - Newton
— ha sviluppato le
leggi del moto e della gravità
movimento

**Conoscete altri importanti uomini del passato che nel vostro Paese o in altri Paesi hanno dato il loro contributo alle scienze e alle arti? Chi sono e che cosa hanno fatto?**

_____

_____

## Revisione

Gli intellettuali del Rinascimento raggiungono il massimo d'integrazione tra arte e scienza; per loro in tutte le attività creative c'è una fusione tra metodo e fantasia, ragione e sentimenti. Leonardo incarna l'ideale rinascimentale dell'uomo nuovo perché è artista e scienziato e la qualità di scienziato precorre la scienza moderna. Inventa macchine e strumenti che fanno parte del nostro patrimonio tecnologico, come il paracadute (stoffa a forma di ombrello che permette di scendere lentamente da grandi altezze), la bicicletta, macchine per la guerra e per volare e strumenti nautici. Come studioso di anatomia Leonardo ci lascia disegni anatomici di muscoli e parti del corpo umano che dimostrano la sua conoscenza scientifica dell'anatomia umana. Per l'artista il corpo umano è oggetto di attento studio e diventa l'unità di misura dello spazio, come si può vedere dal disegno famoso dell'_uomo nudo con le braccia aperte_ all'interno di un cerchio e di un quadrato, che visualizza l'idea rinascimentale dell'uomo come "misura di tutte le cose". _L'Uomo di Leonardo_ o _uomo vitruviano_ prende il nome da Vitruvio Pollone, architetto e ingegnere romano, contemporaneo di Cesare e Cicerone che nel suo trattato _De Architectura_ descrive l'uomo ideale (microcosmo) come simbolo dell'universo e della terra (macrocosmo), concezione che affascina gli architetti del Rinascimento e tra questi anche Leonardo. Il famoso disegno è diventato il rovescio della versione italiana della moneta da 1 euro.

## Leonardo da Vinci capo cuoco.

**Insieme al Botticelli gestì, a Firenze, un'osteria.**
**Ma le sue invenzioni in cucina ebbero poco successo…**

Di Leonardo sappiamo tutto (o quasi) e conosciamo la vastità dei suoi interessi e delle sue invenzioni, grazie alle quali è stato definito col meritatissimo titolo di "genio cosmico". Sapevamo anche delle sue passioni gastronomiche e curiosità alimentari.
Ma i dettagli più particolareggiati ci vengono dalle "annotazioni culinarie" contenute nel Codex Romanoff, finito in Russia nel 1865. _snails_
A vent'anni Leonardo venne assunto come cameriere nella "Taverna delle tre Lumache", in prossimità del Ponte Vecchio, dove venne poi promosso capo cuoco. Ma non ebbe grande successo: infatti le sue innovative pietanze venivano disposte in piccole quantità nei piatti, anche se preparate con gusto artistico. _arrange_
In pratica alla vecchia consuetudine delle mangiate medievali, Leonardo voleva sostituire un vitto più fine, in armonia con lo spirito rinascimentale. _habit, custom_ _food_
Tornò quindi nella bottega del Verrocchio, dove conobbe Sandro Botticelli (l'amico del cuore) col quale – udite, udite! – aprì un'osteria chiamata "All'insegna delle tre ranocchie di Sandro e Leonardo", dove la clientela dovette superare non poche difficoltà per imparare a leggere il menu, scritto da destra a sinistra dal mancino Leonardo. Tanto che il Botticelli pensò bene di disegnare le varie pietanze: capretto bollito, carciofi, rognone di agnello, ranocchie fritte (specialità della casa), cetrioli, carote. Malgrado l'inventiva culinario-artistica l'osteria chiuse e i due tornarono dal Verrocchio. _despite_
Leonardo, amareggiato per la situazione fiorentina, emigrò a Milano in casa Sforza, da Ludovico il Moro ("che stava a tavola in modo indecoroso", annota il vinciano). _embittered_
Visitando il Castello Sforzesco Leonardo propose una razionale e funzionale sistemazione della grande cucina: ideò una fonte di calore costante per cucinare, utilizzando una provvista di acqua bollente; inventò alcuni marchingegni per pelare, triturare e affettare i vari ingredienti; studiò il modo di mandar via i cattivi odori e _supply_ _slice_

_spring, well_
_contraption_
_grind, crush_

il fumo; costruì un apparecchio per automatizzare l'arrosto. Per tenere pulito il pavimento impiegò due buoi che spingevano un enorme spazzolone; mentre un getto d'acqua doveva servire a spegnere il fuoco in caso d'incendio. Finalmente si arrivò al giorno dell'inaugurazione, ma il risultato fu disastroso: i marchingegni crearono disagio fra le centinaia di invitati e i buoi impauriti cominciarono a correre e a insudiciare la cucina con i loro escrementi. Un vero fiasco.

Leonardo ebbe poi un'altra intuizione, anche questa modernissima: anticipatore delle teorie di Taylor e di Ford, suggerì l'uso della musica (aveva suonato per anni il liuto), perché a suo avviso "il personale delle cucine avrebbe lavorato meglio e più allegramente".

Ludovico il Moro, dopo la caotica esperienza culinaria, lo inviò al convento di Santa Maria delle Grazie, dove Leonardo realizzò alcuni dei suoi capolavori. Ma non rinunciò mai alla sua grande passione gastronomica. Infatti il priore disperato scrisse a Ludovico: "Mio Signore, sono passati due anni da quando mi avete inviato il maestro Leonardo; in tutto questo tempo io e i miei frati abbiamo patito la fame, costretti a consumare le orrende cose che lui stesso cucina e che vorrebbe affrescare sulla tavola del Signore e dei suoi apostoli".

Quando morì, nel 1519, Leonardo lasciò metà del suo patrimonio alla fedele cuoca, insieme al "brevetto" di una serie di innovazioni come il cavatappi, l'affettatrice e il trita-aglio, chiamato ancora oggi dai cuochi "Il Leonardo".

*Pubblicità "Genius: l'ultimo ritocco di Leonardo"*

## ATTIVITÀ 23

**Elencate qui sotto le differenze che avete trovato tra l'epoca medievale e quella umanistico-rinascimentale.**

### EPOCA MEDIEVALE

— Nell'arte — le figure medievali erano piatte e la rappresentazione del mondo era gerarchica — Dio e i Santi in alto e gli uomini in basso

— Il proprio destino è ordinato da Dio

— enfasi sulla fede e l'autorità come l'origine di conoscenza

- la gente è stata organizzata intorno a
  un castello centrale
- non c'era la borghesia organizzata

## EPOCA UMANISTICO-RINASCIMENTALE

Arte - usavano uno sfondo naturale e personaggi comuni
  - uso della prospettiva

- l'uomo crea il suo destino

- enfasi sulla ragione

- la nascita delle città con una classe media
  di artigiani e commercianti

# Unità 3

## TRA IL CINQUECENTO
## E IL SEICENTO

## ATTIVITÀ 1

Leggete questo brano e rispondete alle domande.

### David (1501 - 1504)
### La statua della libertà

Appena tornato a Firenze - nel 1501- Michelangelo fu incaricato di scolpire il *David* che per le dimensioni colossali e l'impegno che comportava rappresentava un'occasione unica e particolarmente congeniale al suo temperamento. In origine il *David* avrebbe dovuto essere sistemato sul Duomo, ma davanti all'eccezionale qualità del capolavoro si accese un dibattito sulla sua collocazione al quale furono chiamate a partecipare tutte le maggiori personalità dell'epoca in campo artistico e intellettuale, da *Giuliano da Sangallo* a Leonardo da Vinci. Il luogo più indicato venne subito individuato in *Piazza della Signoria*: rimaneva da stabilire se fosse meglio collocarlo nella *Loggia dei Lanzi*, dove sarebbe stato al riparo dalle **intemperie** ma in condizioni di visibilità non ideali, oppure davanti a *Palazzo Vecchio* al posto della *Giuditta di Donatello*, spostando questa all'interno del cortile sia perché una donna che uccide un uomo era di per sé un soggetto **disdicevole**, sia perché si riteneva che portasse sfortuna in quanto la sua collocazione era avvenuta in condizioni astrologiche non favorevoli, dopodiché le cose erano andate di male in peggio per Firenze che **aveva perduto Pisa**. Fu scelta la seconda ipotesi e fu da questo momento in poi che il *David* cominciò a essere considerato un simbolo delle lotte contro la tirannia e quindi a venire identificato con le virtù repubblicane.

*David di Michelangelo*

*Giuditta di Donatello*

### LESSICO

- **Intemperie** - cambiamenti di clima.
- **Disdicevole** - inadatto, indecente.

### NOTA

*Giuliano da Sangallo:* (1445-1516) architetto, influenzato da Brunelleschi.
*Piazza della Signoria:* è la piazza dove si trova il Palazzo della Signoria, o *Palazzo Vecchio*, costruito nel 1299, un tempo residenza del Signore e oggi sede del Comune di Firenze.

**Loggia dei Lanzi:** costruita nel '300 per le assemblee e cerimonie pubbliche. Contro il muro ci sono sei sculture romane che rappresentano personaggi femminili e sotto le tre arcate tre statue: il Perseo di Benvenuto Cellini, il Ratto delle Sabine e Ercole in lotta con il Centauro Nesso di Giambologna.

**Donatello:** (1386-1466) famoso scultore, allievo di Ghiberti, sua è la **Giuditta**, opera che rappresenta l'eroina ebrea che tiene in mano la testa del generale Oloferne. Per difendere il suo popolo dall'assedio dei persiani Giuditta seduce Oloferne e poi lo uccide tagliandogli la testa.

**Aveva perduto Pisa:** si riferisce al periodo in cui Pisa si ribella a Firenze in seguito alla discesa in Italia del re francese Carlo VIII, nel 1494.

*[nota manoscritta: coppie — piazza della signoria — piazzale michelangelo]*

**1. Dove si trova oggi il David?**

*si trova nella Galleria dell'Accademia a Firenze*

**2. Perché l'articolo si intitola "La statua della libertà"?**

*Si intitola così perché il David è considerato un simbolo della lotta contro la tirannia.*

**3. A quale tirannia si allude?**

*Si allude alla tirannia dei Medici [dei signori]*

**4. Come consiglieresti ad un amico che farà un viaggio a Firenze di andare a vedere il David?**

*Gli consiglierei di studiare la storia della statua e di Michelangelo; così avrebbe una migliore comprensione del significato e dell'importanza della statua.*

**Revisione**

Michelangelo (vedi Unità 2 Attività 17 e 21) insieme a Leonardo (vedi Unità 2 Attività 19, 21 e 22) è considerato il grande genio del Rinascimento e come lui rivela l'approfondita conoscenza del corpo umano. Tra le sculture più famose ci sono "La Pietà" a San Pietro e "David" nella Galleria dell'Accademia a Firenze (quello che si trova in Piazza della Signoria è una copia). Il David, (1501-1504) statua di marmo bianco alta 5,17 metri, rappresenta l'eroe biblico, secondo re d'Israele, ritratto nel momento in cui si prepara ad uccidere il gigante Golia. È considerata "la statua della libertà" perché simboleggia le virtù della Repubblica contro il dominio dei signori, in questo caso dei Medici. I Medici hanno il potere a Firenze dal 1434 al 1494, prima con Cosimo e poi con il figlio Lorenzo il Magnifico (1469-1492 – vedi Unità 2 Attività 18). I fiorentini tentano però di restaurare la Repubblica, dal 1494 al 1512, appoggiati da Savonarola, e poi dal 1527 al 1530.

### Soldi e parenti serpenti. Un inedito Michelangelo.

In più occasioni Michelangelo aiutò finanziariamente il padre e i fratelli, ma sempre pretese da loro la restituzione dei soldi. E quando scoprì degli strani maneggi sui propri conti, il grande artista non esitò a ricorrere al notaio per assicurarsi le necessarie garanzie e poter così recuperare i suoi beni. Il genio rinascimentale temeva, infatti, che alla morte del padre Ludovico i suoi fratelli si prendessero tutta l'eredità danneggiandolo nei suoi legittimi interessi: in particolare, gli stava a cuore un podere a Settignano, nelle vicinanze di Firenze, dalla cui vendita pensava di ricavare almeno 500 fiorini. La vicenda dell'atto notarile è stata ricostruita, nei dettagli, da una ricerca dello storico Renzo Ristori, per anni soprintendente archivistico della Toscana, sulla base dei documenti conservati nella casa di Buonarroti di Firenze. [...]

### ATTIVITÀ 2

## Un politico moderno

Politico e scrittore,
nato a Firenze,
è celebre per la sua teoria
del fine che giustifica i
mezzi (1469-1527).

*Machiavelli*

**Uno di voi scrive sulla lavagna le definizioni che danno i compagni sulla teoria del *fine che giustifica i mezzi*. Cercate quindi una definizione sulla quale concordate e scrivetela qui sotto.**

*Se il fine sarebbe buona possiamo usare qualsiasi (ogni) tipo di mezzo anche se sono cativi.*

**In questo testo è riassunta l'opinione di Machiavelli su un problema, che a partire da Alessandro Magno, riguarda chi controlla la politica del proprio o di altri stati. Leggete il testo e confrontatelo con ciò che avete scritto sopra.**

### È lecito

Spiare è lecito perché *il fine giustifica i mezzi*, e questo vale sempre, ma soprattutto nelle questioni politiche. Chi governa o detiene il potere deve, nel proprio interesse, saper usare sia il metodo tipico degli uomini, cioè le leggi, sia quello delle bestie. E tra le bestie è la volpe l'animale che il principe deve incarnare: sa usare le astuzie, le false promesse, la frode. E ha come strumento la spia, che agisce nell'ombra.

### Revisione

Con Machiavelli (1469-1527) la politica diventa una scienza autonoma, distaccata dalla morale. Il suo pensiero politico influenza il diritto moderno e scrittori e filosofi come Diderot, Rousseau, Fichte ed Hegel assumono la tesi machiavellica di uno stato etico nel quale si privilegia

l'interesse comune a quello personale. Lo Stato è un be comune che si basa sulla "virtù" di un unico individuo si mantiene stabile e forte grazie al contributo della coll tività, cioè di tutti i cittadini. Lo scrittore si ispira alla fi sofia del Rinascimento, esalta la dignità e il libero arbitr pè la libertà dell'uomo di scegliere. L'uomo è artefice del proprio destino mediante la "virtù" che per Machiavelli è energia, volontà, coraggio, spregiudicatezza e capacità di valutare le occasioni favorevoli. Gli uomini determinano indirizzo della storia con le loro azioni, ma la natura umana non cambia, è sempre la stessa, quindi è possibile esporre le leggi in base alle quali l'uomo può governare: creare una "scienza della politica". In base a questa concezione la

storia diventa maestra di vita e di saggezza perché le azioni degli antichi sono esempi e modelli utili per i contemporanei. Tra i popoli antichi i Romani (vedi Unità 1) sono quelli che per Machiavelli hanno dimostrato maggior saggezza politica e sono quindi il modello migliore.
In seguito alla caduta della Repubblica nel 1512 Machiavelli è obbligato a lasciare Firenze perché sospettato di complicità nella congiura contro i Medici.

## ATTIVITÀ 3

**Questo brano è tratto da _Il Principe_, opera scritta da Machiavelli durante il suo esilio nella Villa dell'Albergaccio a San Casciano, dove fu confinato al rientro dei Medici a Firenze, e dedicata a Lorenzo de' Medici.**
**Quale pensi sia il messaggio che Machiavelli rivolge a questo Signore? E perché proprio a lui? Che cosa pensi di questa teoria sulla fortuna? Quale opinione ha Machiavelli delle donne?**
**Discuti con i tuoi compagni.**

## Quanto possa la fortuna nelle cose umane, et in che modo se li abbia a resistere. Cap. XXV

1. E non mi è **incognito** come molti hanno avuto e hanno opinione che le cose del mondo sieno (*siano*) in modo governate dalla fortuna e da Dio, che gli uomini, con la prudenzia (*prudenza*) loro, non possino (*possano*) correggerle, anzi non vi abbino (*abbiano*) remedio alcuno.
[*So bene che molti hanno creduto e credono che le cose del mondo sono governate dalla fortuna e da Dio, e che gli uomini non abbiano alcun potere di cambiarle.*]

8. Variando la fortuna e stando gli uomini ne' (*nei*) loro modi ostinati, sono felici mentre concordano insieme, e, come discordano, infelici. Io iudico (*giudico*) bene questo: che sia meglio essere impetuoso che rispettivo (*prudente e rispettoso*); perché la fortuna è

donna, ed è necessario, volendola tenere sotto, batterla e urtarla. E si vede che la si lascia più vincere da questi, che da quelli che freddamente procedano; e però sempre, come donna, è amica de' giovani, perché sono meno rispettivi, più feroci, e con più audacia la comandano.
[*Cambiando la fortuna e rimanendo gli uomini nelle loro posizioni sono felici se sono d'accordo ma infelici se discordano. Ritengo invece un bene che si sia impetuosi piuttosto che prudenti e rispettosi perché la fortuna è come una donna che per averla deve essere dominata con la forza e l'azione. La fortuna infatti si lascia vincere più facilmente dagli impetuosi che da coloro che agiscono freddamente e con prudenza e infatti in quanto donna ama i giovani che la comandano con audacia e forza.*]

LESSICO
• **Incognito** - sconosciuto.

## evisione

Principe", scritto in pochi mesi nel 1513, è nato dalla lessione sulle esperienze fatte dall'autore nei quindici ni di vita politica in qualità di Segretario della Repubca di Firenze. Il problema chiave è quello di porre fine

alla condizione di confusione e disordine nella quale si trova la penisola italiana divisa in tanti piccoli Stati in lotta tra loro perché questa situazione indebolisce il paese e lo rende facile conquista degli Stati nazionali euro-

*rivolgersi – address, reply*

*straripare – overflow (its banks), flood*

⬅

pei, in particolare Francia e Spagna. Nel "Principe" sono esaminati gli strumenti per raggiungere un Principato ideale (*"Il fine giustifica i mezzi"*): Machiavelli si rivolge a Lorenzo de' Medici, il Principe che può salvare l'Italia in quanto equilibratore tra i vari Stati italiani (vedi Unità 2, Attività 18 e 20) ma il modello del Principe ideale è il Valentino, Cesare Borgia (1475-1507), figlio di Papa Alessandro VI.

Nel capitolo XXV dell'opera si parla del rapporto tra virtù-fortuna. Per lo scrittore il Principe deve adattarsi alle circostanze del momento perché la realtà umana è parte dominata dalla "virtù" dell'uomo e in parte dal "fortuna", che è imprevedibile. Il Machiavelli fa uso metafore per descrivere gli effetti distruttori della fort na, prima la paragona a un fiume in piena che straripa poi la paragona a una donna che deve essere comanda e controllata e preferisce gli uomini giovani che la tratt no con forza e audacia: bisogna affrontare e dominare avversità e le vicende mutevoli della fortuna con intel genza, energia e astuzia.

*(shrewdness, cunning)*

**NOTA**

**Il fine giustifica i mezzi:** è la frase più famosa del "Principe" e racchiude l'insegnamento machiavellico, la sua concezione utilitaristica per la quale anche la violenza e il male potevano essere una necessità perché un sovrano può e deve sacrificare i princìpi della morale comune p il bene del Paese. Il termine "machiavellismo" ha assu to nei secoli una connotazione negativa, come sinonin di cinismo e immoralità.

👤 **ATTIVITÀ 4**

Venezia continua anche nel '600 (e nel '700) ad essere una importante Repubblica Marinara e rimane l'unico territorio indipendente della Penisola perché nel resto dell'Italia ci sono dominazioni straniere e lo Stato Pontificio. Qui sotto sono riprodotti il forte veneziano e la pianta della città di La Canea (l'odierna Haniá) nell'isola di Candia (Creta). Ci sono segni ancora visibili del dominio Veneziano. Quali sono?

*dominative control*

**Segni del dominio Veneziano**

San marco

Le mura

Antico palazzo del Rettore

Arsenali veneziani

Resti di una loggia veneziana

Fortezza

Bastione

Basilica di S. Freccio ?

Il mercato ?

*Forte Veneziano*

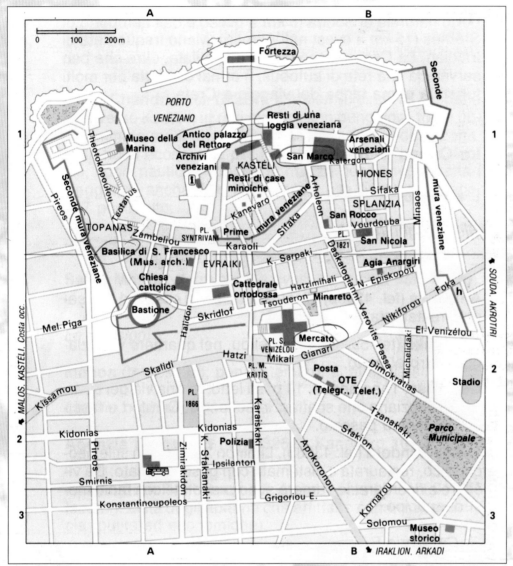

*Piantina di La Canea*

## evisione

Repubblica Marinara di Venezia inizia verso il 1000 di Unità 2 Attività 1) e dura fino al 1797 quando, n il trattato di Campoformio, Napoleone la cede Austria. Il suo dominio territoriale e la sua influen- commerciale comprendono il nord-est della peni- a italiana e la Dalmazia fino alle isole greche. Con Oriente Venezia ha rapporti di scambio commerciale e lasciano il segno nell'architettura dei palazzi nei qua- i nota l'elemento bizantino. Anche il santo protettore la città, San Marco, ha origini orientali. Le sue ossa

sono portate a Venezia nel IX secolo e la basilica di San Marco è eretta nel luogo dove queste sono sepolte; il Leone alato, simbolo del santo, diventa anche simbolo della città e si ritrova nei vari domini veneziani, come a Iraklion nell'isola di Creta. Venezia, importante città marinara, ha magnifici arsenali di cui spesso si trova traccia nei porti delle città che ha dominato, ma l'Arsenale (luogo dove si costruiscono le navi) meglio conservato è quello che oggi si può visitare nella città, sede di un importante museo.

## ATTIVITÀ 5

Osservate queste piantine politiche, leggete il brano che segue e cercate di rispondere alle domande.

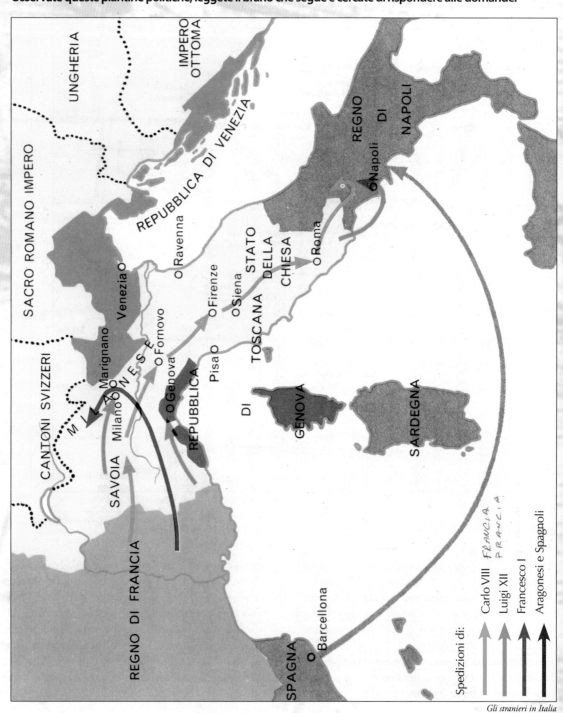

*Gli stranieri in Italia*

*Anno 1559*

*L'Italia dopo la pace di Cateau-Cambrésis (1559)*

*[handwritten margin notes: compare maps p 95 r 118-19; relative to, in respect to, regarding; la morte di Lorenzo; la politica dell'equilibri; la scoperta dell'America]*

**1. Che cosa è cambiato rispetto al 1492 (vedi Unità 2 Attività 18)?**

*[handwritten]* Lorenzo è stato in grado di sostenere "la politica dell'equilibrio" ma quando morì, la situazione si è deteriorata e gli stati italiani sono diventati deboli. I centri del commercio trasferisce ai paesi atlantici e il declino di Venezia incomincia

**2. Quali stati esistono in questo momento storico?** *[handwritten]* La Francia e La Spagna erano i due paesi stranieri più importanti. In Italia c'erano Milano, Venezia, Firenze, Roma, Napoli

**3. Secondo voi quali sono le cause di questi cambiamenti?**

*[handwritten]* Dopo 1492 esisteva in Italia un periodo di crisi ed è stata dominata dalle potenze straniere. Nel 1516, hanno diviso l'Italia in due sfere d'influenza – uno nel Sud e uno nel Nord.

## La situazione politica in Italia tra la fine del '400 e i primi del '500

Mentre le monarchie nazionali straniere riposano sul consenso di vasti strati popolari negli stati italiani dominano ristretti gruppi **oligarchici**, che praticano, ad eccezione di Venezia, una politica di chiuso egoismo verso le masse popolari; inoltre lo stesso equilibrio italiano si rompe dopo la morte di Lorenzo il Magnifico nel 1492. Nel 1494, il re di Francia *Carlo VIII* scende in Italia rivendicando il trono di Napoli. *Firenze* caccia Piero dei Medici, ritorna la Repubblica e dietro consiglio del frate Savonarola si dà una costituzione di carattere democratico. Le pressioni esterne, poi, determinano la rovina del Savonarola, che nel 1498 **viene arso sul rogo** come eretico.

Un altro re di Francia, *Luigi XII*, entra in Italia, reclamando il Ducato di Milano; nel 1504 si arriva a una **tregua**, che divide la Penisola tra Francia e Spagna, lasciando Milano alla prima e Napoli alla seconda. Solo Venezia è riuscita a trarre profitto dalla crisi che **travaglia** l'Italia, **impadronendosi** di alcune città romagnole e di molti porti pugliesi.

Nel frattempo è salito al trono pontificio Giulio II Della Rovere che intende fare del Papato la maggio-re potenza italiana. Egli promuove nel 1508, la *Lega di Cambrai*, con Luigi XIII, Ferdinando il Cattolico, Massimiliano d'Asburgo, il re d'Ungheria e vari principi italiani.

Nel 1512, un esercito spagnolo ha restaurato a Firenze la Signoria medicea: poco dopo Giuliano dei Medici diviene papa col nome di Leone X. Tra la potenza crescente del Papato e lo Stato fiorentino, con le sue ricchezze finanziarie, si crea una sorta di unione personale. Luigi XII muore lasciando come successore Francesco I; muore anche Ferdinando il Cattolico, lasciando erede dei propri stati il nipote Carlo di Asburgo. Tra i due giovani sovrani di Francia e di Spagna si arriva, nel 1516, alla *pace di Noyon*, che **ripristina** la divisione dell'Italia in due sfere di influenza: la Spagna conserva i Regni di Napoli, Sardegna e Sicilia; la Francia conserva Milano e Cremona controllando anche i ducati vicini degli Este e dei Savoia e la Repubblica di Genova, con le sue forze navali.

*[handwritten margin notes: restricted, tight, petty; in addition, also; hunt, banish, expel, against; claiming; meanwhile]*

LESSICO
• **Oligarchici** - governo di pochi, gruppi di poche persone che hanno il potere.
• **Ardere al rogo** - bruciare, come si faceva con gli eretici, cioè coloro che andavano contro le leggi della Chiesa. Il tribunale della Santa Inquisizione bruciò al rogo molti eretici, maghi e streghe; famosi eretici italiani sono Savanarola e Giordano Bruno (vedi

Unità 3 Attività 12).
• **Tregua** - sospensione di ostilità.
• **Travaglia** - (⇐ travagliare) danneggia, addolora.
• **Impadronendosi** - (⇐ impadronirsi) appropiarsi, impossessarsi.
• **Ripristina** - (⇐ ripristinare) ristabilire, restaurare.

*il trattato = treaty*

**revisione**

opo la scoperta dell'America incomincia il declino Venezia perché il commercio con il Nuovo Mondo ivilegia i Paesi sull'Atlantico: Spagna, Portogallo, In-ilterra, Olanda, Paesi Bassi e mette in crisi la città ita-na. Con la morte di Lorenzo il Magnifico nel 1492, edi Unità 2 Attività 18 e 20) incomincia un periodo crisi per l'Italia con un susseguirsi di domini stranieri. arlo di Asburgo che diventa Imperatore nel 1519 con nome di Carlo V, eredita la Spagna, l'Austria, i Paesi

*inherits*

Bassi, la Sicilia e la Sardegna, il Regno di Napoli ed estende il suo dominio anche nel Ducato di Milano. Questo immenso impero "sul quale non tramontava mai il sole", come lui stesso amava ripetere, è causa di numerosi conflitti nell'Europa del Cinquecento. Con il trattato di Cateau-Cambrésis del 1559 gran parte dell'Italia è sotto il predominio degli spagnoli fino al 1714 quando inizia il predominio austriaco.

## ATTIVITÀ 6

**In queste immagini ci sono monumenti barocchi.**
**Osserva cosa hanno in comune per cercare di rispondere alle domande.**

*sono elaborate, e molto decorate con statue e scolpite di pietra.*

*Villa Borghese*

In italiano si usa l'aggettivo barocco in frasi come:

*ornato, elaborato extravagan...*

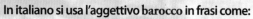

> ## QUESTO VESTITO È UN PO' BAROCCO, MA NON MI DISPIACE.
> ## È UNA PERSONA BAROCCA.

| | |
|---|---|
| **Che cosa significa secondo te?** | In questa frase l'aggettivo significa ornato, elaborato, o stravagante, esagerato, eccessivo |
| **Si tratta di una allusione alla civiltà barocca?** | No. La parola "barocco" ha assunto quest significato nell'Ottocento |
| **In questi casi l'aggettivo barocco viene considerato positivo o negativo?** | È considerato negativo. —è stato usato per descrivere personne o cose pretenziose |

Osserva il dipinto *La Vocazione di San Matteo* di Caravaggio e confrontalo con i dipinti rinascimentali dell'Attività 21 dell'Unità 2. Secondo te, quali sono le principali differenze e quali sono gli elementi che collocano questo dipinto nel periodo barocco?

*[risposta manoscritta]*
- l'uso del contrasto di luce
- i colori sono più forte
- non soffuso o sottomesso
- un' enfasi sul movimento
- un forte senso del realismo
- non è simmetrico come l'ultima cena di Leonardo in cui Gesù è al centro e gli apostoli a destra, sei a sinistra.

*[note a margine manoscritte: position, situate, arrange]*

## Revisione

La parola "barocco" viene dal portoghese "barroco" e dallo spagnolo "barrueco" e significa "perla dai contorni irregolari". L'arte del '500 viene chiamata barocca poiché, al contrario dell'arte rinascimentale, non rispetta le regole delle proporzioni e dell'armonia, ma permette all'artista di esprimere tutte le sue emozioni servendosi di vari materiali quali il marmo, la ceramica, il legno, il metallo, il vetro. A differenza del Rinascimento che è misura, razionalità, equilibrio, armonia, il Barocco è caratterizzato da fantasia, movimento, desiderio di novità, di voler stupire il pubblico con sovrastrutture e mancanza di linearità. Le caratteristiche del Barocco sono: contrasti di luce, colori forti e scuri, illusioni prospettiche, libertà stilistica nelle forme, ricerca del movimento e di una dimensione infinita.

Nell'Ottocento il "barocco" diventa sinonimo di "assurdo", "pomposo", "grottesco", "teatrale". In seguito però perde ogni significato negativo e si riconosce il contributo importante che gli artisti di questo periodo hanno dato all'arte europea.

Negli esempi delle due frasi all'inizio di questa attività BAROCCO significa un po' strano, vistoso, non

classico, imprevedibile. Michelangelo Merisi detto Caravaggio (Milano 1571 – Porto Ercole 1610) è un artista geniale del Barocco che ha introdotto cambiamenti radicali nell'arte tanto da essere considerato il primo vero pittore realista. Conduce una vita travagliata e sofferta, è il prototipo dell'"artista maledetto" che finisce tragicamente per il suo carattere scontroso, violento, impulsivo: è coinvolto in episodi di violenza e incarcerato più volte. La sua odissea lo porta dal nord al sud della penisola, da Milano a Roma dove vive il suo periodo artisticamente più importante; e in seguito a Napoli, Malta, in Sicilia e poi ancora a Napoli. Ricercato, fugge alla volta di Roma ma muore in circostanze misteriose a Porto Ercole prima di raggiungere Roma.

La sua prima produzione artistica è caratterizzata dalla "natura morta": dipinti di fiori e frutta, ma la svolta decisiva viene dai tre dipinti dedicati a San Matteo nella chiesa di San Luigi dei Francesi, Cappella Cantarelli, a Roma. Con questi dipinti: *La vocazione di San Matteo*, *Il Martirio di San Matteo* e *San Matteo e l'angelo* (1599-1602), non ancora trentenne arriva all'apice della sua carriera. La tecnica da lui introdot-

*[note a margine manoscritte: brilliant, gifted; lead; surly; sought after, wanted – towards, in the direction of; one recognized; 30 yrs old; measurement; maze, astonish; superstructure, fluidity; flashy, showy]*

ta è il "tenebrismo", cioè l'uso del chiaro-scuro, del contrasto tra la luce e le tenebre, che raggiunge una grande forza espressiva. Nella *Vocazione di San Matteo* le persone sembrano uscire improvvisamente dal buio, illuminate da una luce che non viene dalla finestra, bensì da Cristo, simbolo della Grazia divina, che nel dipinto è a destra, seminascosto da San Pietro. La luce parte da Cristo ed è diretta a San Matteo, che, incredulo, fa il gesto di indicare se stesso. Cristo e San Pietro sono avvolti in una tunica senza tempo, perché sono su un altro livello, mentre le persone sedute al tavolo, come in una scena da osteria, sono vestite come i contemporanei del Caravaggio. L'artista usa come modelli gente comune, personaggi tratti dalla strada, zingari, popolani, garzoni e le scene raffigurate sono scene di vita quotidiana per conferire veridicità alle sue opere. Il realismo e l'uso della luce che creando un'atmosfera cupa comunicano una forte tensione emotiva, sono le caratteristiche più innovative e originali della sua pittura. Caravaggio ha una grande influenza sui pittori a lui contemporanei e quelli futuri che adottano la stessa tecnica e che per questo sono chiamati "caravaggeschi" tra cui: Artemisia e Orazio Gentileschi, Battistello Caracciolo lo spagnolo Josè de Ribera.

## ATTIVITÀ 7

**Leggi adesso questi brani di Lewis Munford e se lo ritieni necessario correggi le ipotesi che hai scritto nell'Attività 6.**

(1.) Il colonnato di S. Pietro rappresenta il culmine dell'urbanistica barocca. Per la sua curvatura, la sua scala ed il colonnato dà alla Basilica non solo un accesso appropriato, ma anche uno scenario adatto ad accogliere *le folle che prendono parte alle cerimonie* tenute all'aperto (...).

(2.) *Le gradinate di Piazza di Spagna* dimostrano che anche uno spazio relativamente piccolo può avere usi e godimenti. Infatti l'urbanistica barocca generalmente raggiunse i suoi momenti più alti quando si trovò a dover affrontare grosse difficoltà: o costruzioni in zone intensamente edificate o irregolarità topografiche.

(3.) La Piazza S. Carlo di Torino è uno dei più perfetti esempi dell'urbanistica barocca, e fortunatamente è ancora intatta. Il culmine del formalismo barocco, qui come a Piazza del Popolo a Roma (4.), è raggiunto da due chiese identiche, una per ogni lato.

L'urbanistica e l'arte barocca rispecchiavano la concezione della vita dell'epoca: meccanicità e sensualità, dispotismo e libero divertimento: l'esuberanza sessuale e l'estasi sensuale sono simbolizzate dalle caratteristiche colonne e scale a spirale, dalla ostentazione del nudo nella pittura e nella scultura e dalle *fontane* del Bernini (5.); il dispotismo e la meccanicità sono simbolizzati dalla simmetria delle piazze e degli edifici.

### NOTA

**Folle che prendono parte alle cerimonie:** a Piazza San Pietro ancora oggi la domenica e nelle feste cristiane la folla di cattolici, italiani e stranieri, si riunisce per ascoltare il Papa che predica la messa dalla finestra della sua residenza.

**Le gradinate di Piazza di Spagna**: sono scenario di un'importante sfilata di moda che si tiene ogni anno il mese di luglio e si chiama "Donna sotto le stelle" perché è all'aperto, ma Piazza di Spagna è sempre affollata, soprattutto nella bella stagione ed è luogo di incontro di giovani italiani e stranieri.

**Fontane:** a Roma ci sono molte fontane, le più famose sono la "Fontana dei Quattro fiumi" a Piazza Navona e la "Fontana di Trevi", diventata nota con il film di Fellini "La dolce vita" per la scena nella quale l'attrice Anita Ekberg si bagna nella sua acqua chiamando Marcello Mastroianni (vedi Unità 5 Attività 15); si dice che porti fortuna se vi si getta una monetina e molti turisti seguono questa tradizione.

**Ecco i monumenti citati nel testo precedente, leggilo di nuovo e sotto a ciascuno scrivi il numero corrispondente:**

colonnato di S. Pietro

1

Piazza del Popolo - roma

4

➡

*piaz. Navone*

*Fontana dei quattro Fiumi*

> Nile - Africa
> Danube + 2 others?
> La Plata - S. America } 4 big rivers of
> Ganges - India } the World

*P. di Spagna*

*Bernini e Salvi*

5

*P. San Carlo - Torino*

3

*Trevi*

*Bernini*

5

*[handwritten notes, top margin:]* fare a gara = race with / pellegrino = pilgrim / abbellito = embellished, adorned

## Revisione

*[handwritten: popes]*

Centro del Barocco è Roma dove i pontefici fanno a gara per rendere la sede del cattolicesimo sempre più importante e meravigliosa agli occhi dei pellegrini: fanno costruire fontane e palazzi, le strade si allargano e le chiese sono rinnovate e abbellite da monumentali facciate. *[handwritten: facade]* Come nelle arti figurative anche nell'architettura e nella scultura c'è la ricerca del movimento, gli artisti creano alcune forme nuove, tra queste la più importante è la doppia curva, verso l'interno quella laterale e verso l'esterno quella centrale, che si trova nelle facciate e nei mobili dell'epoca. Nell'architettura i maggiori rappresentanti sono: Gian Lorenzo Bernini, Francesco Borromini e Guarino Guarini. Opere famose di Bernini sono: il colonnato di S. Pietro, che insieme alla colossale cupola di Michelangelo esprime la potenza universale della Chiesa cattolica, la Fontana dei Quattro fiumi a Piazza Navona, la Fontana del Tritone a Piazza Barberini (Roma). Di Borromini sono da ricordare la Chiesa di San Carlo alle quattro Fontane, Sant'Agnese e Sant'Ivo (Roma).

Altri importanti centri del Barocco sono Torino e Lecce. A Torino testimonianze barocche sono Palazzo Garignano di Guarino Guarini e le chiese barocche di Santa Cristina e di San Carlo a Piazza San Carlo, che ricordano le chiese barocche di Santa Maria dei Miracoli e Santa Maria di Montesanto a Piazza del Popolo a Roma. A Lecce monumenti barocchi si trovano ovunque e ne fanno una città dal carattere molto particolare, dominata da varie tonalità di bianco; altro gioiello barocco è la cittadina di Noto in Sicilia nella quale purtroppo molte opere sono state gravemente danneggiate da un terremoto.

*[handwritten: acre – pungent, bitter, harsh | alimentare = instigate, feed, nourish | antistante = in front, across, opposite]*

### Rivalità tra Bernini e Borromini

L'acre rivalità tra Bernini e Borromini, i due grandi artisti del Seicento romano, alimentò le più strampalate *[handwritten: odd, eccentric, screwball]* leggende. La più pittoresca è quella secondo cui, nella stupenda Fontana dei Fiumi in Piazza Navona, opera del primo, la statua che rappresenta il Nilo avrebbe il capo velato per non vedere gli errori di costruzione dell'antistante chiesa di Sant'Agnese in Agone, realizzata dal secondo: in realtà la presenza del velo allude al fatto che a quell'epoca si ignoravano quali fossero le sorgenti del fiume egiziano. *[handwritten: egyptian]*

## ATTIVITÀ 8

Nel Cinquecento ci si occupa della promozione dello studio della lingua e nascono molte Accademie con l'intento di diffondere la letteratura in volgare e di fissare delle regole. La più famosa tra queste, l'Accademia della Crusca - ancora oggi attiva -, si è occupata della compilazione del primo grande vocabolario della lingua italiana. Cerca sul dizionario il significato della parola "crusca". *[handwritten: – bran, roughage]*

Secondo te perché questa Accademia ha preso questo nome?

*L'hanno preso perché volevano mantenere ciò che era buono dalla lingua. La trebbiatura del grano era una metafora per la protezione della lingua*

Ecco la sede dell'Accademia e le sedie di cui si servivano gli accademici. Che cosa ne pensi?

*L'interno sembra molto strutturato e organizzato – suggerisce grande attenzione alle regole e dettagli. Sembra adatto per un'organizzazione fondata per mantenere le regole grammaticali. – La parte posteriore della sedia sembra una pala per prendere il pane dal forno.*

➡

Accademia della Crusca: est

Accademia della Crusca: interno

Sedia dei crus

## Revisione

Nel Cinquecento una questione importante per tutti gli scrittori è la "questione della lingua". L'Italia è divisa politicamente e gli italiani non parlano tutti la stessa lingua, non c'è accordo neppure per la lingua scritta. Ci sono varie dispute riguardo alla necessità di stabilire una lingua letteraria comune; c'è chi propone il fiorentino, chi il toscano, chi la lingua parlata nelle corti. L'Accademia della Crusca, fondata a Firenze nel 1583 sotto la protezione dei Medici, redige un Vocabolario della lingua italiana (1612) che è stato il modello per le scelte lessicali fino a pochi anni fa. L'Accademia della Crusca (la crusca è la parte che si scarta del grano in modo da separarla dal fiore di farina che è la parte migliore) è chiamata così

perché gli accademici si proponevano di separare il b no dal cattivo della lingua, di salvaguardare la pure della lingua così come, metaforicamente, si separa la c sca (parte cattiva) dal fiore di farina (parte buona). questo negli arredi e negli oggetti di cui si servono, co le sedie, ricorrono a simboli che richiamano la metaf del pane e della farina, come le pale (oggetti in legno mettere o togliere il pane dal forno).

L'Accademia esiste anche oggi, ha sede in una bella v di Firenze e si occupa ancora di questioni linguisti ma non ha più lo scopo di difendere la lingua da in trazioni; promuove convegni, ricerche e ne fanno pa studiosi di nota fama.

redigere - compose, compile, write
scartare - discard, reject
salvaguardare - safeguard, protect

arredo - furniture, decor
ricorrere - go back to, recall
pala - blade, paddle, shovel

## Il pane in Italia

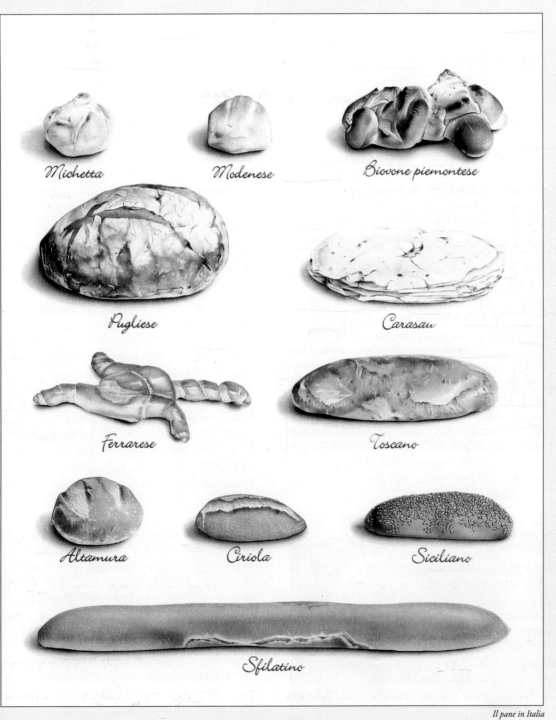

Michetta

Modenese

Biovone piemontese

Pugliese

Carasau

Ferrarese

Toscano

Altamura

Ciriola

Siciliano

Sfilatino

*Il pane in Italia*

### ATTIVITÀ 9

Tra gli scrittori di questa epoca abbiamo Torquato Tasso, la cui opera *Aminta*, pur non essendo la più nota, ha notevole importanza.

Leggi questo brano. Quale tipo di opera pensi sia l'*Aminta*? Immagina lo scenario e i partecipanti di queste rappresentazioni e descrivili a un tuo compagno.

## "L'Aminta"

La prima rappresentazione dell'*Aminta* fu allestita nell'*isoletta di Belvedere*\* nel 1573, il 31 luglio, davanti al duca Alfonso II e alla sua corte. Recitarono i **comici dell'arte** della compagnia dei Gelosi, che sarebbe successivamente divenuta famosa in Francia. Mancano tuttavia particolari su questa prima rappresentazione, della quale sappiamo soltanto che piacque molto.

Una seconda rappresentazione fu allestita a Pesaro, nel febbraio dell'anno successivo, durante il carnevale, voluta da Lucrezia d'Este, attori furono alcuni giovani di Urbino, guidati dal Tasso medesimo, che in questa occasione introdusse nella favola i cori. Una terza rappresentazione si ebbe a **Verona** nel 1581, all'aperto. Durante le numerose rappresentazioni tardorinascimentali dell'*Aminta* i cori vennero spesso cantati con adattamento di musiche composte per altre occasioni, come quando, nei primi decenni del Seicento, un allestimento della favola **tassesca** nel Palazzo Rinaldi di Parma, venne arricchito con gli intermezzi che Domenico Belli, il celebre musico (musicista) di casa Medici, tra i primi autori di arie **monodiche**, aveva composto.

*Arena di Verona*

**\*Belvedere:** è il nome che il duca Alfonso I d'Este aveva dato a un'isoletta sul Po sulla quale aveva fatto costruire un palazzo, piantare alberi e siepi e portare animali e uccelli d'ogni specie.

---

LESSICO
- **Tassesca** - del Tasso.
- **Monodiche** - di melodie cantate da un'unica voce.

---

*NOTA*

**Comici dell'arte:** la Commedia dell'arte è un genere teatrale che ha origine nel '500 ed è caratterizzato da personaggi fissi, cioè maschere che improvvisano la recitazione secondo le caratteristiche prestabilite della loro personalità, per questo si chiama anche recitazione *a soggetto*, mentre il testo era un semplice riassunto della commedia su un *canovaccio*, cioè una trama schematica. Ogni città ha la sua maschera, per esempio Napoli ha Pulcinella, Milano ha Meneghin, Venezia ha Arlecchino, Torino ha Gianduia, Firenze ha Stenterello e Bologna ha Pantalone. Il carattere di queste maschere le differenzia l'una dall'altra: Arlecchino è il servo furbo e indossa un costume multicolore e una mascherina nera, Pulcinella indossa un abito bianco con una maschera nera e rappresenta il popolano pigro, Meneghino è il servo buono, un po' fifone (pauroso). Pantalone è il mercante ricco e vecchio, indossa un abito rosso. Stenterello, il chiacchierone ingegnoso, si riconosce per la sua giacca azzurra.

**Verona:** città del Veneto famosa per la tragedia di Shakespeare "Romeo e Giulietta" (molti turisti visitano tutti i giorni quella che viene indicata come la casa di Giulietta) e per le opere e i concerti all'aperto che si tengono all'Arena e al Teatro romano, ancora ben conservati e funzionali.

## Revisione

Torquato Tasso (1544-1595) vive per un periodo della sua vita alla corte del Duca d'Este di Ferrara. Lì trascorre il periodo più bello e poeticamente più produttivo della sua vita. La sua opera maggiore è "La Gerusalemme liberata", poema epico sulla I Crociata e sull'occupazione e liberazione di Gerusalemme da parte dei cavalieri cristiani. "L'Aminta" (1573) è un dramma pastorale: nella cornice di un mondo bucolico (cioè che ricorda l'ambiente pastorale tipico della poesia detta appunto bucolica e che ispira sentimenti di pace e serenità) è ambientata la storia di un amore non corrisposto, amore tormento del pastore Aminta per la ninfa Silvia.

## ATTIVITÀ 10

In questa lettura trovate elementi di politica, commercio e industria dell'Italia intorno al ' 600. Pensate che di alcuni si abbia traccia ancora oggi? Se sì, quali?

## Influenza del dominio spagnolo in Italia

I domini italiani della Spagna conservano ognuno proprie istituzioni anche dopo il 1559. Il *Ducato di Milano* ha un Senato con funzioni di alta corte di giustizia, analoga a quella dei Parlamenti della Francia. I tre Regni di *Napoli, Sicilia* e *Sardegna* sono retti da altrettanti viceré e hanno ciascuno un proprio Parlamento. Il governo assolutistico di Filippo II tende a coprire gli uffici civili e militari con personale spagnolo, scoraggiando così la formazione di una classe dirigente locale e portando nell'amministrazione elementi con scarso interesse al benessere del Paese.

Le istituzioni dei vari principati italiani hanno tutte carattere assolutistico. A **Emanuele Filiberto** va il merito di imprimere carattere italiano, anziché francese, all'amministrazione dello Stato sabaudo, trasferendo stabilmente la capitale da Chambéry a **Torino** e creando una capace burocrazia, composta più di Piemontesi che di Savoiardi. Analogamente, Cosimo I dei Medici e i suoi successori riorganizzano l'amministrazione del *Granducato di Toscana* immettendovi elementi di ogni provincia e talvolta di classi sociali umili. Nello *Stato Pontificio* il frequente avvicendarsi sul trono dei pontefici porta ad un mutamento continuo nell'indirizzo e nel personale di governo. Non felici effetti ha inoltre la prassi del "piccolo **nepotismo**", prevalente nel secolo XVII, cioè l'uso di dare alte cariche ai parenti dei pontefici.

## L'industria

Carattere già di grande industria moderna avevano solo le *costruzioni navali*, specie a Genova e a Venezia: l'arsenale di quest'ultima contava circa 2000 dipendenti. Comunque l'industria dei *tessuti di seta*, fiorente a Venezia, in Lombardia e a Firenze, costituiva per l'Italia una fonte di ingenti redditi. Importanza notevole mantenevano anche le tessiture della *lana* e quelle del *lino*.

Fra le industrie **estrattive**, avevano importanza internazionale le **allumiere** della Tolfa, nello Stato Pontificio, e le *cave di marmo* di Carrara; dai Medici ebbe impulso **altresì** la **siderurgia** dell'Elba. Nella **metallurgia** emergevano le *fabbriche di armi* e attrezzi metallici di Brescia, Bergamo, Milano. Grande sviluppo ebbero la fabbricazione della *carta*, specie a Fabriano, e le *manifatture veneziane* di *vetri*, *specchi* e *trine*.

# L'architettura. L'Italia meridionale e insulare.

Il problema urbanistico si affaccia pure a *Napoli*, sia pure in modo meno organico che altrove. Particolarmente suggestiva fu l'architettura ecclesiastica napoletana, promossa a gara da ***Gesuiti, Teatini e Oratoriani***, con la sua esuberanza di colori e il suo **tripudio** decorativo. Non a caso Napoli fu centro di una delle maggiori scuole pittoriche del Seicento, illustrata dal vivido genio di Salvator Rosa. Sull'esempio napoletano si mosse in genere l'arte anche nel resto del Mezzogiorno: carattere originale, tuttavia, ebbe la raffinata fantasia degli architetti e decoratori che fecero di Lecce uno dei gioielli del tardo Barocco italiano.

## LESSICO

• **Nepotismo** - politica dei Papi che nel Rinascimento favorivano i loro nipoti, parenti e amici nell'assegnazione di cariche importanti, per estensione, tendenza da parte di persone autorevoli a favorire parenti e amici nelle cariche pubbliche o negli affari.

• **Estrattive** - che estraggono (tirano fuori) materiali dalla terra.

• **Allumiere** - miniera d'allume, solfato.

• **Altresì** - anche.

• **Siderurgia** - industria del ferro e acciaio.

• **Metallurgia** - industria che estrae e lavora i metalli.

• **Trine** - merletti, pizzi, tessuti con fili intrecciati in modo da formare disegni.

• **Tripudio** - gioia.

## NOTA

***Emanuele Filiberto:*** (1528-1580) di Savoia, cioè della dinastia regnante prima nel Regno di Sardegna dal 1720 al 1861 e poi nel Regno d'Italia dal 1861 al 1946 (vedi Unità 4 Attività 6).

***Torino:*** dove risiedevano i Savoia, è la prima capitale d'Italia dal 1861 al 1865, dal 1865 al 1870 è invece Firenze; Roma diviene capitale soltanto nel 1871 quando non fa più parte della Stato Pontificio che era sotto il dominio del Papa (vedi Unità 4 Attività 5 e 6).

***Seta:*** ancora oggi il maggiore centro della seta per tradizione e qualità è Como.

***Cave di marmo:*** famoso quello bianco di Carrara, usato anche per le sculture; altre cave di marmo sono nel Lago Maggiore (marmo rosa) e a Siena e Verona (marmo giallo e rosso).

***Fabbriche di armi:*** sono soprattutto nella zona di Brescia, nota è "Beretta" fabbrica di armi leggere.

***Manifatture veneziane:*** ancora oggi sono famosi i merletti (trine) veneziani dell'isola di Burano, nella laguna veneziana e la lavorazione del vetro di Murano, un'altra isola davanti a Venezia (vedi Unità 5 Attività 12).

***Gesuiti:*** ordine religioso fondato da Sant'Ignazio di Loyola nel 1534 dopo il Concilio di Trento.

***Teatini:*** ordine religioso di frati da Chieti, città chiamata anticamente Teate.

***Oratoriani:*** altro ordine religioso fondato da S. Filippo Neri nel 1564.

*Murrine*

*Pizzo*

## ⁉️ Marmi e ricette delle Apuane

Se avrete l'occasione di trascorrere qualche giorno in Versilia, non passate tutto il giorno a rosolarvi al sole o a girellare, avanti e indietro, sulla passeggiata: rubate qualche ora alla vostra giornata sulla spiaggia per visitare una delle tante cave di marmo che imbiancano le montagne versiliesi. Potrete assistere al taglio del marmo con il filo diamantato formato da "perline" dalla grande capacità abrasiva (diamante sintetico). Fatevi accompagnare in una visita guidata alla cava: sarete sopresi dalla semplicità e dal calore con cui vi accoglieranno e potrete godere di panorami da favola da 1000-1200 metri di altezza. Sentirete la presenza di artisti famosi, come Michelangelo, che nel marmo hanno lasciato testimonianze meravigliose del loro estro creativo.

## Revisione

arlo V d'Asburgo (vedi Attività 5) lascia in eredità
suo immenso impero ai due figli, la casa d'Asburgo
divide così in due rami: gli Asburgo di Spagna e gli
sburgo d'Austria con il dominio dell'Europa nord
ientale. Dopo la pace di Cateau-Cambrésis (1559)
a Francia e Spagna l'Italia passa quasi interamente
tto il controllo degli Asburgo di Spagna: il Ducato
Milano, il Regno di Napoli, la Sicilia e la Sardegna
no direttamente sotto la Spagna. Sono indipenden-
il Ducato di Savoia sotto i Savoia, lo Stato della
hiesa, il Granducato di Toscana sotto i Medici e le
epubbliche di Venezia e di Genova. L'Italia rimane
tto il predominio spagnolo fino al 1714: è un perio-
o di crisi economica e sociale, a Milano c'è la peste
escritta da Manzoni nel suo libro "I promessi sposi",
mbientato in quell'epoca a Milano e nelle città vicine.
lvator Rosa (1615-1673) è un pittore e poeta na-
oletano che preannuncia il Romanticismo. Vive a
renze dove dipinge alla corte di Mattia de' Medici

prevalentemente paesaggi e grandiose scene di battaglie. Nel 1649 torna a Roma, in questo periodo dipinge soggetti biblici, religiosi e mitologici.
Nel settore industriale ancora oggi l'idustria dei tessuti è una delle più importanti. Como rimane il centro
principale per la produzione della seta e Prato, vicino
a Firenze, è il centro più importante per la produzione di tessuti: ci sono molte piccole e medie industrie
tessili specializzate nella produzione di tessuti per
l'abbigliamento da uomo e da donna in lana, cotone,
lino, fibre artificiali e sintetiche. Un'altra industria
importante ancora oggi è l'industria metallurgica che
decolla a cavallo dei due secoli durante il governo di
Giolitti dal 1896 al 1906. Il Gruppo Riva è l'industria leader nel settore in Italia, ed è il quarto produttore europeo di acciaio. Altre industrie importanti
sono le Acciaierie di Terni (AST Terni) che sfruttano
la forza motrice delle Cascate delle Marmore e l'An-
saldo di Genova.

## ATTIVITÀ 11

**Leggi queste notizie sulla vita e sull'opera del musicista Monteverdi. Come pensi che vivessero gli artisti della sua epoca? Credi che questo musicista sia conosciuto nel tuo Paese? Conosci altri importanti musicisti italiani? Discutine con i tuoi compagni.**

### Monteverdi

Monteverdi, Claudio - Musicista (Cremona, 1567 - Venezia, 1643). Si dedicò prestissimo alla musica, studiando **viola** e canto. A 16 anni pubblicava già il suo primo lavoro, i *Madrigali spirituali a 4 voci*. Nel 1590
è chiamato in qualità di cantore e **virtuoso** di viola presso la corte di Vincenzo Gonzaga, duca di Mantova,
fiorente per lo splendore delle arti. Dopo la morte del duca Vincenzo (1612) si allontana da Mantova e
accetta la carica di maestro di musica della Repubblica di Venezia; in questo posto rimarrà fino alla morte.
La sua produzione riguarda principalmente il genere del **madrigale**, del **melodramma** e numerosa musica
sacra.

**Se non sai cosa sono il madrigale e il melodramma leggi le notizie riportate qui sotto.**

### Madrigale
Composizione lirica di genere popolare, d'origine
italiana, sconosciuta alle altre letterature fino al sec.
XVI. Ha soggetto prevalentemente amoroso ma non

### Melodramma
Termine che in Italia serve generalmente ad indicare una composizione letteraria dialogata (tragedia,
commedia, favola pastorale, **farsa**, ecc.) musica-

*[handwritten annotations in margins: "pre-set, pre-arranged", "destined / intended", "fixed / established"]*

←

esiste un tema dato e neppure una forma prestabilita o fissata da precise regole.

ta interamente o in parte, destinata alle scene per l'esecuzione di cantanti con accompagnamento di strumenti.

**LESSICO**

• **Viola** - strumento ad arco con 4 corde, più grande del violino.

• **Virtuoso** - bravo suonatore.
• **Farsa** - breve commedia comica, buffa.

**Osservazioni**

_____
_____
_____
_____
_____
_____

## Revisione

Con il declino del Rinascimento c'è nell'arte una rivolta contro la semplicità e il senso armonico delle proporzioni del Rinascimento che porta all'affermarsi dell'arte barocca, spettacolare e teatrale (vedi Unità 3 Attività 6 e 7). Anche la musica, come l'arte, diventa spettacolare e teatrale. Dallo stile polifonico della musica rinascimentale caratterizzato da molte voci si passa alla monodia, una canzone accompagnata solo da una voce. Questo nuovo genere musicale nasce a Firenze con un gruppo di intellettuali e musicisti che si incontrano alla fine del '500. Il grande melodramm nasce con Monteverdi (1567-1643) che crea uno st melodico ed espressivo con più espressione dramm tica. La favola di *Orfeo* (1607) è considerata la pri vera opera melodrammatica, a cui seguono *Aria na* (1608), *Il ritorno di Ulisse* (1640), *L'incoronazi di Poppea* (1642) che sono tra le sue opere più no

### 👥 ATTIVITÀ 12

**Nel Cinquecento la situazione politica e religiosa italiana crea conflitti molto importanti che vengono risolti con un'assemblea della Chiesa, detta Controriforma, che pone regole molto rigide di pensiero e di comportamento. Leggete queste domande e cercate di rispondere.**

**1. Quale pensate fosse il clima religioso della Controriforma in Italia?** *A causa della critica della corruzione della Chiesa - come quella di Lutero, la chiesa ha voluto mantenere la sua autorità moral. Ha iniziato la Controriforma e l'inquisizione per punire quelli che hanno messo in dubbio gli insegnamenti della chiesa.*
*- Era un clima pericoloso per quelli che hanno criticato gli insegnamenti della chiesa*

**2. E nel vostro Paese intorno al 1600?** *Il mio Paese non era ancora fondata ma c'è un confronto con i Puritani che hanno governato la colonia del Mass. Hanno condannato a morte molte donne come streghe e eretice in questo periodo di tempo.*

*— did not do the exp. work — he did philosophic speculation*

**3. Giordano Bruno, grande pensatore dell'epoca, viene messo in prigione e bruciato sul rogo. Secondo voi perché?**

*— ha parlato del infinito — Copernico etc.*

*— Ha messo in discussion l'autorità della Chiesa, credendo che gli essere humane potevano raggiungere la conoscenza oltre agli insegnamenti della Chiesa*

**4. Nella vostra religione e/o nel vostro Paese ci sono figure simili a Bruno? Raccontate la loro storia.**

*half way         1600's (17th century        b 1548 – d 1600*

**5. "Bruno si trovò a metà strada tra Rinascimento e Seicento". Secondo voi che cosa significa?**

*Forse significa che come un prodotto del rinascimento, si sentiva libero per esplorare idee nuove e controverse. D'altra parte viveva in un clima pericoloso per loro che minacciavano la dogma della Chiesa*

## ATTIVITÀ 13

Leggete il seguente brano in cui si parla di *Controriforma*, di *Tribunale dell'Inquisizione*, di *eretici*. Tornate all'Attività 12 e correggete le vostre risposte.

## Giordano Bruno

La meditazione di Giordano Bruno si svolge fra Rinascimento ed età barocca, attraverso un duello con l'età **controriformistica**. Egli esalta l'uomo, la sua capacità spirituale e creativa secondo lo spirito rinascimentale ma intuisce anche un universo infinito, non più accentrato intorno alla terra, com'era stato considerato dall'antichità fino al Rinascimento; ed è, quest'ultima, un'intuizione che riceverà la propria verifica rigorosa da parte della scienza moderna che nasce, si può dire, proprio nel Seicento. Ma al di là del valore delle sue idee, la figura del Bruno acquista anche un alto significato umano, soprattutto in quella età di moralismo **cauteloso**, di facile gusto per il compromesso, di scarso slancio creativo del pensiero, per il fervore appassionato col quale egli ricercò la verità, da lui sentita come lo scopo supremo della vita umana. E per questa verità seppe affrontare con incrollabile decisione le persecuzioni e la morte. Fu infatti processato dal *Tribunale dell'Inquisizione* e condannato come eretico.

**LESSICO**
- **Controriformistica** - della Controriforma.
- **Cauteloso** - da cautela - attenzione, stare attento.

*NOTA*
*Tribunale dell'Inquisizione* - organizzazione giudiziaria ecclesiastica per la lotta e la prevenzione dell'eresia.

## Revisione

Nel Seicento in Italia la situazione politica, già difficile economicamente per la difficile posizione di Venezia e per le conseguenze della dominazione spagnola, è aggravata dal conflitto spirituale-religioso tra Lutero (1517 Riforma Protestante) e la corrispondente *Controriforma* cattolica (1545). Nel 1500 Papa Giulio II inizia la costruzione della basilica di San Pietro e per l'alto costo dell'opera vende ai pellegrini che arrivano a Roma l'indulgenza plenaria (perdono dei peccati). Questa corruzione causa violenti critiche in Svizzera e Germania; Calvino e Lutero protestano (per questo si chiamano protestanti) e nel 1517 Lutero pubblica 95 tesi in cui condanna il sistema delle indulgenze, dei voti, dei pellegrinaggi. La sua protesta ha un ampio consenso tra l'opinione pubblica e la Chiesa, preoccupata, ricorre alla Controriforma con il Concilio di Trento (1545-156. assemblea delle alte gerarchie della Chiesa nella qu sono riaffermati in modo inequivocabile i principi de fede cattolica. Come conseguenza i tribunali cattol dell'Inquisizione condannano al rogo numerosi citta considerati pericolosi e accusati di eresia tra i quali il moso filosofo Giordano Bruno che viene bruciato ne piazza di Campo dei fiori a Roma. Altri subiscono d condanne, compreso lo stesso Galilei perché critica concezione tolemaica dell'universo, per la quale la te è piatta e tutti gli astri le ruotano intorno, a cui contra pone la teoria copernicana, o eliocentrica, in base a quale tutti i pianeti compresa la terra, ruotano attor al sole che è al centro dell'universo. Keplero, Coperni e Galileo sono i sostenitori di questa teoria.

## ATTIVITÀ 14

Si tratta del Cannocchiale di Galileo. Che cosa sai di questo grande uomo? A che cosa è legato oggi il suo nome? Conosci altri scienziati ed opere o scoperte a loro legate? Discuti con i tuoi compagni.

*Cannocchiale di Galileo*

**Osservazioni**

*osservations / remarks*

b. 1564   d 1642

— si dice che ha inventato il metodo scientifico

— credeva che l'osservazione attenta e l'esperimento erano i mezzi per acquisire conoscenza

— il cannocchiale era un giocattolo inventato in Olanda, ma G. ne fece uno strumento di osservazione scientifico.

(legati)? — Studio di oggetti in movimento, di gravità

altri scienziato = Copernico, Kepler, Newton, anche Einstein

## Revisione

Galilei Galileo (1564-1642) scienziato, astronomo, matematico, scrittore, è considerato il fondatore della scienza moderna sia perché con lui la scienza diventa una disciplina autonoma e indipendente dalla filosofia e dalla teologia sia per il suo metodo sperimentale che si basa sull'osservazione diretta dei fenomeni fisici; egli sostiene che bisogna osservare, misurare, sperimentare prima di formulare una legge. Galileo incarna l'immagine del nuovo scienziato che difende la libertà di pensiero, la ricerca della verità e la fede nella ragione umana contro ogni forma di dogmatismo (posizione di chi ritiene vera una cosa perché affermata da un'autorità riconosciuta senza che ci siano verifiche). È inventore del cannoc-

chiale e del pendolo, perfeziona il telescopio con il qua scopre le fasi di Venere, i satelliti di Giove e le macch solari ed è sostenitore della teoria copernicana o elioce trica che lui stesso verifica con l'osservazione degli astri di cui fornisce le prove. Tra il 1610 e il 1632 pubblica t opere che cambiano la scienza futura: *Sidereus Nunci* sulle sue scoperte del sistema solare (l'anello di Saturi e i quattro satelliti di Giove), *Il Discorso sulle comete*, *Il Dialogo sopra i due massimi sistemi del mondo* in c dimostra la superiorità della teoria copernicana su quel tolemaica, per questo il tribunale dell'Inquisizione lo c stringe a negare le sue tesi e lo condanna al carcere a vit anche se per la sua tarda età viene graziato.

## ATTIVITÀ 15

**Leggete queste notizie sull'opera del Palladio e osservate la foto di una delle sue più note opere, la Rotonda di Vicenza.**

**Cosa pensate sia cambiato rispetto all'architettura e al modo di concepire la vita rispetto all'epoca del Barocco?**

## Andrea Palladio (1508-1580)

Figlio di un mugnaio Andrea nasce a Padova nel 1508 dove compie le sue prime esperienze come **scalpellino**. Nel 1542 fugge a Vicenza dove entra nella bottega di Pedemuro San Biagio, tenuta da scultori molto famosi. Tra il 1535 e il 1538 avviene l'incontro che cambierà radicalmente la sua vita: conosce ***Giangiorgio Trissino***, poeta e umanista, che lo prenderà sotto la sua protezione. Sarà proprio lui a soprannominarlo Palladio, a guidarlo nella sua formazione culturale improntata soprattutto sullo studio dei classici, a condurlo, infine, più volte a Roma. Qui Andrea si trova per la prima volta a contatto con le architetture che aveva imparato ad amare, può osservare dal vivo i monumenti imperiali, ammirandone la bellezza e studiandone i materiali, le tecniche costruttive, i rapporti spaziali. Ma i viaggi col suo mecenate significano anche l'incontro con i "grandi" del tempo: Michelangelo, Sebastiano Serlio, ***Giulio Romano***, ***Bramante***. Intorno al 1540 inizia intanto la sua attività autonoma di architetto. Ben presto le nobili famiglie vicentine e veneziane si contenderanno l'attività del Palladio. Inizia così il periodo più intenso dell'attività palladiana, che si concretizzerà in opere di

*Andrea Palladio*

assoluta bellezza, dal Palazzo Chiericati alla villa Barbaro di Maser, dalla "Malcontenta" fino alla notissima Rotonda. Nel 1570, inoltre, Palladio pubblica il trattato *I quattro libri dell'architettura*, espressione della sua cultura, dei suoi ideali ed anche della sua concreta esperienza. Negli anni '70 è a Venezia in qualità di consulente architettonico della Serenissima, dove realizzò le grandi chiese di S. Giorgio Maggiore (1566) e del Redentore (1577-92). Tra febbraio e marzo del 1580 vengono intanto avviati i lavori per la costruzione del teatro Olimpico di Vicenza per la recitazione della tragedia classica. Tuttavia, prima che l'opera sia completata, il Palladio si spegne il 19 agosto 1580.

## Villa Capra detta "La Rotonda"

Si tratta di uno degli edifici più famosi ed imitati del mondo, le cui caratteristiche sono servite ad illustrare e riassumere gli **stilemi** dell'architettura del Rinascimento italiano. Palladio la concepì tra il 1566 e il 1571, su commissione dell'intellettuale Paolo Almerico Capra ed incluse il progetto nei suoi *Quattro Libri*. L'originale struttura **consta** di un corpo centrale, coperto da una cupola, che si allunga, in ciascuno dei quattro lati, in un **pronao**. I quattro **avancorpi**, terminano in altrettante scalinate che sembrano fornire alla villa l'**ancoraggio** alla collina su cui essa **poggia**. I lavori di costruzione vennero portati avanti, con alcune modifiche, da Vincenzo Scamozzi e si conclusero solo nel 1620.

*Villa Capra a Vicenza (Da Viaggio a Vicenza)*

### LESSICO

• **Scalpellino** - artigiano o operaio che lavora il marmo o la pietra, scultore rozzo senza capacità artistiche.
• **Stilemi** - stili di scrittura e architettura.
• **Consta** - (⇐ constare), essere composto di.
• **Pronao** - spazio coperto da colonne all'entrata dei palazzi o delle basiliche, se è scoperto si chiama "sagrato".
• **Avancorpi** - parte anteriore di un edificio che sporge dalla facciata.
• **Ancoraggio** - gettare l'ancora, l'atto di fissare qualcosa di mobile a un punto stabile.
• **Poggia** - (⇐ poggiare) appoggiare, posare - si fonda, posa.

### NOTA

*Giangiorgio Trissino:* (1478-1550) letterato del Rinascimento, autore tra l'altro di una nota grammatica dell'italiano.

*Giulio Romano:* (1499-1546) architetto e pittore manierista (della tendenza artistica basata sull'imitazione), dipinge per i Gonzaga gli affreschi del Palazzo del Tè a Mantova.

*Bramante:* (1444-1514) architetto e pittore, una delle sue opere è la tribuna di S. Maria delle Grazie a Milano (1492).

### evisione

n il ritorno dei temi dell'antichità il Rinascimento ri-
pre un altro tipo di costruzione che era scomparso con
ine dell'Impero Romano: la villa, residenza del nobile
el ricco fuori dalla città, nella campagna. Sono famo-
e ville nel Veneto, nella campagna intorno a Venezia,
uno dei maggiori architetti del Rinascimento: Andrea
ladio (1508 – 1580). In una delle sue ville più belle, La —

Rotonda (1567), vicino a Vicenza, il riadattamento dei modelli classici è evidente nella cupola e nelle colonne che ricordano la struttura di un tempio romano.
Dal nome Palladio si usa dire che è palladiano ciò che si ispira alla sua arte, così come la "palladiana" è un tipo di pavimentazione con marmo o pietra disposti irregolarmente.

141

# Unità 4

## SETTECENTO
## E OTTOCENTO

*[handwritten top margin: reggia, - realm, mansion, palace / cenno - gesture, signal sign, hint]*

### ATTIVITÀ 1

*[handwritten: 1700's = eighteenth century]*

*[handwritten left margin: regno = kingdom]*

*[handwritten right margin: sought after]*

Il Settecento è un periodo di profonde trasformazioni nella vita della penisola italiana, che viene contesa dai grandi regni europei. Guardate queste immagini di regge italiane (*Palazzo Reale di Caserta, Villa Reale di Monza, Palazzo Reale di Torino*) e leggete questi cenni della storia del periodo. Pensate che chi regnava in queste regge fosse interessato alla vita sociale degli italiani? Giustificate la vostra risposta.

*Palazzo Reale di Torino*

*Villa Reale di Monza*

*[handwritten: Savoia - in city center]*

*[handwritten: Savoia & In a national park → even in pnze / in pnze]*

*Palazzo reale di Caserta*

*[handwritten: - in a city / - Borboni]*

*[handwritten: - la reggia delle due Sicilia]*

soprano = sovereign, king
clero = clergy, priesthood
ceto = class
↳ medio = middle class

marginale - marginal, negligeable
delitto = crime, felony, murder, sin, evil
pena = pain, sorrow, punishment
diritto penale = criminal law

moto = impulse, uprising

# Unità 4

## Vita sociale e dispotismo

Nella prima metà del secolo [700] la situazione politica, sociale ed economica della Penisola non cambia molto rispetto al secolo passato. A capo degli stati c'erano i sovrani, venivano poi l'aristocrazia e il clero che godevano di privilegi fiscali e giuridici. La base dell'economia era ancora l'agricoltura, la Valle padana e in particolare la Lombardia era la più sviluppata con una abbondante produzione basata sulla coltivazione del riso, dei bachi da seta e sulla produzione del latte. Scendendo verso il meridione l'economia diveniva sempre più povera, molte terre non erano coltivate e i contadini vivevano nella completa povertà. Mancava in questa epoca quello che oggi si dice "il ceto medio", una borghesia che si occupasse delle attività industriali e commerciali. In

Lombardia si sviluppa lentamente l'industria tessile, Genova è un importante centro bancario, nello Stato della Chiesa le attività industriali e commerciali sono invece del tutto marginali.

Nella seconda metà del 700 si diffonde dalla Francia la **filosofia dei lumi** e pensatori e uomini d'azione iniziano a chiedere riforme: a Milano Cesare Beccaria ispira con il suo scritto "Dei delitti e delle pene" la riforma del diritto penale, Pietro Verri influenza alcuni aspetti dell'economia, a Napoli Filangeri Galiani e altri danno impulso al moto riformatore.

● LESSICO

● **Filosofia dei lumi** - illuminismo, lume (luce) della ragione.

### Risposta

*No, c'erano grandi disparità tra l'aristocrazia e i contadini. I sovrani, l'aristocrazia e il clero avevano una posizione privilegiata. Mancava una borghesia e i contadini vivevano nella povertà.*

### NOTA

**Palazzo Reale di Caserta:** Caserta, capitale del Regno delle due Sicilie sotto il dominio dei Borboni, è famosa per il suo magnifico Palazzo Reale con i maestosi giardini opera del Vanvitelli, architetto del '700.

**Villa Reale di Monza:** villa dei Savoia della città di Monza, vicino a Milano, nota per il suo parco e per il celebre autodromo nel quale si tengono le gare di Formula1.

**Palazzo Reale di Torino:** palazzo dei Savoia divenuto nel 1861 sede del Regno d'Italia.

### evisione

l Settecento un grande movimento intellettuale e sofico cambia la cultura, la mentalità e il modo di ere: *l'Illuminismo* chiamato anche Età (filosofia) dei ni e della Ragione perché solo la Ragione può "illu- nare" la realtà e guidare gli uomini verso la verità. Gli ellettuali del Settecento prendono esempio dal meto- sperimentale per applicare anche all'economia, alla rale, all'organizzazione dello Stato, ai rapporti sociali, regole del buon senso, della verifica dei fatti e così ttono in discussione l'autorità del re, della Chiesa, la religione e della cultura tradizionale. Parigi e Lon- sono i centri dell'Illuminismo, in Italia **Milano** è il tro più importante.

famoso illuminista milanese, Cesare Beccaria, pub- il saggio "Dei delitti e delle pene" (1764) in cui

dimostra l'inutilità e il danno della pena di morte, concezione rivoluzionaria per l'epoca perché la tortura e la pena di morte erano ammesse in tutti gli Stati. Altro aspetto innovativo del pensiero illuminista è la critica all'assolutismo e la promozione di una serie di riforme sociali per migliorare le precarie condizioni in cui vivevano contadini, commercianti e artigiani perché *l'Italia era ancora un Paese agricolo* con grandi disparità tra aristocrazia e classe lavoratrice. Alcuni sovrani europei si adeguano alle teorie degli illuministi più moderati e per questo seguono una politica "illuminata" e si chiamano "sovrani illuminati". In Italia, dopo la Guerra di successione austriaca (1748), c'è una riconfigurazione della cartina geografica: il Regno di Sardegna comprendente la Savoia, il Piemonte e la Sardegna è sotto i Savoia, fu-

*[handwritten top margin: ambito = range, scope, field of interest, limit | coniare = coin, mint, fashion, forge | decollo = take-off; start, beginning, roll out]*

←

turi Re d'Italia, il Ducato di Milano è sotto il dominio austriaco, il Regno di Napoli e la Sicilia sotto i Borboni di Spagna, senza variazioni significative sono lo Stato della Chiesa e le altre Repubbliche.

### NOTA

**Milano:** era all'avanguardia nel '700 ed anche oggi è il centro finanziario ed economico del Paese. La Borsa ha sede a Milano e le multinazionali più importanti hanno un ufficio a Milano. Unicredit e Banca Intesa San Paolo sono le banche più grandi e importanti, anche se la più vecchia banca del mondo, fondata nel 1471, è il Monte di Paschi di Siena. La Banca d'Italia è la banca centrale della Repubblica Italiana ed è parte del Sistema europeo di banche centrali (SEBC) e dell'Eurosistema, nel cui ambito concorre alle decisioni di politica monetaria con

*[handwritten: → contribute to, combine to bring about]*

la partecipazione del proprio Governatore al Consiglio direttivo della Banca Centrale Europea. La Banca d'Italia vigila sugli intermediari bancari e finanziari, emette banconote in euro e controlla tutta la circolazione monetaria presente nel Paese. Le monete in euro (prima quelle in lire) sono coniate dall'Istituto Poligrafico e Zecca dello Stato e sono distribuite per conto del Ministero dell'Economia e delle Finanze attraverso le Tesorerie delle Filiali della Banca d'Italia.

**L'Italia era un Paese agricolo:** è rimasto agricolo fino al decollo industriale nella prima decade del '900. Le zone più fertili sono la Pianura padana, la pianura campana e alcune zone in Sicilia, la Conca d'oro di Palermo e la Piana di Catania, oltre a una zona della Puglia detta il Tavoliere.

*[handwritten: in addition to; on top of; apart from.]*

?!

## La Zecca dello Stato *[handwritten: = national mint]*

*[handwritten left margin: zecca = mint]*

Le origini della Zecca di Roma risalgono al 269 a.C., anno in cui furono eseguite le prime coniazioni di monete in argento. Fino alla metà del I secolo a.C. l'attività della Zecca di Roma si limitò alla coniazione di monete d'argento e di bronzo; dall'anno 45 a.C., iniziatosi l'afflusso a Roma dell'oro proveniente dalle province occupate, fu possibile impiegare nelle coniazioni anche tale metallo. *[handwritten: coming from]*

*[handwritten left margin: employ; use; (hire)]* *[handwritten: execute, carry out]*

Dopo la fine dell'Impero d'Occidente, la Zecca continuò la sua attività coniando monete per i re barbari e per l'imperatore di Bisanzio e realizzando poi le prime regolari coniazioni della Chiesa. Nel 1188 la Zecca del Campidoglio, rimasta l'unica officina monetaria della Capitale, divenne Zecca Pontificia.

Con l'annessione di Roma da parte del Regno d'Italia, la Zecca Pontificia divenne la "Regia Zecca", rimanendo l'unico stabilimento monetario italiano. Più tardi, risultando ormai insufficienti i vecchi impianti, fu costruito un nuovo stabilimento che, inaugurato nel 1911, costituisce ancora oggi la sede della Zecca Italiana.

*[handwritten: risalire = return, go back up; go back, re-visit | afflusso = stream, flow, influx | coniazione = minting, striking, mintage | impianto = plant, machinery | stabilimento = factory, plant, mill, works]*

## ATTIVITÀ 2

Questa è una riproduzione di uno dei primi giornali italiani, "Il Caffè", stampato a Milano dal 1764. Intorno a questo foglio si riunivano pensatori come i fratelli Verri. Ecco qui sotto la trascrizione di alcuni passi della pagina. *[handwritten: passages]*

| Che tipo di giornale pensate fosse? | Quali fini poteva avere? |
|---|---|
| *[handwritten: è stato pubblicato ogni dieci giorni e conteneva diversi tipi di informazione sulla politica, l'economia, e le idee dell'illuminismo.]* | *[handwritten: Potevano avere una aggradevole occupazione, di fare quel bene per la Patria, spargere utili cognizioni fra i Cittadini]* |

*[handwritten: fine (nm) – goal, objective, aim, purpose]*

## Il Caffè

*Cos'è questo Caffè?* È un foglio di stampa, che si pubblicherà ogni dieci giorni. *Cosa conterrà questo foglio di stampa?* Cose varie, cose **disparatissime**, cose **inedite**, cose fatte da diversi Autori, cose tutte dirette alla pubblica utilità. *Qual fine vi ha fatto nascere un tal progetto?* Il fine d'una aggradevole occupazione per noi, il fine di far quel bene, che possiamo alla nostra Patria, il fine di spargere delle utili cognizioni fra i nostri Cittadini, divertendoli. *Ma perché chiamate questi fogli Il Caffè?* Ve lo dirò. Un Greco originario di Citera girò per diverse Città, vide le coste del Mar Rosso, e molto si trattenne in **Mocha**, dove cambiò parte delle sue merci in Caffè del più squisito che dare si possa al mondo; **indi** prese il partito di stabilirsi in Italia, e da Livorno sen venne in Milano, dove son già tre mesi, che ha aperta una bottega addobbata con ricchezza ed eleganza somma. In essa bottega **primieramente** si beve un Caffè, che merita il nome veramente di Caffè; Caffè vero verissimo di **Levante**, e profumato col legno d'Aloe, che chiunque lo prova, quand'anche fosse l'uomo il più grave, l'uomo il più **plumbeo** della terra, bisogna che per necessità si risvegli, e almeno per una mezz'ora diventi uomo ragionevole.

---

LESSICO

- **Disparatissime** - molto diverse.
- **Inedite** - non pubblicate, non sentite prima.
- **Indi** - quindi.
- **Primieramente** - principalmente.
- **Levante** - oriente, dove si leva il sole.
- **Plumbeo** - noioso, pesante o scuro come il piombo.

---

NOTA

*Mocha:* da questa località deriva il nome della macchina per il caffè (moca o moka) molto utilizzata ancora oggi per preparare la bevanda a casa, gli italiani infatti bevono molto caffè (espresso) generalmente in piedi nei bar o a casa, a colazione, dopo pranzo e dopo cena.

IL CAFFÈ.

## Revisione

Il ragionamento e la discussione di idee diventano la moda del secolo insieme alla diffusione delle nuove bevande importate dall'America e dall'Oriente: il tè, il caffè e la cioccolata creano nuove occasioni per incontrarsi e discutere le nuove idee e nasce così un nuovo tipo di locale pubblico: il caffè, nel quale si riuniscono gli intellettuali e gli artisti del tempo. Pietro Verri, scrittore e uomo politico milanese, chiama "Il Caffè" (1764-1766) la sua rivista nella quale articoli di politica, economia e cultura diffondono le idee illuministiche. Un vecchio caffè ancora oggi famoso è l'Antico Caffè Greco a Roma vicino alla scalinata di Trinità dei Monti, altri caffè storici sono: il Florian a Venezia, il Caffè Pedrocchi a Padova, il Caffè degli Specchi a Trieste, Al Bicerin a Torino e il Caffè Michelangelo a Firenze dove si riunivano i Macchiaioli, artisti della fine dell'800 così chiamati per la loro maniera di dipingere con larghe macchie di colore.

*[annotazione a mano: blot, spot → splashes of color]*

## Un caffè senza macchia *[annotazione: – stain?]*

Più che mai dobbiamo esser grati al destino che ci ha fatto nascere in questo Paese, che avrà innumerevoli e gravi difetti - è vero - ma dove si può bere una tazza di caffè quale non esiste in nessuna altra parte d'Europa.

Abbiamo il mito della tazzulella *[small cup]* [tazzina di caffè] specialmente in casa: il 75 per cento del caffè è assorbito dal mercato domestico, il 22 si consuma nei bar e nei ristoranti, il 3 tocca alla distribuzione automatica (macchinette). Profilo del bevitore di caffè: quasi inesistente il consumo fino ai 25 anni, punta massima fra i 55 e i 64.

Resta da dire dell'importanza sociale del caffè e della sua storia. Per il caffè, la versione più diffusa rimanda allo Yemen del V secolo a.C. e al giovane pastore Kaldi. Kaldi nota che le sue capre sono particolarmente vivaci dopo aver brucato le bacche di certe piante. Il pastore ne parla all'imam Abdal Aidrus che mette in infusione le bacche di caffè. Di fatto l'uso del caffè si espande per tutto l'Islam. Il primo caffè (inteso come locale) di cui si abbia notizia è aperto a Costantinopoli nel 1554. Il primo in Europa, a Vienna nel 1683.

Il caffè come ritrovo mondano e letterario ha origine italo-francese: nel 1686 il nobile e squattrinato siciliano Francesco Procopio de' Coltelli apre il Café Procope dove si ritrovano Diderot, Voltaire, Rousseau.

A Milano, nel 1764, Pietro Verri dà il nome di "Caffè" a un giornale che, nelle intenzioni, doveva vivacizzare la cultura.

*[annotazioni margine sinistro:*
*myth, legend, fallacy*
*absorbed by vending machine*
*brucare = munch, gnaw, nibble*
*bacca = berry*
*inteso = meant, intended, understood*
*ritrovo = meeting, hangout, meeting place*
*mondano = worldly, secular, high society*
*squattrinato = penniless, broke]*

## I segreti nella tazzina

Per preparare un buon caffè è necessario scegliere bene non solo la qualità, ma fare anche attenzione alla data di scadenza. Il caffè va conservato in un barattolo di latta a chiusura ermetica, in luoghi freschi e bui: per lunghe conservazioni va bene anche il ripiano più basso del frigorifero. Anche l'acqua è importante: con acqua troppo ricca di cloro o calcarea è impossibile far venire un buon caffè.

Oggi il metodo più diffuso è sicuramente quello con la moka, perché più pratico e veloce: è necessario che la miscela sia buona, altrimenti i difetti verranno esaltati; un pizzico di cacao amaro, o di sale aggiunto sulla polvere, ne esalterà il gusto.

Con la "napoletana", usata moltissimo fino a pochi anni fa, il caffè era un rito che richiedeva tempo e pazienza: i puristi tenevano la macchinetta immersa a bagnomaria in acqua calda per non farla raffreddare, e coprivano di carta il beccuccio per non disperdere l'aroma.

*[annotazioni: expiration date; TIN CAN; shelf; chalk/limestone; blend; pinch; nozzle, lip, spout]*

## ATTIVITÀ 3

Guardate queste cartine politiche dell'Italia.

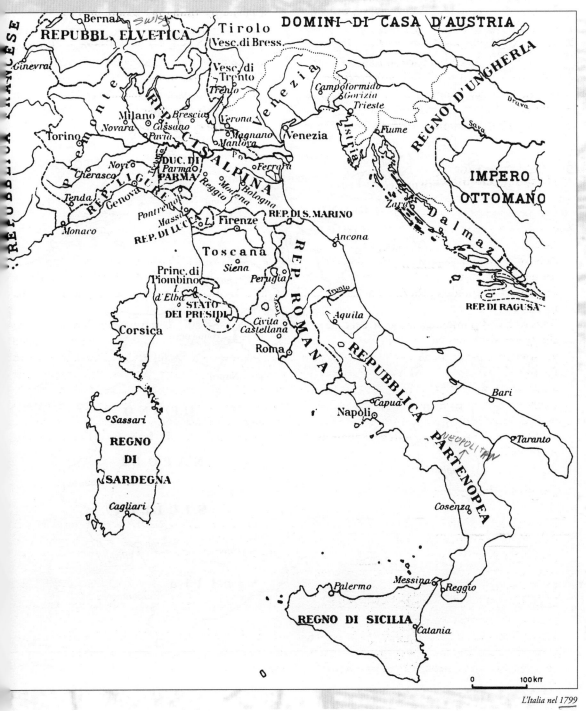

*L'Italia nel 1799*

L'Italia nel 1...

*L'Italia nel 1815 dopo il Congresso di Vienna*

←

Quali cambiamenti ci sono stati? Completate questi schemi con le vostre ipotesi.

| | CAMBIAMENTI |
|---|---|
| **1799** | *gran parte d'Italia è divisa in repubbliche, in particolare ampie zone del Sud. a causa delle conquiste di Napoleone e l'idee della rivoluzione francese.* |
| **1803** | *La cartina mostra sotto il dominio di Napoleone. La republica romana diventa lo Stato della Chiesa —* Cisalpina ——→ repub Italiana Toscana ——→ Repub D'ETRURIA |
| **1815** | *dopo la sconfitta di Napoleone e il congresso di Viena, i vincitori (Austria, Prussia, Russia, Inghilterra) hanno ristabilito una forma monarchica di governo e i sovrani ritornano.* Borboni nel regno delle due Sicilie Papa nello stato della chiesa Savoia nel regno di Sardegna gli austriaci nel nord |

## Revisione

Le nuove idee di libertà, fratellanza e uguaglianza della Rivoluzione francese del 1789 si diffondono velocemente e determinano anche in Italia radicali cambiamenti. Tra il 1796 e il 1799 sorgono in Italia le "repubbliche giacobine" (dal nome del convento di Saint Jacob dove si riunivano Robespierre e i suoi seguaci) ad imitazione della Repubblica francese, l'ultima è quella **partenopea**, con vita breve e travagliata. Artefice di questo cambiamento è Napoleone Bonaparte che con la campagna d'Italia (1796-1797) si sostituisce agli austriaci al nord e ai Borboni al sud. Nel 1798 le truppe francesi occupano anche il Lazio e Roma e formano un nuovo Stato, la Repubblica Romana. In seguito a queste vittorie nel 1799, ad eccezione della Repubblica Veneta che con il trattato di Campoformio (1797) è ceduta agli austriaci, tutta la penisola italiana è sotto Napoleone. Il suo potere continua a rafforzarsi, nel 1802 diventa Console a vita e annette anche il Piemonte, nel 1804 si proclama imperatore dei francesi a Parigi e nel 1805 si fa incoronare re d'Italia nel Duomo di Milano. Nel 1806 manda via i Borboni dal Regno di Napoli e al loro posto assegna il Regno a suo fratello, Giuseppe

*troubled, tormented*
*creator architect*

*campaign*

*annex*

Bonaparte e poi a suo cognato Gioacchino Murat. Que[sti] sono gli anni trionfali di Napoleone che, direttamente [o] indirettamente, domina quasi tutta l'Italia e l'Europa [oc]cidentale. Nel 1813 però con la vittoria di Lipsia da pa[rte] della coalizione delle nazioni europee Napoleone è ma[n]dato in esilio all'isola d'Elba. Nel 1815 fugge dall'isola [ma] è definitivamente sconfitto a Waterloo e va nuovamen[te] in esilio nell'isola di Sant'Elena dove muore il 5 mag[gio] 1821. Dopo la sua morte gli stati vincitori (Austria, R[us]sia, Prussia, Inghilterra) si riuniscono nel Congresso [di] Vienna del 1815 e ristabiliscono il potere monarchi[co] antecedente alla Rivoluzione francese. In Italia ritorna[no] i Borboni nel Regno delle Due Sicilie, il Papa nello Sta[to] Pontificio, i Savoia nel Regno di Sardegna, gli austriaci [nel] Lombardo-Veneto, nel Ducato di Parma e Piacenza e [nel] Granducato di Toscana (Asburgo-Lorena).

**LESSICO**

• **Partenopea** - da Partenope, nome greco di Nap[oli] (Neapolis è il nome latino che vuol dire città nuov[a], [dal] nome di una sirena che sarebbe stata sepolta dove [sorge la città.

## ATTIVITÀ 4

Vincenzo Cuoco, che aveva partecipato al governo della Repubblica partenopea (vedi Unità 4 Attività 3), dall'esilio scrive il *Saggio storico sulla rivoluzione napoletana* (1799) da cui è tratto questo brano.

Secondo te a quali cause il Cuoco attribuisce il fallimento di queste prime insurrezioni? Discuti con i tuoi compagni di questi aspetti anche pensando ad episodi avvenuti nel passato nel tuo Paese.

## Gli errori dei patrioti napoletani

Tra i nostri patrioti moltissimi avevano la repubblica sulle labbra, moltissimi l'avevano nella testa, pochissimi nel cuore. Per molti la rivoluzione era un affare di moda, ed erano repubblicani solo perché lo erano i Francesi, qualcuno confondeva la libertà con la **licenza** e credeva di acquistare con la rivoluzione il diritto di insultare **impunemente** i pubblici costumi, per molti infine la rivoluzione era un affare di calcolo. Seguendo le idee dei patrioti non si sapeva né dove cominciare né dove arrestarsi. Che cos'è mai la rivoluzione in un popolo? Vedrai mille teste, quali ciascuna ha pensieri, interessi, disegni diversi dalle altre. Se a costoro si presenta un capo che le voglia riunire, la riunione non seguirà mai. Ma se tutti hanno un interesse comune allora seguirà la rivoluzione ed andrà avanti solo per quell'oggetto che è comune a tutti. Ciascuno adatterà il suo interesse privato al pubblico, la volontà particolare seguirà quella generale.

Ecco il segreto delle rivoluzioni: conoscere ciò che il popolo vuole e farlo, egli allora vi seguirà, distinguere ciò che vuole il popolo da ciò che vorreste voi.

**LESSICO**
- **Licenza** - libertà dalle regole sociali e morali.
- **Impunemente** - senza essere punito.

## revisione

ncenzo Cuoco (1770-1823), storico e uomo poco influenzato dalle idee illuministiche, con altri trioti organizza i **moti** rivoluzionari di Napoli per ndare via i Borboni e formare la Repubblica Partenopea (1799). Ma questi moti non hanno successo perché, secondo Cuoco, i patrioti non sono d'accordo su ciò che vogliono, ognuno vive la rivoluzione in modo diverso e l'interesse del singolo, del privato, è più importante dell'interesse della comunità.

## ATTIVITÀ 5

Leggete ciascuno un articolo, discutetene insieme e cercate di trovare un collegamento tra il potere politico dello Stato Pontificio dei secoli passati e lo spirito cattolico degli italiani di oggi.

## Pio IX

Il nuovo impulso che Pio IX diede allo stato della Chiesa fu esemplare: provvedimenti amministrativi e finanziari, inaugurazione di scuole, **bonifiche**, spostamenti di cariche, l'instaurazione di una commissione per la riforma dei codici, l'unione doganale rappresentarono un complesso tale di atti che nonostante la diffidenza dei conservatori suscitò l'entusiasmo anche di **Mazzini** e di **Garibaldi**, che gli offrirono collaborazione. Ma gli eventi del 1847 misero a dura prova la politica progressista di Pio IX, tanto più che gli entusiasmi rivoluzionari spinsero

1st Vat. Council 1869-1870 - doctrine of infallibility — July 18, 1870
during Pius 9 pontificate

# Unità 4

SETTECENTO E OTTOCENTO

STATUO = statute, edict

look for, ask again, demand, request
measures, actions
demanding, challenging
such as
once against, in the face of

a richiedere **provvedimenti** assai impegnativi, **quali** la ***libertà di stampa***, un ministero laico e la formazione di una lega anti-austriaca. Pio IX concedeva il 14 marzo 1848 lo "statuto fondamentale" che inaugurava il governo rappresentativo. Di fronte alla prima guerra d'indipendenza Pio si **limitò** a formare un esercito di osservazione. Si apre per il suo governo un periodo **turbinoso** che vede succedersi vari ministeri, la fuga del Papa nel novembre a Gaeta, la formazione successiva della "Repubblica Romana" che proclama, il 6 febbraio 1849, la caduta del **potere temporale**.

formed subsequent
limitarsi - limit oneself

## Una società confessionale

"If there is a diff thing,

Se c'è cosa difficile è dare un giudizio sulla religiosità del popolo italiano. La quasi totalità degli italiani ***battezza i figli, sposa in chiesa, fa funerali religiosi***: pochissimi rifiutano la ***benedizione pasquale nelle case***; le chiese appaiono piene nei giorni festivi, ma le statistiche mostrano come il numero dei **praticanti** sia **lungi** dal raggiungere la metà della popolazione. Per l'abbondanza delle immagini religiose nelle vie, delle case consacrate al Cuore di Gesù e di Maria, per la benedizione del vescovo o del sacerdote con cui s'inaugura ogni campo sportivo; per una serie di altri **indizi**, l'Italia potrebbe apparire un'altra Irlanda, il Paese cattolico per eccellenza.
bishop

Questa impressione può apparire più forte che mai nella capitale. Si è verificato qualcosa che ***Cavour*** non aveva previsto. Ci si è rassegnati alla realtà e nessuno pensa più che Roma possa essere o il grande centro di studi o la capitale del libero pensiero o quella dell'impero universale, e si è visto che Roma è la capitale della cattolicità, che il Quirinale è piccola **mole** di fronte al ***Vaticano***, che il capo dello Stato italiano è il secondo a Roma, che gli omaggi che vanno a lui sono ben poca cosa di fronte a quelli diretti al successore di ***Pietro***.
occur, verify

### LESSICO

a fondo = inside + out

• **Bonifiche** - (⇐ bonificare), prosciugare le paludi per coltivare, per avere terreni fertili, come è stato fatto in Maremma e nell'Agro Pontino (Toscana e Lazio). Nella palude vivono molte zanzare spesso causa di epidemie e di malaria.

• **Turbinoso** - tempestoso.

• **Potere temporale** - autorità politica del Papa, in opposizione al potere spirituale.

• **Praticanti** - che seguono le regole e le indicazioni della religione.

• **Lungi** - lontano.

• **Indizi** - elementi che danno indicazioni in merito a qualcosa o che fanno pensare colpevole una persona.

• **Mole** - volume, massa, grandezza, quantità.

### NOTA

***Mazzini:*** vedi Unità 4 Attività 6.
***Garibaldi:*** vedi Unità 4 Attività 7.
***Libertà di stampa:*** libertà di esprimere le proprie idee anche attraverso la stampa.
***Battezza i figli, sposa in chiesa, fa funerali religiosi...benedizione:*** la benedizione pasquale nelle case è un rito della religione cattolica: nei giorni precedenti

la Pasqua il sacerdote va nelle case a dare la benedizio[ne] in questa occasione si **usa** (oggi un po' meno che in p[as]sato) pulire la casa **a fondo** in onore di Cristo, da qu[..] nata l'espressione "fare le pulizie di Pasqua" che indica f[..] pulizie a fondo. In Italia è possibile contrarre anche s[..] matrimoni civili, con autorità laiche, ma molti italian[i] sposano in chiesa e le donne usano indossare un ab[ito] bianco lungo con un velo; il colore dei funerali è inv[..] il nero.
be in the habit of

***Cavour:*** vedi Unità 4 Attività 6.
***Vaticano:*** la sede dello Stato Pontificio, che ha prop[ria] autonomia rispetto allo Stato italiano.
***Pietro:*** San Pietro, fondatore della Chiesa cattolica, u[no] dei discepoli di Gesù che così lo chiama perché la p[ie]tra (⇒ Pietro) simboleggia la base su cui si costruisce [..] edificio (anche spirituale), il suo vero nome era Simo[ne.] Nel luogo della sua tomba è stata eretta la basilica di S[an] Pietro.

154

## Revisione

La storia dei rapporti tra Stato italiano e Chiesa è lunga e complessa. Il potere temporale del Papa inizia nel 728 quando il re longobardo Liutbrando dona alla Chiesa la città di Sutri a nord di Roma. Gradualmente l'egemonia del Papa si estende con il passare dei secoli nei territori vicini a Roma fino a creare un vero e proprio stato, lo Stato Pontificio, che comprende gran parte dell'Italia centrale: Lazio, Umbria, Marche, Emilia Romagna. Fino alla metà del 1800 la sede del Papa era il Quirinale, oggi sede del Presidente della Repubblica. Durante il Risorgimento Cavour e Mazzini (vedi Unità 4, Attività 6) sostengono l'importanza della divisione tra potere temporale e potere spirituale. Papa Pio IX, inizialmente liberale, concede la Costituzione che ritira in seguito, alle vicende della I guerra d'indipendenza del 1848, con la quale gli Stati italiani dichiarano guerra all'Austria. A Roma i liberali cattolici protestano e organizzano un'insurrezione, il Papa si rifugia a Gaeta e si forma la "Repubblica Romana" governata da un triumvirato di cui fa parte anche Mazzini. La Repubblica ha vita breve, nel 1849 è sconfitta dalle truppe francesi e il Papa ritorna a Roma. Sarà solo nel 1870 con la "presa di Roma" che il Papa perderà definitivamente il potere temporale, lascerà il Quirinale e si ritirerà nel Vaticano (vedi Unità 4 Attività 6). Di conseguenza i rapporti tra Stato italiano e Chiesa si raffreddano fino al Concordato tra Stato e Chiesa del 1929 con il quale Mussolini riconosce la religione cattolica come religione di Stato. La presenza della religione cattolica continua a influire sullo scenario politico italiano. Il sacerdote Don Sturzo nel 1919 fonda il Partito Popolare Italiano d'ispirazione cattolica, divenuto nel 1942 la Democrazia Cristiana (DC), partito di centro, riformista moderato, che nel dopoguerra ottiene la maggioranza dei voti e diventa il partito più importante fino agli anni '80. Negli ultimi anni la DC ed altri partiti storici come il PC (Partito Comunista) e il PSI (Partito Socialista) sono sostituiti da **altri partiti** (vedi Unità 5 Attività 11).

La presenza del Papa ha, quindi, influito molto sulla vita politica, sociale e culturale del Paese: infatti in base alla Costituzione italiana tutti hanno il diritto di professare liberamente la propria fede religiosa ma la religione di Stato è la religione cattolica romana. Il popolo italiano è religioso, anche se la maggior parte non è praticante e Roma, come centro del cattolicesimo mondiale, continua a essere motivo d'attrazione per milioni di turisti. Inoltre gli ultimi Papi hanno contribuito a rendere la Chiesa più sensibile e aperta alle richieste sociali grazie alla visione più tollerante di Papa Giovanni XXIII, morto nel 1963, che promuove il Concilio Vaticano II per rendere la Chiesa più liberale e Giovanni Paolo II, che ha viaggiato in tutto il mondo per rafforzare, evangelizzare e unificare tutti i cristiani nella religione cattolica romana. Il compito non facile di continuare l'opera di Giovanni Paolo II, spetta a Papa Benedetto XVI.

---

*NOTA*

**Altri partiti:** Unione Democratici Cristiani (UDC), Forza Italia, Rifondazione comunista, la Margherita ecc. (vedi Unità 5, Attività 11).

## Matrimonio

— Spero che tu non sia in collera con me, Margherita, solo perché ho dimenticato di spedire gli inviti!

(vote, elect. consocials)

# a che santo votarsi.

GUBBIO (PG) - TAVOLA BONA PER LA FESTA DEI CERI A S.UBALDO

CAGLIARI - SFILATA DEI CARRI A S.EFISIO

*Se la necessità di ricorrervi supera le 3/4 volte al mese, consultare il medico. È un medicinale. Leggere attentamente il foglio illustrativo. Aut. Min. San. N. 808.*

# Ogni momento felice ha il suo confetto.

Confetto Matrimonio

Confetto Battesimo

Confetto Venticinquesimo

Confetto Laurea

Confetto **Falqui**

Se soffrite di stipsi, se il vostro intestino è pigro e svogliato, affidatevi a **Falqui**. La dolcezza della prugna e l'efficacia della fenolftaleina saranno un valido aiuto per riacquistare la vostra puntualità. Da 1 a 3 confetti **Falqui**, a seconda delle necessità, sono sufficienti per ritrovare il sorriso e la serenità dei giorni più felici.

## confetto FALQUI
LASSATIVO-PURGATIVO

## BASTA LA PAROLA.

È un medicinale. Leggere attentamente quanto riportato sulla confezione. Evitare l'uso prolungato - Aut. Min. San. N.70/94 - Cod. N. 004514093 del Min. San.

*(Falqui)*

*Sulmona (cartolina)*

## ATTIVITÀ 6

**Ai primi moti rivoluzionari, a Napoleone che sognava di fare di Roma la capitale simbolica del suo impero, segue il nuovo assetto stabilito dal Congresso di Vienna e anche in Italia, come nel resto d'Europa, proseguono i moti insurrezionali e le cospirazioni.**
**Leggete questo brano e cercate di rispondere alle domande che seguono.**

## Il Risorgimento, Mazzini e Cavour

Il Risorgimento è frutto di svariati fattori, politici, culturali, sociali, economici, alla cui realizzazione hanno contribuito uomini di provenienze e di indirizzi **dissimili**, pensatori e soldati, sovrani e popolani, borghesi e aristocratici, poeti e sacerdoti.

Le cospirazioni, i moti rivoluzionari, sono stati la scuola e la palestra degli uomini del Risorgimento. Ma per creare la realtà di domani occorreva l'appello di uno spirito nuovo, di una altissima coscienza morale, di una **inesausta** volontà d'azione. Questo, appunto, rappresenta Giuseppe Mazzini, l'uomo che, nel '40, si definirà in una lettera alla madre: "Sono quello che gli uomini chiamano un rivoluzionario; ma in modo diverso dai molti rivoluzionari dei giorni nostri".

Egli fondò la Giovane Italia che aveva per compito di "restituire l'Italia in nazione di liberi ed uguali, una, indipendente e sovrana" con un ordinamento repubblicano caratterizzato da un fine profondamente morale: le formule fondamentali, Dio e Popolo, Pensiero e Azione, **saldavano** la volontà insurrezionale alla esigenza dell'educazione nazionale.

L'Italia del suo sogno e della sua azione, di cui Roma doveva essere il centro, non era un'Italia materiale. "Io penso all'anima dell'Italia, alla sua missione nel mondo, alla sua grandezza morale, alla sua funzione religiosa nell'umanità, in una parola, ***alla sua educazione***".

Spirito diverso, quello di Cavour: Mazzini esalta e si esalta, Cavour attira a sé molti tra i migliori che l'altro gli ha preparato e traduce nell'azione politico-diplomatica le sue speranze. Mazzini **ammonisce**, nel dicembre 1859, i Giovani d'Italia: "Roma è la nostra metropoli, voi non potete aver Patria se non in essa e con essa. Senza Roma non v'è Italia possibile".

Nel discorso del marzo 1861 Cavour traduce nella sua prosa semplice l'impeto poetico di Mazzini:

"Perché noi abbiamo il diritto, anzi il dovere di chiedere, d'insistere perché Roma sia riunita all'Italia? Perché senza Roma capitale d'Italia, l'Italia non si può costituire."

Mazzini non poteva fare quello che ha fatto Cavour, né quello che ha fatto Garibaldi. La sua missione è stata quella di **plasmare** lo spirito di Cavour, di Garibaldi, di un ***Manin***, di **suscitare** un re patriota e un popolo degno della sua indipendenza e della sua tradizione.

---

**LESSICO**

- **Dissimili** - non simili, diversi.
- **Inesausta** - che non si stanca, non si esaurisce mai.
- **Saldavano** - univano.
- **Ammonisce** - (⇐ ammonire) consigliare, incoraggiare.
- **Plasmare** - formare, modellare.
- **Suscitare** - provocare, far nascere.

---

*NOTA*

***Alla sua educazione:*** anche oggi un motivo di attrattiva per lo studio dell'italiano all'estero viene dalla cultura italiana, da quanto è stato prodotto nei secoli in campo artistico e letterario. Si apprezzano l'opera, la musica, il cinema, i reperti archeologici e i monumenti, la letteratura, la cucina, lo stile di vita, la bellezza delle città, il design. Oltre ai valori culturali e artistici in senso umanistico si ama dell'Italia il Made in Italy, dalle auto Ferrari, alle calzature, al tiramisù e… alla pizza.

***Manin:*** eroe del Risorgimento che ha combattuto per liberare Venezia dagli Austriaci.

*Re-uplifting - si alza contro i stranieri*

**1. Che cosa significa Risorgimento?** R. significa una rinascita: della polit...

Il Risorgimento è stato un periodo della storia italiana in cui il paese è diventato liberato dal controllo estero.

**2. A quali moti rivoluzionari ci si riferisce?**

Si riferisce all'ideale di un'Italia unita e repubblicana, liberata dal controllo delle monarchie straniere

**3. Contro chi si cospirava e si combatteva?**

*Austria, i borboni*

Si combatteva contro l'Austria nel nord e contro i Borboni del Sud.

**4. Che cosa era la Giovane Italia e chi i Giovani d'Italia?**

La Giovane Italia è stata un movimento fondato a Marsiglia da Mazzini per creare l'Italia unita e repubblicana

*Penso che* I Giovani d'Italia siano stati quelli che mettono gli ideali *del Risorg* in azione

**5. Perché si parla tanto di Roma? Quale era la situazione politica romana?**

perché credevano che Roma, a causa della sua posizione geografica e significato storico, era la capitale corretta dell'Italia unita.

Roma era parte dello Stato *Pontificio* ma per essere unificato, la capitale d'Italia dovrebbe essere governata dal potere temporale

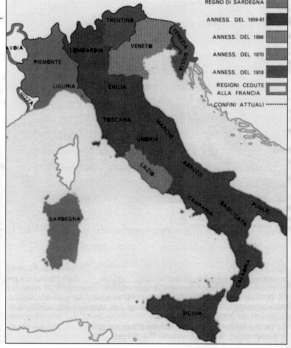

| | REGNO DI SARDEGNA |
| --- | --- |
| | ANNESS. DEL 1859-61 |
| | ANNESS. DEL 1866 |
| | ANNESS. DEL 1870 |
| | ANNESS. DEL 1918 |
| | REGIONI CEDUTE ALLA FRANCIA |
| | CONFINI ATTUALI |

SAVOIA
NIZZA
PIEMONTE
LIGURIA
TRENTINO
LOMBARDIA
VENETO
VENEZIA GIULIA
EMILIA
TOSCANA
MARCHE
UMBRIA
LAZIO
ABRUZZO
CAMPANIA
PUGLIE
BASILICATA
SARDEGNA
CALABRIA
SICILIA

## evisione

opo il Congresso di Vienna (vedi Unità 4 Attività
la divisione dell'Italia in Stati governati da potenze
aniere non è più tollerata, la popolazione italiana si
ella, risorge da un periodo buio e trova la volontà di
dipendenza: per questo si chiama "Risorgimento" il
riodo storico dopo il Congresso di Vienna. Nasco-
società segrete, la più importante è la Carboneria
iamata così perché i patrioti si ispirano per il loro
uale ai negozi dove si vende legna e carbone), di cui
arte Giuseppe Mazzini (1805-1872) che organizza
n altri patrioti i primi moti rivoluzionari del 1820
Napoli, del 1821 in Piemonte, del 1831 a Modena
el 1844 a Cosenza. Molti patrioti che organizza-
questi moti sono incarcerati o condannati a morte
la polizia, lo stesso Mazzini è arrestato nel 1830 e
ndannato a morte. Per fuggire alla condanna va in
io a Marsiglia, in Francia, dove fonda "La Giovane
lia", poi in Svizzera dove fonda "La Giovane Euro-
(associazione politica democratica che ha lo scopo
riunire tutti i patrioti d'Europa per liberare gli sta-
dalle dominazioni straniere) e in seguito a Londra
ve continua la sua lotta per la liberazione dell'Italia;
ine ritorna in Italia da clandestino. L'ideale di Maz-
i è abolire la monarchia e fondare una repubblica,
Italia "una, indipendente, sovrana, repubblicana"
n capitale Roma. Dopo l'insuccesso dei primi moti
ue nel 1848 un'occasione favorevole a Milano dove
opolazione si ribella agli austriaci che sono costret-
lasciare la città (18-22 marzo 1848): e il Regno
Sardegna dichiara la prima guerra d'indipendenza
tro l'Austria.

l Regno di Sardegna a Carlo Alberto segue il figlio
orio Emanuele II di Savoia che elegge come Pre-
nte del Consiglio Camillo Benso di Cavour (To-

rino 1810-1861), artefice dell'Unità d'Italia e abile
diplomatico che si allea con Napoleone III di Francia.
Nel 1859 il Regno di Sardegna dichiara la II guerra
d'indipendenza contro l'Austria: con la vittoria di Sol-
ferino (in Lombardia) la Lombardia, l'Emilia e la Toscana sono liberate dall'Austria ed entrano nel Regno
di Sardegna, la cui capitale è Torino. Infine, nel 1860,
Cavour appoggia Garibaldi che con la Spedizione dei
Mille libera il Regno delle Due Sicilie dai Borboni
(vedi Unità 4 Attività 7).
Dopo la proclamazione del Regno d'Italia nel marzo del 1861 Cavour si prepara ad affrontare i grossi
problemi dell'unità ma muore poco dopo, il 6 giugno
1861. Con le sue ultime parole: "Libera Chiesa in libero Stato" sostiene l'importanza dell'autonomia dei due
poteri, spirituale e temporale (vedi Unità 4 Attività 5).
All'unità del Paese mancano però ancora il Veneto e lo
Stato Pontificio. Per liberare il Veneto dagli austriaci
il nuovo Regno italiano combatte la III guerra d'indipendenza contro l'Austria nel 1866. Il 20 settembre
1870 con una spedizione militare è liberata anche
Roma: questo importante evento è ricordato come "la
presa di Porta Pia" dal nome della porta da dove entrano i bersaglieri dell'esercito del Regno d'Italia (soldati
della fanteria dal tradizionale cappello con piume, gli
altri corpi dell'esercito italiano sono la Marina militare, l'Aviazione e i Carabinieri). Finalmente Roma diventa la capitale del nuovo Regno Unito dopo Torino
dal 1861 al 1865 e poi Firenze dal 1865 al 1870 ma
Roma è la città più centrale e storicamente la vera capitale d'Italia. Per completare l'unità nazionale mancano
Trieste e Trento che saranno liberate dal dominio straniero nel 1918 alla fine della I Guerra Mondiale.

## La pizza

Sapete da dove viene il nome della più popolare delle pizze? La pizza margherita? Da Margherita di Savoia,
la prima regina dell'Italia unita. Nel 1889 la Regina è in visita a Napoli e nella reggia di Capodimonte tutti
sono in fermento. A lei il pizzaiolo Raffaele Esposito invia una pizza speciale a cui dà il Suo nome. La pizza
ha i colori della nuova bandiera: il verde del basilico profumato, il bianco della mozzarella fresca e gustosa
di Napoli, il rosso del pomodoro.
Oggi in tutto il modo si mangia la pizza, ma sapete riconoscere una pizza buona, come quella che si fa a
Napoli? Ecco alcuni consigli per l'uso!

←

### Come si riconosce una pizza ben fatta

Mentre la mangiamo, passiamo la lingua sul palato: se lo sentiamo coperto da un velo di grasso vuol dire che è stato usato dello strutto, e quindi un grasso poco digeribile.

Provare una forte sensazione di sete già a metà pizza vuol dire che questa non ha ben lievitato, e il nostro stomaco ci chiede acqua per completare il processo: il bisogno di bere subito non è legato come si pensa in questi casi ad una eventuale esagerazione nel condimento, quanto al fatto che stiamo digerendo male. Inoltre, se lo spessore ce lo consente, per vedere se una pizza è ben fatta basta guardare il taglio e trovare le classiche bolle d'aria della lievitazione.

Inoltre deve essere morbida ma non troppo, nel senso che se si reggesse la pizza con una mano posta al centro, la pizza stessa si dovrebbe tenere come se fosse un piatto: vuol dire, cioè, che non sono stati usati troppi grassi e la sua soffcità è solo legata ad una corretta lavorazione.

In merito al tipo di cottura, oggi si sta andando verso una rivalutazione del forno elettrico rispetto a quello a legna. La cottura a legna non incide sulla qualità del prodotto, anche se ne aggiunge sicuramente del fascino. Ora però, e non si sa se è vero, ci stanno dicendo che il pulviscolo delle ceneri del forno a legna potrebbe essere dannoso per la salute, mentre un asettico forno elettrico fornirebbe sicuramente maggiori garanzie.

## ATTIVITÀ 7

Leggi questa lettera che parla di Garibaldi e rispondi alle domande.

**1. Chi era Garibaldi?**

*Garibaldi era l'eroe del Risorgimento e anche della lotta per l'indipendenza dell'Uruguay in America Latina*

**2. Che cosa ha fatto?** *Nel 1860, Ha invaso la Sicilia e ha liberato il Regno delle due Sicilie dai Borboni*

**3. Che cosa ha fatto a Palermo? Perché va a Caprera (in Sardegna)?**

*In Palermo ha sconfitto l'esercito di Ferdinando Lanza il generale borbone. È andato a Caprera sperando che questo aiuterebbe la sua gamba ferita a qua*

**4. Quali possono essere i torti di Garibaldi e quali i meriti?** *Il suo trasgressione più importante è stata di provare a liberare Roma senza il permesso del re; il merito è stata la liberazione d'Italia meridionale*

5. C'è una canzone che dice "Garibaldi fu ferito, fu ferito ad una gamba…". Secondo te perché questo fatto è così importante da essere ancora oggi ricordato?

Forse è una canzone
per mantenere la memoria
di Garibaldi e
della lotta per
l'unificazione.

*Itinerario dei Mille*

6. Esiste un episodio simbolico per la storia dell'indipendenza o della evoluzione politica del tuo Paese che puoi paragonare allo *sbarco dei Mille*? Quale è il personaggio storico del tuo Paese più vicino a Garibaldi? Fai un confronto.

Un confronto ovvio e tra Garibaldi e George
Washington. Nel dicembre del 1776 W. ha guidato
le sue truppe attraverso il fiume Delaware e
poi ha attaccato e sconfitto le truppe inglesi
a Trenton N.J.
È stato l'eroe della Rivoluzione Americana.
Ci sono anche canzoni, poesie e dipinti di lui
Lui è spesso chiamato "il padre della patria"

## GARIBALDI PARTE PER CAPRERA

LUIGI TORELLI (1810-1887)
(5.10.1.) Lettera al Ministero degli Interni a Torino.
Da Pisa, 20 Dicembre 1862.
Carta intestata *Gabinetto particolare del Prefetto di Pisa.*
Pisa il 20 ottobre 1862.

Garibaldi partì questa mattina alle ore 3 per via del canale che conduce a Livorno ove lo attendeva il **vapore** la Sardegna per trasportarlo a Caprera. Tutto procedette con ordine; un centinaio di giovani lo **attesero alla posta** ed applaudirono. Garibaldi, i cui **torti**, per quanti ne abbia, non possono far dimenticare i meriti partì ben lungi dall'essere sulla via di pronta guarigione. L'estrazione della palla [*dalla gamba*] non ebbe l'effetto che si attendeva consuma l'ammalato divenuto magrissimo. Progredendo del passo attuale non si sa prevedere quando ei [*egli*] potrà dirsi guarito. È possibile che la tranquillità di Caprera giovi al suo fisico ed al suo morale.

*Il Prefetto*
*Torelli*

*Garibaldi*

### LESSICO
• **Vapore** - nave a vapore.
• **Attesero alla posta** - dove era ormeggiata la nave.
• **Torti** - azioni non giuste.

## Revisione

Giuseppe Garibaldi (Nizza 1807 - Caprera 1882) è l'uomo d'azione del Risorgimento (vedi Unità 4 Attività 6), ricordato come "l'eroe dei due mondi" perché opera anche in America Latina dove lotta per l'indipendenza dell'Uruguay. Con Mazzini tenta nel 1848 di formare una Repubblica Romana. Nel 1859 partecipa alla II guerra d'indipendenza e nel maggio del 1860 con mille volontari organizza la Spedizione dei Mille che parte da Quarto, vicino a Genova, si rifornisce di armi nel porto toscano di Talamone e arriva a Marsala in Sicilia. Qui, grazie anche all'aiuto della popolazione locale i "Mille" vincono le battaglie contro i Borboni e liberano il Regno delle Due Sicilie. Garibaldi vittorioso incontra a Teano (a nord di Napoli) il re Vittorio Emanuele II ed esclama la frase "Evviva il Re d'Italia". Nel 1867 nel tentativo di liberare Roma nella battaglia con le truppe del Papa e le truppe francesi è ferito a Monterotondo. Diventa un eroe popolare ed è nominato senatore del nuovo Regno d'Italia; dopo un viaggio trionfale in Inghilterra si ritira nell'isola di Caprera a nord della Sardegna dove muore nel 1882. Garibaldi rimane fedele all'idea di un'Italia democratica. Tra i torti ai quali si fa riferimento nella lettura quello più importante è di aver cercato di liberare Roma senza il consenso del re; tra i meriti quello di aver liberato l'Italia meridionale.

## ATTIVITÀ 8

Ugo Foscolo e Giacomo Leopardi sono due grandi autori vissuti negli anni in cui si forma lo spirito risorgimentale e romantico. Qui sotto avete alcuni versi dal Carme *Dei Sepolcri* (Foscolo) e dal canto *La ginestra* (Leopardi). Leggeteli, commentate i messaggi che contengono, dopo aver risposto alle domande che seguono discutete con la classe sulla posizione di Foscolo e Leopardi all'interno dei fatti che conoscete sull'Italia agli inizi dell'800. Cercate nella cartina geografica i riferimenti.

### DEI SEPOLCRI

Io quando il monumento
Vidi ove posa il corpo di quel grande
Che temprando lo scettro ai regnatori
Gli allòr ne sfronda, ed alle genti svela
Di che lagrime grondi e di che sangue;

e l'arca di colui che nuovo Olimpo
alzò in Roma ai Celesti; e di chi vide
sotto l'etereo padiglion rotarsi
più mondi, e il Sole irradiarli immoto,

onde all'Anglo che tanta ala vi stese
sgombrò primo le vie del firmamento:
- Te beata, gridai, per le felici
Aure pregne di vita, e per i lavacri
Che dai suoi gioghi a te versa Appennino!

Quando vidi le tombe gloriose (**di Santa Croce**)
Dove riposa il corpo di quel grande (*Machiavelli*)
Che insegnando ai principi l'arte di governare
La rende più vicina ai problemi e alle sofferenze del popolo

E la tomba di chi (*Michelangelo*) costruì la cupola di San Pietro a Roma; e di chi (*Galilei*) vide con il telescopio, sotto il cielo, girare numerosi mondi che il Sole illumina senza muoversi,

e così fu il primo a facilitare gli studi sul cielo dell'inglese (**Newton**):
- Beata te (*Firenze*) gridai per la tua aria piena di vita, e per le acque purificatrici (*fiumi e torrenti*) che scendono a te dall'**Appennino!**

*Chiesa di Santa Croce*

###### NOTA

**Santa Croce:** famosa chiesa di Firenze dove sono sepolti importanti artisti e letterati che hanno reso famosa l'Italia, tra i quali, Michelangelo (vedi Unità 3 Attività 1), Machiavelli (vedi Unità 3 Attività 2 e 3), Galilei (vedi Unità 3 Attività 13) e Vittorio Alfieri.

**Newton:** fisico e matematico inglese (1642 – 1727).

**Appennino:** la catena montuosa che attraversa la penisola italiana da nord a sud. La catena montuosa più alta è però quella delle Alpi che segna il confine con Francia, Svizzera, Austria, Slovenia, a nord.

Tomba in Santa Croce

Tomba in Santa Croce

## LA GINESTRA

*Libertà vai sognando, e servo a un tempo*
*Vuoi di nuovo il pensiero,*
*sol per cui risorgemmo*
*della barbarie in parte, e per cui solo*
*si cresce in civiltà che sola in meglio*
*guida i pubblici fati.*
*Così ti spiacque il vero dell'aspra sorte e del depresso*
*loco*
*Che natura ci diede.*

Il secolo superbo e sciocco sogna la libertà e nello stesso tempo vuole rendere schiavo il pensiero, grazie al quale siamo usciti dal periodo oscuro e barbaro del Medioevo, e che solo può far progredire la civiltà. Solo la libertà può migliorare le sorti dei popoli.

Così non ti è piaciuta la verità intorno alla dura sorte degli uomini e alla condizione molto bassa che la natura ha loro assegnato.

Per questo hai voltato senza coraggio le spalle alla luce della nuova filosofia dell'illuminismo che te lo aveva rivelato.

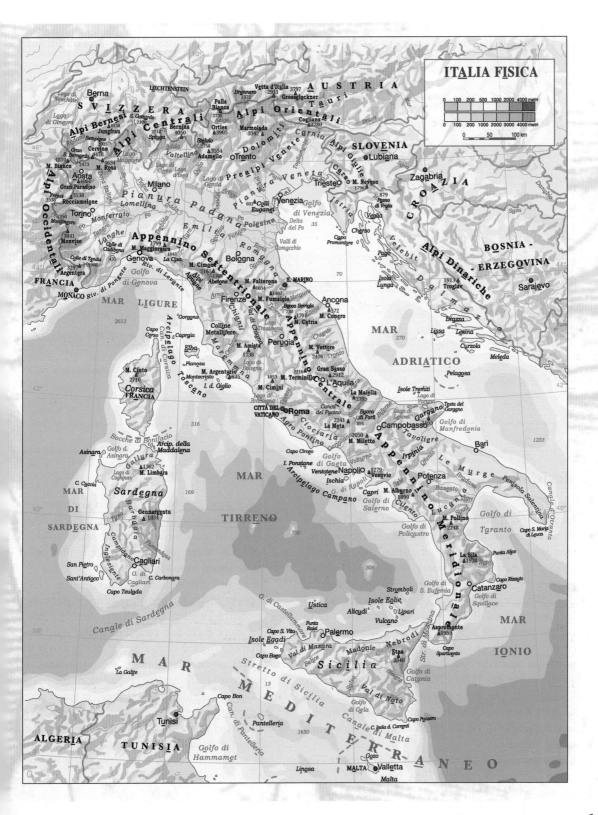

ITALIA FISICA

**1. Esiste nel vostro Paese un luogo in cui sono sepolti i grandi uomini del passato? Parlatene e confrontatelo con ciò che pensate possa essere Santa Croce.**

*Nella chiesa di Santa Croce ci sono sepolti parecchi grandi uomini. Nel mio paese i grandi uomini sono sepolti in diverse località e non si trovano in un unico luogo*

*→ lean, glean, deduce*

**2. Quale idea della vita, della morte e dell'umanità potete ricavare dalle considerazioni di questi due grandi uomini?** *Monumenti ai grandi personaggi del passato conservano la nostra memoria di loro e ci possono ancora ispirare. In un senso possono trascendere la morte.*

## Revisione

*solemn poem*

Ugo Foscolo (Zante 1778 - Londra 1827) è uno dei maggiori poeti del Romanticismo italiano. Nella sua vasta produzione letteraria prevale la tendenza romantica; la sua opera maggiore, il carme "Dei Sepolcri", celebra le memorie delle persone care e dei grandi uomini che hanno contribuito a creare la grandezza dell'Italia, per questo "I Sepolcri" furono considerati un'opera politica di incitamento agli italiani a combattere contro gli stranieri che occupavano un territorio nel quale erano vissuti "grandi uomini". Nel passo qui riportato Foscolo fa una celebrazione delle tombe di uomini illustri, Machiavelli, Michelangelo, Galileo ecc., che sono sepolti nella chiesa di Santa Croce a Firenze e che continuano attraverso i secoli a essere modello di virtù ed ispirazione per i giovani a grandi imprese.

L'altro grande poeta romantico dell'Ottocento è Giacomo Leopardi (Recanati 1798 - Napoli 1837).

La sua produzione poetica è caratterizzata da un pessimismo che ha origine nella consapevolezza che la vita umana è limitata e fragile, che l'essere umano ha un desiderio di infinito, di eternità, che non può essere soddisfatto e che le illusioni e i sogni umani sono sempre delusi.

Nella sua ultima poesia, "La Ginestra" (1836) il poeta invita gli uomini a unirsi fraternamente contro l'ostilità della Natura che per Leopardi è dura e crudele verso l'umanità; alla Natura "matrigna", *"UNKIND"* cioè cattiva madre, si oppone la solidarietà umana. Nella poesia c'è un eroismo non *resigned* rassegnato nell'accettare la condizione umana con coraggio e dignità, come il fiore "la ginestra" che *arch over* si piega ma non cade, non cede, non si arrende. *surrender* *give*

Anche nel passo di Leopardi c'è un inno al patrimonio della civiltà del passato che rende grandi gli uomini, il cui pensiero deve essere libero da influenze politiche e religiose.

## ATTIVITÀ 9

È la prima strofa dell'inno d'Italia "Fratelli d'Italia", scritto da Goffredo Mameli (e musicato dal Novaro), patriota e poeta. Sai in quale occasione è stato creato l'inno nazionale del tuo Paese? Racconta la storia e confrontala con quello che sai sull'inno italiano.

### FRATELLI D'ITALIA

| | |
|---|---|
| Fratelli d'Italia | *brothers of Italy,* |
| L'Italia s'è desta | *Italy has woken,* |
| Dell'elmo di Scipio | *bound Scipio's helmet* |
| S'è cinta la testa | *upon her head* |
| Dov'è la vittoria?! | *where is victory?!* |
| Le porga la chioma | *let her bow down* |
| Che schiava di Roma | *For God created her* |
| Iddio la creò | *a slave of Rome* |
| Stringiamoci a coorte | *Let us join in a cohort* |
| Siam pronti alla morte | *we are ready to die* |
| L'Italia chiamò | *Italy has called* |

**Storia dell'Inno Nazionale del mio Paese.**

*Durante la guerra di 1812 tra gli Stati Uniti e la Gran Bretagna, un avvocato americano di nome Francis Scott Key, ha osservato il bombardamento di Fort Mc Henry a Baltimore. Il bombardamento è durato per 25 ore, e Key non sapeva se il forte americano era caduto al nemico. La mattina dopo ha visto la bandiera americana sopra il forte e ha scritto una poesia che è diventata l'inno nazionale.*

**Confronto con l'inno di Mameli.** *Tutti e due sono stati scritti nel contesto della battaglia e celebrano la vittoria e la patria.*

### evisione

ffredo Mameli (1827-1849), patriota e poeta novese, scrive l'inno nazionale (1847) proprio in casione della battaglia per difendere la Repubblica mana nella quale troverà la morte (vedi Unità 4 ività 5). Nell'inno si celebra la grandezza dell'Impo Romano ricordando un momento fondamen-e della sua storia: la vittoria di Scipione (Scipio) contro Annibale nelle guerre Puniche (vedi Unità 1, Attività 14). Mameli incita tutti gli italiani a unirsi come "fratelli" di una stessa nazione e ad essere pronti a morire per lo stesso ideale: un'Italia libera e unita con Roma capitale. L'inno è sempre cantato in tutte le manifestazioni nazionali, sportive e ufficiali.

## ATTIVITÀ 10

Si tratta di un brano da Il *Gattopardo*, romanzo storico ambientato in Sicilia tra il passaggio dai Borboni al Regno d'Italia; la conversazione si svolge tra il siciliano Don Fabrizio, Principe di Salina, e il piemontese Chevalley, inviato del governo di Torino. Leggete le domande prima del testo e poi cercate di rispondere.

1. Sottolineate le parole che indicano popoli non italiani. Sapete chi sono?

2. In quale anno si svolge questa conversazione? *1860-1?*

3. Perché il governo era a Torino? *Perché la Sicilia è stata annessa al Regno di Sardegna e Torino era la capitale*

4. A Roma chi governava? *la chiesa – il papa*

5. Perché Don Fabrizio non accetta di diventare senatore? *A causa della storia di mille di dominazione da invasori stranieri, Don Fab. vede, in un certo senso, il Re di Sardegna ancora un altro invasore. Forse si preoccupa che se la Sicilia diventa parte di una Italia unita, rimarrà, come ha detto, una colonia*

## Don Fabrizio e Chevalley

Chevalley **espose** *explain* la missione della quale era stato incaricato. *appointment* "Dopo la felice **annessione** della Sicilia al Regno di Sardegna, è intenzione del Governo di Torino di procedere alla nomina a Senatori del Regno di alcuni illustri siciliani. Le autorità provinciali sono state incaricate di **redigere** *compile* una lista di personalità da proporre all'esame del Governo centrale ed eventualmente alla nomina **regia**".

*make sure of / carry out, conduct*

Don Fabrizio volle **sincerarsi**: "Ma insomma, cavaliere, mi spieghi un po' che cosa è veramente essere Senatori. Una specie di decorazione, o bisogna svolgere **funzioni legislative**, deliberative?".

Il piemontese, il rappresentante del solo Stato liberale in Italia: "Ma principe, il Senato è la camera alta del Regno! In essa il fiore degli uomini politici italiani, prescelti *chosen* dalla saggezza *wisdom* del sovrano, esaminano, discutono, approvano o respingono quelle leggi che il Governo propone per il progresso del paese".

"Ma allora, principe, perché non accettate?".

(Don Fabrizio): Noi siciliani siamo stati **avvezzi** *abituati* da una lunga, lunghissima **egemonia** *domination* di governanti che non erano della nostra religione, che non parlavano la nostra lingua, a *spaccare i capelli in quattro*. Se non si faceva così non si scampava dagli **esattori bizantini**, dagli **emiri berberi**, dai viceré spagnoli. In questi sei ultimi mesi, da quando il vostro Garibaldi ha posto piede a Marsala, troppe cose sono state fatte senza consultarci. Noi siciliani siamo vecchi, Chevalley, vecchissimi. Sono venticinque secoli almeno che portiamo sulle spalle il peso di magnifiche civiltà **eterogenee**, tutte venute da fuori, nessuna **germogliata** da noi stessi, nessuna a cui noi abbiamo **dato il là**; noi siamo bianchi quanto lo è lei, Chevalley, e quanto la Regina d'Inghilterra; eppure da duemilacinquecento anni siamo colonia".

LESSICO

• **Espose** - (⇐ esporre) spiegare.
• **Annessione** - appropriazione di un territorio da parte di uno stato.
• **Redigere** - compilare, scrivere.
• **Regia** - del re.
• **Sincerarsi** - accertarsi, assicurarsi.
• **Funzioni legislative** - formulare leggi.
• **Avvezzi** - abituati.
• **Egemonia** - supremazia, dominio su qualcosa o qualcuno.

• **Eterogenee** - diverse, differenti. *start, beginning, launch*
• **Germogliata** - nata.
• **Dato il là** - dare l'avvio, l'inizio.

NOTA

***Spaccare i capelli in quattro:*** essere pignolo, scrupoloso, preciso.

***Esattori bizantini:*** gli esattori sono coloro che riscuotono le tasse, come facevano i bizantini.

***Emiri berberi:*** capi della popolazione berbera, del nord Africa.

## ...evisione

...Gattopardo" (1958), uno dei romanzi più belli del ...ovecento scritto dal siciliano Tomasi di Lampedusa, ...ra il declino di una nobile famiglia siciliana. È am...entato in Sicilia durante la Spedizione dei Mille nel ...ssaggio dal dominio dei Borboni a quello di casa Sa...ia ed è diventato famoso tra il pubblico per il film ...onimo tratto dal romanzo e diretto da Luchino ...sconti (1963) con la bellissima Claudia Cardinale e ...ain Delon nei ruoli dei personaggi prncipali di An...ica e Tancredi e Burt Lancaster nel ruolo del Princi...di Salina. Il dialogo tra il protagonista, il Principe di Salina Don Fabrizio, e Chevalley, diplomatico torinese che cerca di convincerlo ad accettare la nomina a Senatore del nuovo Regno d'Italia, riflette la differenza tra la mentalità moderna e dinamica del settentrionale e il fatalismo, la rassegnazione e il pessimismo del Principe siciliano, sentimenti che hanno origine nel fatto che in Sicilia ci sono state molte dominazioni straniere che hanno caratterizzato storicamente e culturalmente l'isola: dai Greci con la Magna Grecia ai Romani, poi gli Arabi, i Normanni, gli Svevi, gli Angioini, gli Aragonesi ed infine i Borboni.

*NORTHERN*

## Corsetto crudele

Chi non ricorda l'abito bianco di Angelica Sedara al ballo a palazzo Gangi? L'ampia scollatura che metteva in risalto le spalle, secondo la moda romantica, le maniche a sbuffo [gonfie, a palloncino], la vita da vespa che Alain Delon, mio fidanzato nel film, cingeva con le mani, come esigevano i criteri di seduzione dell'epoca?... Sotto i merletti, le sete, i pizzi, i punti di Venezia o d'Alençon, di Bruxelles o di Inghilterra, sotto quei bianchi leggeri come la spuma [schiuma] delle onde, o trasparenti come la bruma [nebbia] sulla laguna, ero compressa in un corsetto d'epoca, di una crudeltà implacabile...Visconti dirigeva la troupe in smoking e un lungo foulard di seta bianco appoggiato sulle spalle. Non poteva mostrarsi trascurato in mezzo a noi, che eravamo in tenuta da sera. Era lui il signore che ci riceveva...Gli oggetti dei quali ci circondava non erano semplici accessori, avevano lo scopo di cambiare il nostro modo d'essere. Così, il mio corpetto mi impediva di respirare con la pancia e mi costringeva ad allungarmi per cercare un po' d'aria con la gola. Il volume del mio abito, la cui sottogonna aveva un diametro di almeno un metro e cinquanta, mi impediva di mettermi a sedere. Luchino mi aveva fatto fare una sorta di appoggio, all'altezza dei fianchi, che mi permetteva di riposare un poco, senza piegare le ginocchia. (Claudia Cardinale, "Le stelle della mia vita", Piemme).

## ATTIVITÀ 11

Questo brano di Gaetano Salvemini ci mostra come fossero le condizioni della scuola nell'Italia degli anni dopo l'unificazione e di come "I Promessi Sposi" di Manzoni fosse modello di lingua.
Dopo la lettura rispondi alle domande.

## I miei maestri

*OTHER THAN*

All'infuori di quei tre insegnanti - pochi davvero in quegli otto anni! - gli altri erano **mestieranti**, che non insegnavano niente, perché ***non potevano insegnare quello che non sapevano.***
Nelle prime due classi di quello che allora si chiamava il ***ginnasio inferiore***, dovemmo leggere trecentisti e cinquecentisti **messi allo spiedo** in un'antologia, intitolata *Esempi di bello scrivere*, di Raffaele Fornaciari. Al terzo anno la moda cambiò, e diventammo moderni. Cioè ci misero fra le mani *I Promessi Sposi - I Promessi Sposi*, che possono essere gustati solamente da chi abbia raggiunto maturità di spirito e vastità di cultura. Siccome le disgrazie non arrivano mai sole, dovemmo studiare *I Promessi Sposi* su una edizione curata da Ruggero Bonghi, nella quale ***il testo del 1825 era messo a confronto con quello del 1840***, e noi - poveri innocenti - dovevamo spiegare perché Manzoni aveva abbandonato la forma primitiva, e aveva fatto sempre bene. Naturalmente né noi, e meno che mai il maestro, avemmo mai **sentore** di quelle ragioni. Ne conseguì che dopo essere stato nemico personale dei trecentisti e cinquecentisti, diventai nemico personale anche di Manzoni e di Ruggero Bonghi.

*SINCE, GIVEN THAT*

*adversity!*
*misfortune*

**LESSICO**

• **Mestieranti** - non professionisti, che conoscono poco il loro lavoro.
• **Messi allo spiedo** - analizzati uno dopo l'altro come i polli allo spiedo.
• **Sentore** - odore, percezione, idea.

**NOTA**

***Non potevano insegnare quello che non sapevano:*** si allude al fatto che i primi maestri del Regno spesso non parlavano italiano ma erano dialettofoni e quindi avevano difficoltà a spiegare i classici della letteratura e a insegnare la lingua italiana ai loro studenti.

*Ginnasio inferiore:* 3 anni, per i ragazzi di 11-13 anni, corrispondente all'attuale media inferiore.
*Il testo del 1825 era messo a confronto con quello del 1840:* Manzoni nel 1840 rivide la lingua del romanzo scritto nel 1825 per cercare di rendere più naturale il parlato, ispirandosi al fiorentino parlato dalle classi colte. Per molto tempo nelle scuole si sono fatte analizzare le differenze tra le due versioni.

**1. Nell'Italia della fine dell'800 c'era bisogno di un modello di lingua per tutto il Regno. Secondo te perché?**

Dopo il Risorgimento, l'Italia è stata unificata politicamente, ma perché ogni regione parlava un dialetto diverso non c'era una lingua commune

**2. I trecentisti: si allude a scrittori del Trecento. Ti ricordi quali sono?**

Sono Dante, Petrarca, e Boccaccio.

**3. Pensi che oggi la situazione della scuola italiana sia cambiata? In quale modo?**

Oggi la scuola è obbligatorio fino all'età di sedici anni. Inoltre il programma di studi permette agli studenti una scelta più ampia.

**4. Quali sono le letture "obbligate" nelle scuole del tuo Paese? Perché?**

Spero che ancora ci siano alcune. Una volta tutti gli studenti studiavano i classici e gli scritti dei grandi autori e pensatori americani come Wittman, Thoreau, + Jefferson. Anche non è stata insolito per gli studenti a leggere e memorizzare importanti documenti storici come il preambolo della Costituzione o il discorso di Gittyburg,

— Vi assicuro che è giusto, signora maestra: ho i testimoni!

— Invece d'imparare a parlare le lingue, avrebbe fatto meglio ad imparare a nuotare!

## Risposta esatta

Destra e sinistra storica, Decadentismo, Leopardi, Svevo e D'Annunzio ronzano [<= ronzare, rumore degli insetti che volano] confusamente insieme alla "circonferenza rettificata" (segmento equivalente ad una circonferenza) o al concetto di "classe contigua" (classi di grandezze omogenee con specifiche proprietà) nelle giovani menti dei ragazzi che stanno per affrontare la maturità. Alcuni si avviano a questo rito d'iniziazione alla vita adulta con incauta e incosciente allegria, altri sono già divorati dall'ansia, imbottiti di ricostituenti, cibi sani e di raccomandazioni materne. Su tutti aleggia [si muove come in volo, si diffonde] un'unica preoccupazione: come fare lì, al momento della verità, a ricordarsi di Menelik, Metternich e Merimée senza confonderli l'uno con l'altro? Come trovare la stella polare in quella marea di appunti, libri, libricini, temi svolti?

Ma il trucco c'è e viene tramandato di generazione in generazione quasi senza bisogno di parlarne. Di che si tratta? Ma naturalmente dei famosi, preziosi e mai dimenticati riassunti, compendi, che accompagnano quasi tutti i maturandi. Una volta si chiamavano Bignami, o affettuosamente Bignamini, ed erano veramente sopra e sotto i banchi di tutti. E non credete a chi dice di non averli mai usati in vita sua. L'ha fatto, l'ha fatto, magari nascosto in bagno, magari di notte, o magari con un amico. Oggi i Bignami sono ancora lì ma non sono più i soli a confortare i fanciulli e le fanciulle in via di maturazione.

## Revisione

Uno dei maggiori problemi dell'Italia unita è la questione dell'educazione scolastica e della lingua. Nell'Ottocento, purtroppo, c'è un alto livello di analfabetismo: gli italofoni negli anni dell'unificazione sono il 2,5% della popolazione, gli analfabeti nel 1871 il 68,8%. La situazione scolastica è molto precaria, molti insegnanti sono sacerdoti, non c'è una scuola che prepara gli insegnanti e per insegnare è sufficiente una licenza di idoneità. Gli studenti spesso frequentano la scuola solo per un breve periodo perché le famiglie li mandano a lavorare. Il Ministro dell'Istruzione del Regno di Sardegna, Gabrio Casa nel 1859 fa una riforma della scuola in base alla qu l'istruzione elementare, divisa in due anni di live inferiore e due anni di livello superiore, diviene o bligatoria e gratuita per il livello inferiore. Nei pri anni del Novecento l'istruzione elementare è anco un lusso che pochi si possono permettere e le ste autorità scolastiche ammettono che molti maestri n sono in grado di insegnare. Anche la situazione de lingua è complessa perché ogni regione italiana ha dialetto diverso, di conseguenza un veneziano n

*suitability*

...rlava lo stesso dialetto di un milanese o di un napo-...tano. Il problema di una lingua comune era urgente ...la proposta più organica di una nuova lingua nazio-...le viene da Alessandro Manzoni (1785-1873) con ...suo capolavoro: "I Promessi Sposi". Per Manzoni la ...tteratura ha una funzione educativa, di diffusione ...sentimenti nazionali, patriottici e cristiani, quindi ...ve essere compresa da un vasto pubblico; è quindi ...cessario eliminare il divario tra la lingua letteraria ...uella dei grandi scrittori del Trecento presi come ...odello) e la lingua parlata, i dialetti o il francese ...l nord. Manzoni sceglie come modello linguistico ...toscano, la lingua di Dante, Petrarca e Boccaccio. ...prima edizione del romanzo *I Promessi Sposi* è del ...27 (scritta nel 1825) ma in seguito lo scrittore sog-...orna a Firenze per "ripulire" il romanzo da vocaboli ...espressioni lombarde e francesi (il francese era la

sua prima lingua) prendendo come modello la lingua parlata dalle classi medie istruite fiorentine e pubblica la versione definitiva nel 1840. Il romanzo contribu-isce a consolidare l'unità della cultura e della lingua italiane, diventerà, infatti, un punto di riferimento per l'educazione scolastica fino ai nostri giorni.

Il tasso di analfabetismo in Italia purtroppo è stato alto fino agli anni '60 del Novecento, soprattutto nel Sud, quando è iniziata la scolarizzazione di massa che ha portato ad un aumento delle lauree a partire dagli anni '80 (vedi Unità 5 Attività 8). La scuola italia-na oggi è obbligatoria fino a 16 anni, si suddivide in 5 anni di scuola elementare, 3 anni di scuola media inferiore e 5 anni di media superiore: liceo classico, scientifico, artistico o linguistico e istituti tecnico-professionali.

## ATTIVITÀ 12

Pinocchio è un burattino (cioè un pupazzo, che si usa nel teatro per i bambini) di legno che il padre Geppetto costruisce da un pezzo di legno. È un burattino particolare perché parla, si muove e si comporta come un bambino. Il padre è molto povero e per farlo andare a scuola vende tutto quello che ha. La storia di Pinocchio è conosciuta da tutti i bambini italiani.

Leggi questo brano e rispondi alle domande.

Che idea ha Pinocchio della scuola? *Lui pensò di imparare velocemente a leggere, scrivere, e fare i numeri. Così può ripagare suo padre che ha spesso tutti i suoi soldi per mandarlo a scuola.*

Prova a ipotizzare come andrà a finire.

*Penso che invece di andare a scuola Pinocchio andrà al teatro di burattini, perché è un bambino impulsivo. Avrà alcune avventure spaventose, ma alla fine, credo che tornerà a una vita felice con suo padre*

*Riccioli d'Oro si è svegliata, e si è gettata dalla finestra.
E non è mai più tornata nel bosco.*

## Pinocchio va a scuola

Smesso che fu di nevicare, Pinocchio, col suo bravo **abbecedario** nuovo sotto il braccio, prese la strada che **menava** alla scuola.

E **discorrendo da sé solo** diceva:

- Oggi, alla scuola, voglio subito imparare a leggere: domani poi imparerò a scrivere e domani l'altro imparerò a fare i numeri. Poi, con la mia abilità, guadagnerò molti **quattrini**, e coi primi quattrini che mi verranno in tasca voglio subito fare al mio babbo una bella **casacca di panno**. Ma che dico di panno? Gliela voglio fare tutta d'argento e d'oro, e coi bottoni di brillanti. E quel pover'uomo se la merita davvero: perché, insomma, per comprarmi i libri e per farmi istruire, è **rimasto in maniche di camicia**… a questi freddi!

Mentre tutto commosso diceva così, gli parve di sentire in lontananza una musica di **pifferi** e di colpi di **grancassa**; pi-pi-pi, pi-pi-pi… zum, zum, zum, zum.

- Che cosa sarà questa musica? Peccato che io debba andare a scuola, se no…

E rimase lì **perplesso**. A ogni modo, bisognava prendere una risoluzione: o a scuola, o a sentire i pifferi.

- Oggi andrò a sentire i pifferi, e domani a scuola: per andare a scuola c'è sempre tempo – disse finalmente quel **monello** facendo una **spallucciata**.

…

- Che cos'è quel **baraccone**? – domandò Pinocchio, voltandosi a un ragazzetto che era lì del paese.

- Leggi il cartello, che c'è scritto, e lo saprai.

- Lo leggerei volentieri, ma per l'appunto oggi non so leggere.

- Bravo **bue**! Allora te lo leggerò io. Sappi dunque che in quel cartello a lettere rosse come il fuoco c'è scritto: GRAN TEATRO DEI BURATTINI.

*Pinocchio*

### LESSICO

- **Menava** - portava.
- **Discorrendo da sé solo** - parlando con sè stesso.
- **Quattrini** - soldi.
- **Casacca** - giacca.
- **Panno** - stoffa.
- **Pifferi** - strumenti da fiato.
- **Grancassa** - tamburo di grandi dimensioni.
- **Perplesso** - esitante, incerto, dubbioso.
- **Monello** - ragazzo irrequieto, vivace, oggi usato in senso affettuoso.
- **Spallucciata** - alzata di spalle per esprimere sdegno, indifferenza, rassegnazione.

- **Baraccone** - grossa costruzione smontabile come quelle che ospitano i giochi dei luna-park.
- **Bue** - maschio adulto dei bovini, in senso figurato uomo stupido, ignorante, ingenuo.

### NOTA

**Abbecedario:** libro usato per insegnare l'alfabeto, dal nome delle prime quattro lettere dell'alfabeto (a b c d).

**Rimasto in maniche di camicia:** rimasto senza vestito, in senso figurato senza soldi, ma in questo caso anche senza giacca.

Poi hanno guardato i letti. P: qualcuno dormiva sul mio letto

M: "

B: " , è lei è

ancora lì

# Unità 4           SETTECENTO E OTTOCENTO

## Riccioli d'Oro e i tre orsi

**Quale è la storia per bambini più conosciuta nel tuo Paese? Raccontala alla classe. Scrivila poi qui sotto.**

Una volta nel bosco c'era una casa piccola e caratteristica che apparteneva a tre orsi – la mamma, il papà e l'orso bambino. Un giorno la mamma ha preparato una colazione a base di porridge e l'ha messo in tre ciotole sul tavolo, ma era troppo caldo per mangiare. Allora la famiglia di orsi ha deciso di lasciarlo lì per raffreddare e di andare al torrente a prendere l'acqua.

Nel frattempo, una bambina di nome Riccioli d'Oro, perché aveva bellissimi capelli biondi, camminava nello stesso bosco. Ha visto la casa dei tre orsi, e perché era una bambina molto curiosa, ha bussato alla porte. Quando nessuno ha risposto, lei è entrata. Riccioli d'Oro stava molto affamata, così ha deciso di mangiare il porridge. Ha assaggiato il porridge del papa: "Questo porridge è troppo caldo – ha detto; poi quello della mamma "Questo è troppo freddo"; e poi quello del bambino: "Questa è giusto e l'ha mangiato tutto. Poi ha visto tre sedie. La prima era troppo grande. La seconda meno grande, ma la terza – perfetta. Ma appena che si è seduta, la sedia si è rotta. Si sentiva stanca. Ha trovato una camera di letto con tre letti. Si mette a dormire – "Questo letto è troppo duro" "Questo è troppo morbido, ma questo è giusto. E lei è andata a dormire. Mentre lei dormiva i tre orsini sono tornati. Hanno visto il porridge

Papa: "Qualcuno stava mangiando la mia porridge.

Mama: " , " "

Bambino: , e l'ha

mangiato tutto – Poi hanno visto le sedie.

P = Qualcuno era seduto sulla mia sedia

M –

B –          "          , e l'ha rotta

## Revisione

"Le avventure di Pinocchio" (1880) di Carlo Collodi e "Cuore" (1886) di Edmondo De Amicis sono i libri per ragazzi più letti fino alla metà del '900 quando incominciano a essere scritte storie per bambini come quelle, famose, di Gianni Rodari.

Pinocchio è diventato un classico della letteratura dell'infanzia di tutto il mondo. Geppetto, un povero falegname, costruisce un burattino che incomincia a parlare e come molti bambini è capriccioso, dice molte bugie e ad ogni bugia il suo naso si allunga. Il padre vuole dargli un'istruzione perché possa avere una vita migliore della sua, decide quindi di mandarlo a scuola ma alla fine dell'Ottocento bisogna avere i soldi per comprare i libri e per mantenere i figli. Purtroppo Pinocchio non va a scuola perché il primo giorno va a vedere lo spettacolo dei burattini del signor Mangiafuoco che, trovato un burattino così speciale che parla e si muove senza fili, lo pren-

de nel suo teatro. Dopo molte avventure Pinocch[io] incontra il Gatto e la Volpe che lo ingannano e [lo] derubano dei risparmi; viene però aiutato dalla f[ata] Turchina a rendersi conto del male che fa al padre, [si] pente e diventa un bambino in carne e ossa. La m[o]rale è che bisogna ubbidire ai propri genitori e n[on] seguire le cattive compagnie. La storia di Pinocch[io] è raccontata in molte trasmissioni televisive e fil[m] come in quello di Benigni. A Collodi (Lucca), pa[ese] dell'infanzia dell'autore del celebre burattino, che [in] realtà si chiama Carlo Lorenzini, si trova il Parco [di] Pinocchio dove si può rivivere la favola in scenogra[fie] realizzate da famosi architetti.

I ragazzi sono i protagonisti anche dell'altro classi[co] "Cuore" di De Amicis (1886), che è diviso in epis[odi] di tipo patriottico, familiare o sentimentale nei qu[ali] i giovani hanno sempre un ruolo importante e dan[no] grandi prove di coraggio.

### ATTIVITÀ 13

Prima di leggere i due brani tratti da *I Promessi Sposi* di Alessandro Manzoni rispondi per scritto alla domanda:

**Quale pensi sia l'argomento del romanzo?** *(Forse l'argomento è sulla vita o sul matrimonio di due persone*

Dopo aver letto i brani rispondi alle domande che li seguono.

Don Abbondio è il curato che deve sposare Renzo e Lucia, i due promessi sposi, Azzeccagarbugli è l'avvocato al quale si rivolge Renzo per chiedere giustizia del mancato matrimonio.

*speak to, address, turn to* — *failed, missed*

## Don Abbondio

*signed up, filled up — workforce*

I mercanti, gli artigiani erano **arruolati** in **maestranze** e in **confraternite**, i **giurisperiti** formavano una lega, i medici stessi una *corporazione*. Ognuna di

queste piccole oligarchie aveva una sua forza speciale e propria; in ognuna l'individuo trovava il vantaggio di impiegar per sé, a proporzione della sua autorità e della sua **destrezza**, le forze riunite di molti. I più onesti si valevano di questo vantaggio a difesa soltanto; gli astuti e i **facinorosi** ne approfittavano, per condurre a termine **ribalderie**, alle quali i loro mezzi personali non sarebbero bastati, e per assicurarsene l'**impunità**.

Il nostro Abbondio, non nobile, non ricco, coraggioso ancor meno, s'era dunque accorto, prima quasi di toccar gli anni della discrezione, d'essere, in quella società, come un vaso di terra cotta, costretto a viaggiare in compagnia di molti vasi di ferro.

## Renzo e Azzecagarbugli

Giunto al borgo, domandò dell'abitazione del dottore. All'entrare, si sentì preso da quella **soggezione** che i poverelli **illetterati** provano in vicinanza d'un signore e d'un dotto, e dimenticò tutti i discorsi che aveva preparati; ma diede un'occhiata ai **capponi**, e si **rincorò**. Entrato in cucina, domandò alla serva, se si poteva parlare al signor dottore. **Adocchiò** essa le bestie, e, come **avvezza** a somiglianti doni, **mise loro le mani addosso**, quantunque Renzo andasse tirando indietro, perché voleva che il dottore vedesse e sapesse ch'egli portava qualche cosa. Capitò appunto mentre la donna diceva: "date qui, e andate innanzi". Renzo fece un grande inchino: il dottore l'accolse umanamente.

"Figliuolo, ditemi il vostro caso".

"Vorrei dirle una parola in confidenza".

"Son qui," rispose il dottore: "parlate". E s'accomodò sul seggiolone. Renzo, ritto davanti alla tavola, con una mano nel **cocuzzolo** del cappello, che faceva girar con l'altra, ricominciò: "Vorrei sapere da lei che ha studiato..."

"Ditemi il fatto come sta", interruppe il dottore.

"Vorrei sapere se, a minacciare un curato, perché non faccia un matrimonio, c'è *penale*".

"Ho capito", - disse tra sé il dottore, che in verità non aveva capito. – "Ho capito". – "È un caso chiaro, contemplato in cento *gride*, e ... appunto, in una dell'anno scorso, dell'attuale signor governatore. Ora vi fo vedere. Ah! ecco, ecco". La prese, la spiegò, guardò alla data, e, fatto un viso ancor più serio, esclamò: "il 15 d'ottobre 1627! Sicuro; è dell'anno passato: grida fresca; son quelle che fanno più paura. Sapete leggere, figliuolo?".

- "Un pochino, signor dottore".

- "Bene, venitemi dietro con l'occhio, e vedrete".

E, tenendo la grida **sciorinata** in aria, cominciò a leggere...

---

**LESSICO**

- **Arruolati** - (⇐ arruolare) chiamare a far parte di un esercito o di un gruppo.
- **Maestranze** - insieme di operai.
- **Confraternite** - associazioni di credenti, comunità.
- **Giurisperiti** - esperti di diritto.
- **Destrezza** - abilità.
- **Facinorosi** - violenti, ribelli.
- **Ribalderie** - brutte azioni, malefatte.
- **Impunità** - si dice che hanno l'impunità coloro che non possono essere puniti.
- **Soggezione** - senso di inferiorità che produce insicurezza.
- **Illetterati** - analfabeti o con poca cultura.
- **Capponi** - gallo castrato per farlo ingrassare, in molte regioni italiane si mangia per Natale.
- **Si rincorò** - si rassicurò.
- **Adocchiò** - (⇐ adocchiare) scorgere, notare.
- **Avvezza** - abituata.
- **Mettere le mani addosso** - picchiare, colpire qualcuno, prendere con la forza.
- **Cocuzzolo** - sommità, cima.
- **Sciorinata** - spiegata e fatta vedere.

---

**NOTA**

*Corporazione:* organizzazione professionale che ha origine nel Medioevo, come quella degli speziali (farmacisti) di cui faceva parte anche Dante; oggi si chiamano "Albi", ad esempio c'è l'Albo degli avvocati o dei notai, degli ingegneri ecc.

*Penale:* anche oggi si dice "c'è penale" che significa che la colpa può portare chi la commette a subire un processo penale e quindi a essere anche rinchiuso in carcere.

*Gride:* editti degli spagnoli che governavano in Italia nel Seicento, chiamati gride perché "gridati" al pubblico da persone incaricate dalle autorità.

**1. In quale epoca pensi che si svolga la storia?**

*[risposta manoscritta]* Si svolga nel seicento durante il periodo della dominazione spagnola

**2. Che cosa significa essere "un vaso di terra cotta, costretto a viaggiare in compagnia di molti vasi di ferro"?**

*[risposta manoscritta]* Significa che Abbondio vedeva se stesso come un uomo debole e impotente, costretto a vivere tra gli uomini che erano potente e indistruttibile.

**3. Secondo te che cosa è successo a Renzo?**

*[risposta manoscritta]* Probabilmente Renzo ha affrontato molte delusioni e frustrazioni ma alla fine si sposa con Lucia

## Revisione

"I Promessi Sposi" è il romanzo degli umili perché gli eroi positivi sono poveri contadini in contrasto ai potenti che hanno generalmente un ruolo negativo. È ambientato vicino a Lecco, negli anni 1628-1630 durante la dominazione spagnola in Lombardia e racconta la storia di Renzo e Lucia, due contadini della Lombardia che vogliono sposarsi. Le nozze sono però ostacolate da un signorotto prepotente, Don Rodrigo, che proibisce al curato del paese, Don Abbondio, di celebrarle. Don Abbondio, che ha molta paura di Don Rodrigo ed è un uomo debole, si rifiuta di unire in matrimonio i due giovani che sono costretti a separarsi e ad affrontare molti ostacoli alla fine dei quali Renzo e Lucia si ritrovano e possono finalmente sposarsi. "I Promessi Sposi" è un romanzo storico perché la storia dei due giovani innamorati si colloca su sfondo di eventi realmente accaduti quali la carestia, la rivolta del pane a Milano, la peste e la dominazione spagnola. Anche molti dei personaggi sono realmente vissuti come Federico Borromeo, arcivescovo di Milano, Geltrude, la monaca di Monza, e il cancelliere Antonio Ferrer. Nel romanzo c'è una galleria di personaggi dalla varia umanità rappresentati anche con tono grottesco e ironico come Don Abbondio pauroso e codardo, l'avvocato imbroglione Azzeccagarbugli al quale Renzo si rivolge inutilmente per avere giustizia, Frà Cristoforo, religioso che cerca di aiutare i due giovani, l'Innominato, potente e ricco signore che aveva commesso tante crudeltà ma dopo aver incontrato Lucia si pente e cambia vita.

*[nota manoscritta]* pentirsi = regret, repent

## ATTIVITÀ 14

Leggete insieme questo brano e riempite la griglia seguente, per i periodi storici aiutatevi con ciò che ricordate delle unità precedenti.

### Parole italiane e parole di altri Paesi

Sappiamo che l'antenato dell'italiano è il latino, ma durante i secoli che vanno dalla fine dell'Impero Romano ai giorni nostri, molte altre parole di diversa provenienza saranno entrate nella nostra lingua. Quando crollò l'Impero Romano, l'Italia fu invasa da popoli germanici, come *i Visigoti e gli Ostrogoti, i Longobardi e i Franchi*: si continuava a parlare latino, ma molti vocaboli entravano nel latino dalla lingua dei rozzi conquistatori; per esempio, **alabarda** ed **elmo** sono "germanismi". E non è un caso che siano vocaboli indicanti armi: i popoli germanici erano molto **bellicosi** e anche la stessa parola *guerra* ce l'hanno regalata loro.

Poi nell'Italia centrale e meridionale, e specialmente lungo le coste, **vennero i greci** dell'impero di Bisanzio; ecco un'ondata di "grecismi": **gondola** è uno di questi.

Sapete che l'Italia meridionale e la Sicilia, per un certo tempo, furono occupate dagli arabi. Questi erano buoni navigatori e attivi **trafficanti**: e ciò spiega il fatto che gli "arabismi" dell'italiano sono spesso vocaboli riguardanti la **marineria** (come *ammiraglio* e *arsenale*) oppure indicanti merci o cibi (**sorbetto** e *caffè* ...).

Secoli più tardi l'Italia divenne teatro di guerre tra spagnoli e francesi e perdette ogni indipendenza. "Ispanismi" si chiamano le parole portate dagli spagnoli come *complimento* e **flemma** e anche *vaniglia* (i soldati di Cortès avevano scoperto nel Messico questa pianta nel Cinquecento); "francesismi" sono invece le parole venute dal francese, moltissime delle quali si riferiscono ai settori in cui la Francia dominò lungamente, come la moda o la cucina: infatti sono francesismi *menù, ragù,* **cotoletta**, *purè, dessert.*

Insomma se la nostra lingua resta, nel suo tessuto sostanziale, quella che abbiamo ereditato dai Romani, nel corso dei secoli si è arricchita di altre, numerosissime parole.

### LESSICO

• **Alabarda** - arma composta di due armi messe una in verticale e una orizzontale su un'asta di legno.
• **Elmo** - armatura che protegge il capo.
• **Bellicosi** - che fanno la guerra, che litigano spesso.
• **Trafficanti** - chi ha attività di commercio (traffici).

• **Marineria** - della marina.
• **Flemma** - calma, l'essere composto.
• **Cotoletta** - fettina di carne, quella "alla milanese" è passata nell'uovo e fritta.

### NOTA

*I Visigoti e gli Ostrogoti, i Longobardi e i Franchi:* (vedi Unità 2, Attività 1).

*Vennero i greci:* i Greci si stabilirono nell'Italia meridionale nella regione che da loro venne chiamata "Magna Grecia" e che comprende le attuali Calabria, Sicilia, Puglia e Basilicata.

*Gondola:* è la tipica "barca" veneziana di forma allungata, nera, guidata da un gondoliere vestito con

abiti tradizionali e che manovra con un solo remo. Oggi per il trasporto e per attraversare i canali i veneziani si servono dei vaporetti (piccoli traghetti) mentre in gondola vanno soprattutto i turisti.

*Sorbetto:* gelato ottenuto con succo di frutta e ghiaccio, senza latte: molto noti sono i sorbetti siciliani. In molti pranzi si usa dividere i sapori delle pietanze con i sorbetti (generalmente al limone o alla mela).

| | Periodo Storico | Settore | Parole entrate nella lingua |
|---|---|---|---|
| **Invasioni dei popoli Germanici** | 476 / 400 - 500 | parole che indicano armi e guerre | alabarda, elmo, guerra |
| **Impero di Bisanzio** | 476 - 676 | grecismi trasporto | gondola |
| **Arabi** | 900 - 1000 | navigazioni e commercio | sorbetto, caffè, ammiraglio (admiral) arsenale (arsenal, dockyard) |
| **Dominio Spagnolo** | 1559 - 1714 | sociale | complimento (compliment, ceremony) flemma vaniglia |
| **Dominio Francese** | 1494 - 1525 | moda (fashion, style) cucina | menù cotoletta ragù purè, dessert |

Quali sono le parole italiane usate nella tua lingua? Scrivile e spiegale ai compagni.
Secondo te in quali settori sono più numerose? *il settore della cucina*

| PAROLE | SETTORI |
|--------|---------|
| *marinara* | *cucina* |
| *pizza* | *cucina* |
| *seraglio* (eng. spelling =serraglio) | *sociale* / (harem) *or achitetura* |
| *espresso* | *cucina* |
| *pasta* | *cucina* |
| *ciao* | *sociale* |
| *chiaroscuro* | *arte* |
| *lento* | *musica* |
| *cupola* | *achitetura* |

## Revisione

Nell'italiano ci sono molte parole di origine straniera perché le dominazioni straniere hanno lasciato tracce non solo nei monumenti ma anche nella lingua così, a seconda dell'origine, troviamo germanismi, grecismi, arabismi, francesismi e ispanismi. La lingua è in continua evoluzione e riflette i cambiamenti de[l]la società, negli ultimi anni con l'influenza della tec[no]logia anglosassone molte parole ed espressioni ing[lesi] sono entrate nel nostro linguaggio comune, quest[e si] chiamano anglicismi e americanismi.

## Gli esempi riportati nella lettura sono:

INVASIONI DEI POPOLI GERMANICI, 400 e 500 d.C., parole che indicano armi e guerra, *alabarda, elmo, guerra.*
IMPERO DI BISANZIO, dopo la caduta dell'Impero Romano, 476 d.c. per circa due secoli, *gondola.*
ARABI, X-XI secolo, navigazione e commercio, cibi, *ammiraglio, arsenale, sorbetto, caffè.*
DOMINIO SPAGNOLO, dal 1559 al 1714, *complimento, flemma, vaniglia.*
DOMINIO FRANCESE, 1494 al 1525, moda e cucina, *menù, cotoletta, ragù, purè, dessert.*

*to row*

### Alexandra rema contro

Donna, per di più straniera. Con in testa un'idea fissa: fare la gondoliera. I suoi nemici dicono che non sa vogare. Ma un campione di remo e un conte l'hanno laureata.
Donna, e già questo tra i gondolieri non s'era mai visto, e straniera per giunta. Proprio quando il sogno della tedesca Alexandra Hai sembrava perduto per sempre, era arrivata una nuova occasione: assunta come conducente di gondola

da una società alla quale fanno capo alcuni alberghi. "Ho indossato la 'divisa de casada' e sono ritornata tra i canali veneziani" dice Alex. "Ma è durata poco: con un'ordinanza la mia attività è stata bloccata".

Alexandra ha trovato un inaspettato sostenitore, il campione veneziano del remo, vincitore di una decina di Regate storiche Gianfranco Vinello, noto come Crea. "All'inizio pensavo anch'io che sarebbe stato difficile per una donna condurre una gondola, che pesa sei quintali, più le persone a bordo. Ma la tenacia di questa ragazza mi ha colpito".

Tra chi a Venezia si è appassionato alla storia di Alexandra Hai c'è il conte Girolamo Marcello. Ogni famiglia patrizia veneziana aveva il proprio "gondolier de casada", non soggetto ai regolamenti dei traghetti e che conduceva in livrea con i colori e le armi dell'illustre famiglia che l'aveva assunto. Il conte Marcello ha rispolverato l'antica tradizione, affidando ad Alex la propria gondola.

*si non sono proprio conosciute sono al meno riconosciute*

*Pagliacci*

## ATTIVITÀ 15

Sono alcuni autori molto importanti per la musica e l'opera italiane. Li conoscete? Sapete citare almeno una loro opera? Quali opere italiane sono conosciute nel vostro Paese?

*— Madama Btfly — i Pagliacci*

**Vincenzo Bellini**

*Norma*

**Giacomo Puccini**

*La boheme*
*Madama Butterfly*

**Gioacchino Rossini**

*William Tell*

**Giuseppe Verdi**

*il trovatore*
*La traviata*
*"Nabucco"*

*emblematica figura of risorgimento*

# TEATRO ALLA SCALA

Fondazione di diritto privato

## ⋔⋔ Banca Intesa

| Rappresentazione N. 185 | **STAGIONE D'OPERA E BALLETTO 2005/2006**<br>(417ª dalla fondazione del Teatro) | Fuori abbonamento |

### SABATO 15 LUGLIO 2006 - ORE 20
### TREDICESIMA RAPPRESENTAZIONE

# LUCIA DI LAMMERMOOR

Dramma tragico in due parti e tre atti di SALVATORE CAMMARANO

Musica di

## GAETANO DONIZETTI

(Edizioni critica a cura di Gabriele Dotto e Roger Parker; Editore Casa Ricordi, Milano
con la collaborazione e il contributo del Comune di Bergamo e della Fondazione Donizetti)

| *Personaggi* | *Interpreti* |
|---|---|
| Lord Enrico Ashton | LUDOVIC TÉZIER |
| Miss Lucia, sorella di lui | MARIELLA DEVIA |
| Sir Edgardo di Ravenswood | GIUSEPPE FILIANOTI |
| Lord Arturo Bucklaw | KI HYUN KIM |
| Raimondo Bidebent, educatore e confidente di Lucia | ILDAR ABDRAZAKOV |
| Alisa, damigella di Lucia | ALISA ZINOVIEVA |
| Normanno, capo degli armigeri di Ravenswood | CARLO BOSI |

Dame e Cavalieri, congiunti di Ashton, abitanti di Lammermoor. Paggi, Armigeri, Domestici di Ashton.

Direttore
## ROBERTO ABBADO

Maestro del coro
**BRUNO CASONI**

Regia, scene e costumi di
**PIER'ALLI**

| Direttore dell'allestimento scenico<br>FRANCO MALGRANDE | | Direttore dell'organizzazione della produzione<br>ANDREA VALIONI | |
|---|---|---|---|
| Aiuto regista<br>GIOVANNA MARESTA | Responsabile dei maestri collaboratori<br>JAMES VAUGHAN | Assistente scenografa<br>MANUELA GASPERONI | Direttore di scena<br>LAURENT GERBER | Assistente alla regia<br>LUCIANA RUGGERI |

| Movimenti coreografici<br>ANTONELLA AGATI | Capi scenografi realizzatori<br>ANGELO SALA   ROBERTO LUCIDI | Capo scenografo scultore<br>ANNA GALLI | Lighting designer<br>GIANNI MANTOVANINI | Maestro collaboratore di sala<br>MASSIMILIANO BULLO | Altri maestri di sala<br>MZIA BAKHTOURIDZE   ROBERTO CURBELO |

| Maestro rammentatore<br>MARCO MUNARI | Altro maestro del complesso di palcoscenico<br>MAURIZIO MAGNI | Maestri collaboratori di palcoscenico<br>PAOLO BERRINO   RENATO PRINCIPE   SIMONETTA TANCREDI | Maestro alle luci<br>SIMONE LUTI |

| Realizzatore delle luci<br>VINCENZO CRIPPA | Altro maestro del coro<br>ALBERTO MALAZZI | Maestri si videolibretti<br>MASSIMILIANO CARRARO   ROBERTO PERATA   STEFANO COLNAGHI | Maestri collaboratori del coro<br>MARCO DE GASPARI   SALVO SGRÒ |

| Responsabile dell'archivio musicale<br>CARLO TABARELLI | Capo reparto macchinisti<br>COSIMO PRUDENTINO | Capo servizio laboratori<br>ANGELO SALA | Capo reparto sartoria<br>CINZIA ROSSELLI | Responsabile servizio parrucche e trucco<br>FRANCO RESTELLI |

| Responsabile servizio calzoleria<br>ALFIO PAPPALARDO | Capo reparto elettricisti<br>ROBERTO PAROLO | Capo reparto costruzioni<br>ROBERTO DE ROTA | Capo reparto attrezzeria<br>LUCIANO DI NICUOLO | Capo reparto meccanici<br>CASTRENZE MANGIAPANE | Fonica<br>NICOLA URRU |

*Teatro alla Scala "Libretto Lucia di Lammermoor"*

➡

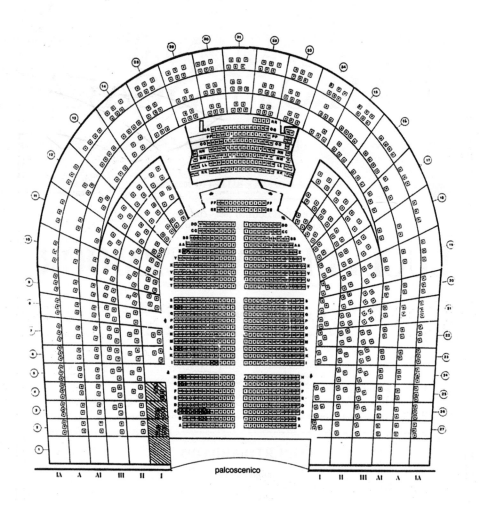

## Pianta del Teatro

**Ospitalità per il pubblico**
- 1.497 posti a sedere numerati
- 796 in platea
- 120 in galleria
- 581 nei sei ordini di palchi

due accoglienti foyer,
servizio guardaroba,
tre bar, una libreria,
impianto di climatizzazione,
chiamata automatica di taxi

**Palcoscenico**
apertura al boccascena - m. 18
larghezza - m. 16
lunghezza - m. 16
golfo mistico

**Graticcia**
altezza - m. 18
larghezza - m. 18
lunghezza - m. 15
ascensore di servizio

**Ospitalità artisti**
ingresso con portineria
quindici camerini con servizi
saletta interviste

**Per il cinema**
cabina di proiezione
schermo m. 18 X 10
sistema dolby stereo

*Teatro alla Scala (piantina posti)*

## La sera della Prima

La sera della prima alla Scala (la prima del 7 dicembre, s'intende) è un avvenimento nel quale si riflettono, tra contestazioni e mondanità, molti momenti della vita italiana di questo dopoguerra. Una storia che comincia la sera dell'11 maggio 1946. Quando, cioè, la Scala riapre dopo essere risorta dalle macerie di un micidiale bombardamento. Sul podio c'è Arturo Toscanini, in platea Pietro Nenni in abito marrone, accanto a lui il primo cittadino di Milano, Antonio Greppi. Non c'è sfarzo nelle toilette delle signore e gli smoking degli uomini odorano di naftalina. In un palco si nota una donna minuta e tutta vestita di nero: è Amelia Zampiceni, la fiorista della Scala che ha venduto fiori a generazioni di Visconti, a grandi della musica come Arrigo Boito e Giacomo Puccini. Toscanini le ha voluto riservare un palco, da dove Amelia ascolta rapita i "pezzi" della serata: un concerto popolare dedicato ai grandi operisti italiani (Rossini, Verdi, Puccini, Boito). Un avvenimento anche per chi sta a casa e ascolta alla radio la "diretta" del concerto.

## Revisione

**Gioacchino Rossini (1792-1868):**

rinnova il melodramma e rende la musica più vivace, seguendo la tradizione dell'opera buffa (comica) diventa un maestro del genere; l'esempio più brillante è il *Barbiere di Siviglia* (1816), altre opere sono *Guglielmo Tell*, opera romantica, e *La gazza ladra* (1817) ispirata ad un fatto di cronaca e che riscuote successo soprattutto in Francia. Il *Barbiere di Siviglia* parla di un barbiere, Figaro, che offre il suo aiuto al conte di Almaviva (innamorato di Rosina). L'anziano don Bartolo tiene sotto stretta sorveglianza Rosina perché la vuole sposare. Dopo una serie di travestimenti, colpi di scena e inganni organizzati da Figaro, il conte di Almaviva e Rosina si sposano.

**Vincenzo Bellini (1801-1835):**

compone 11 opere; con lui e Donizetti nasce la lirica romantica. Tra le sue opere è molto conosciuta *Norma* (1831), tappa importante dell'opera tragica romantica di cui è celebre l'aria Casta Diva. L'opera è ambientata al tempo delle invasioni dei Galli a Roma. Pollione, proconsole romano, ha due figli da Norma, sacerdotessa e figlia del capo dei Druidi, Oroveso. Ma Pollione ama Adalgisa, l'altra sacerdotessa del tempio di Iminsul. Norma viene a conoscenza del tradimento e vuole vendetta, proclama guerra ai Romani. Si prepara il rogo per la vittima sacrificale, una sacerdotessa che ha infranto i sacri voti e tradito la patria. Norma sta per pronunciare il nome di Adalgisa quando, nello stupore generale, si dichiara colpevole per morire insieme a Pollione sul rogo.

**Giuseppe Verdi (1813-1901):**

è uno dei maggiori compositori di tutti i tempi. Della sua vasta produzione ricordiamo alcune opere: *Aida* (1871), composta per l'inaugurazione del Canale di Suez; *La Traviata* (1853) tratta dal romanzo "La signora delle camelie" di A. Dumas; *Rigoletto*, (1851) dal romanzo "Il Re si diverte" di Victor Hugo, controversa vicenda tragicomica; *Otello* (1887) dall'opera di Shakespeare, dramma della gelosia, e *Nabucco* (1842). I personaggi di Verdi sono complessi e delicati e rappresentano il dramma del sentimento e del dolore umano. *La Traviata* parla di una donna dai facili costumi, Violetta, che s'innamora di Alfredo Germont ad una festa. Il padre di Alfredo la prega di troncare la relazione perché sta procurando vergogna a tutta la famiglia così Violetta lascia Alfredo e torna a Parigi. Quando Alfredo viene a sapere del colloquio tra suo padre e Violetta corre a riabbracciare l'amata; è troppo tardi purtroppo perché Violetta, già malata, muore tra le sue braccia.

**Giacomo Puccini (1858-1924):** — _also Tosca_

altro grande compositore, nato a Lucca. Con lui inizia un nuovo stile più poetico e melodico, le sue opere più famose sono: _Bohème_ (1896) ambientata nel mondo degli artisti parigini dell'Ottocento, una delle più originali creazioni del teatro lirico; _La fanciulla del West_ (1910) trionfo di pubblico, opera verista influenzata dall'avventurosa atmosfera del West; _Tosca_ (1900) opera di grande potenza drammatica per la varietà dei temi musicali e gli effetti scenici; _Madame Butterfly_ (1904) che racconta la tragica storia d'amore

tra un'orientale e un ufficiale americano. _La Bohème_, ambientata nella pittoresca Parigi del 1830, narra la vicenda di Rodolfo, poeta squattrinato _[penniless]_ che abita con alcuni amici in una soffitta e conduce una vita da _bohémien_ (cioè c vive dando più importanza alla libertà che alle regole, con alcuni artisti della seconda metà dell'Ottocento). Rodol s'innamora di Mimì, la vicina di casa che fa la ricamatric ma purtroppo Mimì è molto malata e la loro storia d'amo re è destinata a finire tragicamente. Nella scena finale Mim muore nelle braccia dell'amato Rodolfo.

## 👥 ATTIVITÀ 16

Dopo aver letto i brani (A) e (B) scambiate le vostre opinioni sul perché c'è stato un collegamento tra opera, ideali del Risorgimento italiano e Romanticismo europeo. Scrivete la vostra ipotesi.

### A) MELODRAMMA E RISORGIMENTO

Ai primi dell'Ottocento il catanese Vincenzo Bellini (celebre per la sua "Norma") e Gioacchino Rossini, che ha dato al nostro teatro "Il barbiere di Siviglia", portano il melodramma al livello più alto. Il massimo splendore di questo "genere" sarà poi raggiunto, dopo di loro, da Giuseppe Verdi con cui l'opera lirica diventa anche strumento di diffusione degli ideali del Risorgimento. Incredibile entusiasmo accendono nel pubblico le note elettrizzanti _[electrifying]_ del coro _[chorus]_ del "Nabucco": "Va' pensiero..." Ma tutte le opere di Verdi hanno un grandioso successo e resteranno sempre nel cuore degli italiani: le melodie della "Traviata", del "Trovatore", del "Ballo in maschera", dell'"Aida" diventano subito popolarissime.
Tra Ottocento e Novecento abbiamo altri musicisti, che raggiungono un buon livello artistico, come Giacomo Puccini, con la sua delicata "Bohème".

_[chorus of the libretto plays — is noticed]_

### B) I LIBRETTI D'OPERA E L'ITALIANO

Il contributo decisivo alla conoscenza e al prestigio dell'italiano fuori d'Italia, a partire già dalla seconda metà del Seicento, viene dalla grande fortuna della musica e dell'opera italiana; quando, nel secolo successivo, le opere di Mozart e Haydn, cantate nella nostra lingua, si affermano a Vienna, l'italiano dei libretti d'opera finisce con il diventare una specie di esperanto del mondo, la musica internazionale. Con l'affermarsi del nazionalismo e del Romanticismo i libretti vennero scritti nelle diverse lingue europee. L'italiano si conservò solo come metalingua dell'esecuzione musicale, ma il mito della sua cantabilità e dolcezza sopravvive assai più a lungo e l'idea della musicalità della lingua italiana continua a circolare per tutto il periodo romantico.

_→ establishment, emergence_

---

**Ipotesi** Opera era iniziato come una forma d'arte unicamente italiana. Forse questo fatto ha incoraggiato un senso di identità nazionale.
Inoltre, le opere come Nabucco, spesso contenevano i temi del nazionalismo, eroismo, e l'oppressione.

Nella parte finale dell'articolo (B) si dice che l'italiano ha conservato la sua tradizione di lingua musicale nell'epoca del Romanticismo ed è stato usato come metalingua dell'esecuzione musicale.

*preserved*

1. Pensi che questo sia ancora vero oggi? *Si, ancora oggi l'italiano*

*→ performance, rendition*

*è la lingua della musica internazionale: "aria, soprano, libretto etc.*

*suitable, fitting*

2. Nel tuo Paese l'italiano, non solo quello dell'opera, è considerato adatto alla musica e alla canzone?

*Penso di no, perché, rispetto alla musica popolare, non ci sono molti americani che capiscono l'italiano.*

3. Conosci qualche parola italiana del campo musicale e operistico usata nella tua lingua?

*Fortissimo, lento, piano, cello, aria*

4. Conosci canzoni italiane famose?

*Volare, Funiculì Funiculà, O sole mio.*

## evisione

...rdi rappresenta con la sua musica la storia del Ri-
...gimento e diventa simbolo della resistenza contro
... austriaci tanto più che il suo cognome VERDI è
...'abbreviazione di "Vittorio Emanuele Re d'Italia".
...lle sue opere è presente l'elemento nazionalista e
...triottico: quando il "Nabucco" è rappresentato a La
...ala per la prima volta nel 1842 è un grande successo
...rché i patrioti italiani si identificano nella storia de-
... ebrei esuli a Babilonia e perseguitati dal re Nabu-
...donosor II e la famosa aria dell'opera "Va' pensiero
...le ali dorate", coro degli ebrei liberati che tornano
...lla loro terra, diventa molto popolare e quasi un
...o nazionale (il film "Senso" di Luchino Viscon-
...dà un'idea molto realistica di tale atteggiamento).
...tre arie famose hanno contribuito alla diffusione
...l'opera italiana e l'italiano è diventato la lingua
...lla musica internazionale: parole come aria, solfeg-
..., melodia, duetto, a solo, per menzionarne solo al-
...ne, sono entrate a far parte del repertorio musicale
...ogni Paese.

"Senso" di Luchino Visconti

**ATTIVITÀ 17**

Il teatro della Fenice in una immagine dell'incendio del 1996.

**Conosci altri teatri italiani?**

*La Scala        Teatro Rendano        San Carlo*

**Se sì, sai dire dove si trovano?**

*Milano        Cosenza        Napoli*

**Quale è il teatro italiano più conosciuto nel tuo Paese?**

*Penso che sia la Scala di Milano*

**E quali i teatri più noti del tuo Paese? Confronta ciò che pensi con le opinioni dei compagni.**

*Il Metropolitan a New York. Anche forse il teatro san francisco.*

## visione

1637 si costruisce a Venezia il primo teatro lirico, an Cassiano, è il primo teatro pubblico; prima di sto l'opera è uno spettacolo per i ricchi e i nobili e iva rappresentata nelle residenze private. In seguito ostruiscono teatri in tutte le città, i più famosi sono: Scala a Milano, Il Regio a Parma e a Torino, La Fe-nice a Venezia, il Carlo Felice a Genova, il San Carlo a Napoli, il Massimo a Palermo. Nella stagione estiva si allestiscono spettacoli all'Arena di Verona e alle Terme di Caracalla a Roma ma un po' anche nelle piazze e nelle chiese di tutte le città.

## Teatri di Venezia, Mantova, Modena, Napoli

### VENEZIA
Forme classiche
Il Teatro La Fenice, di Venezia, con sala ellittica. Fu costruito nel 1792. Distrutto da un incendio nel 1836, fu poi ricostruito. Ha 1500 posti.

### MANTOVA
Gioiello barocco
Il Teatro Accademico, di Mantova, del 1769. È un gioiello dell'architetura barocca, con la caratteristica forma a campana. Tra i primi, vi si esibì il giovane Mozart.

*Teatro Accademico di Mantova*

### MODENA
Tradizione ottocentesca
Il Teatro Comunale, di Modena, costruito in stile classico a metà dell'Ottocento. L'acustica della sala è ancora affidata alla forma ellittica.
Possiede quattro ordini di palchi.

### NAPOLI
Scenografia grandiosa
Il teatro San Carlo, di Napoli. Fu costruito in soli sette mesi, nel 1737. La sala è grandiosa: possiede il palco reale, e 184 palchi suddivisi in sei ordini.
Può contenere tremila spettatori.

*Teatro Comunale di Modena*

## ATTIVITÀ 18

GIOCO. Dividetevi in due squadre. Cercate di scoprire di quali opere sono i personaggi che trovate nella colonna a sinistra e collegateli con i titoli delle opere della colonna a destra. Vince chi raggiunge il punteggio più alto (un punto per ogni personaggio).

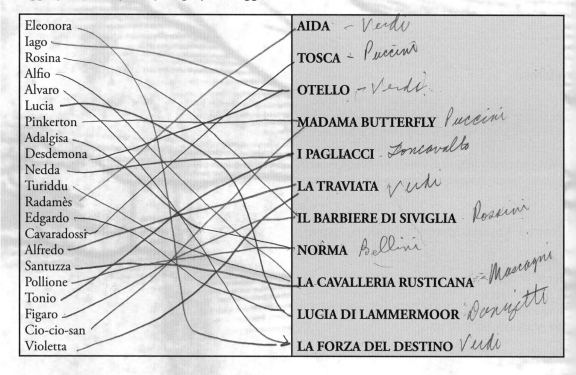

| | |
|---|---|
| Eleonora | **AIDA** — *Verdi* |
| Iago | **TOSCA** — *Puccini* |
| Rosina | **OTELLO** — *Verdi* |
| Alfio | **MADAMA BUTTERFLY** *Puccini* |
| Alvaro | **I PAGLIACCI** — *Loncavallo* |
| Lucia | **LA TRAVIATA** *Verdi* |
| Pinkerton | **IL BARBIERE DI SIVIGLIA** *Rossini* |
| Adalgisa | **NORMA** *Bellini* |
| Desdemona | **LA CAVALLERIA RUSTICANA** — *Mascagni* |
| Nedda | **LUCIA DI LAMMERMOOR** *Donizetti* |
| Turiddu | **LA FORZA DEL DESTINO** *Verdi* |
| Radamès | |
| Edgardo | |
| Cavaradossi | |
| Alfredo | |
| Santuzza | |
| Pollione | |
| Tonio | |
| Figaro | |
| Cio-cio-san | |
| Violetta | |

## Revisione

**AIDA:** prima rappresentazione a Il Cairo, Teatro dell'Opera 1871

**Personaggi:** Radamès = giovane generale amato da Amneris, Aida = schiava etiope, Amneris = figlia del faraone.

**LUCIA DI LAMMERMOOR:** prima rappresentazione a Napoli, Teatro San Carlo 1835

**Personaggi:** Lucia = sorella di Lord Enrico Asthon, Sir Edgardo di Ravenswood, Alisa = damigella di Lucia, Lord Arturo Buklav, Raimondo = confidente di Lucia.

**CAVALLERIA RUSTICANA:** prima rappresentazione a Roma, Teatro Costanzi 1890

**Personaggi:** Turiddu, Lucia = madre di Turiddu, Alfio = carrettiere, Lola = moglie di Alfio, Santuzza.

**NORMA:** prima rappresentazione a Milano, Teatro alla Scala 1831

**Personaggi:** Pollione = proconsole di Roma nella Gallia, Orovese = capo dei Druidi, Norma = sacerdotessa figlia Orovese, Adalgisa = sacerdotessa del tempio d'Iminsul, Clotilde = confidente di Norma, Flavio = amico di Pollione.

**IL BARBIERE DI SIVIGLIA:** prima rappresentazione a Roma 1816

**Personaggi:** Conte di Almaviva = innamorato di Rosina, Figaro = barbiere, don Bartolo = tutore di Rosina.

**I PAGLIACCI:** prima rappresentazione a Milano, Teatro Dal Verme 1892

**Personaggi:** Canio = capo della compagnia, Nedda = attrice e moglie di Canio, Tonio = commediante gobbo, Peppe = commediante, Silvio = campagnolo.

**MADAME BUTTERFLY:** prima rappresentazione a Roma 1904

**Personaggi:** Pinkerton = ufficiale della marina americana, Cio-Cio-San (Butterfly) = giovane geisha, Goro = sensale

**TOSCA:** prima rappresentazione a Roma 1900
**Personaggi:** Cesare Angelotti = ex console della Repubblica Romana, Mario Cavaradossi = pittore, Tosca = cantante amante di Mario, Scarpía = capo della polizia.
**LA FORZA DEL DESTINO:** prima rappresentazione a Pietroburgo, Teatro Imperiale 1862
**Personaggi:** don Alvaro, donna Eleonora = figlia del marchese di Calatrava, don Carlo = fratello di Eleonora.
**LA TRAVIATA:** prima rappresentazione a Venezia, La Fenice 1853
**Personaggi:** Violetta = la traviata, Alfredo = innamorato di Violetta, Giorgio Germont = padre di Alfredo, Duphol = protettore di Violetta.
**OTELLO:** prima rappresentazione a Milano, La Scala 1887
**Personaggi:** Otello = governatore di Cipro, Iago = alfiere, Cassio = capitano, Desdemona = moglie di Otello.

## ATTIVITÀ 19

*Pavarotti*

È un noto interprete dell'opera.

Conoscete altri italiani che in passato sono stati famosi anche nel vostro Paese? *E. Caruso, _____, Cecilia Bartoli*

Quali sono i cantanti lirici più famosi del vostro Paese?
*Beverly Sills, Leontyne Price, Robert Merrill, Richard Tucker*

Pensate siano conosciuti in Italia? *Si, conosciute nel tutto il mondo penso che siano*

Secondo voi quali produzioni operistiche del vostro Paese sono conosciute in Italia?
*Forse Porgy & Bess – Gershwin o Showboat ma perché c'è dialogo, c'è disaccordo sul fatto che queste sono veramente opera,*

## Revisione

Enrico Caruso (1873-1921) è il primo grande tenore che diffonde l'opera italiana in tutto il mondo, canta nei teatri più importanti tra cui il Metropolitan di New York e La Scala di Milano. Dagli anni '80 del secolo scorso e fino alla sua morte (2007) Luciano Pavarotti è stato il più popolare tenore italiano sia in Italia che all'estero. Grazie a questi tenori l'opera e la musica italiana sono conosciute ed apprezzate anche tra il grande pubblico.

# Unità 5

DAL NOVECENTO

AL NUOVO SECOLO

## ATTIVITÀ 1

L'Italia da poco unificata si affaccia al nuovo secolo con molti problemi dati da una struttura sociale non omogenea come quella di altri Paesi. Il ministro Giolitti comprende la necessità di superare la contrapposizione tra lo Stato e le classi lavoratrici: leggete questo brano che riporta un suo discorso.

Pensate alla situazione dell'Italia nel secolo precedente, quali possono essere le cause del ritardo economico e della povertà di gran parte della popolazione all'epoca di Giolitti?

_____

_____

_____

_____

Cosa pensate delle idee di Giolitti?

_____

_____

_____

## Governo e salari

È un errore, un vero pregiudizio credere che il basso **salario** giovi al progresso industriale (*Bravo!*). Noi lodiamo come una gran cosa la **frugalità** eccessiva dei nostri contadini; anche questa lode è un pregiudizio. Chi non consuma, credetelo pure, non produce! (*Commenti*). Il Governo quando interviene per tenere bassi i salari commette un'ingiustizia, un errore economico ed un errore politico. Commette un'ingiustizia, perché manca al suo dovere di assoluta imparzialità fra i cittadini, prendendo parte alla lotta contro una classe. Commette un errore economico, perché turba il funzionamento della legge economica dell'offerta e della domanda, la quale è la sola legittima regolatrice della misura dei salari come del prezzo di qualsiasi altra merce. Il Governo commette infine un grave errore politico, perché rende nemiche dello Stato quelle classi che costituiscono in realtà la maggioranza del Paese.

*Giovanni Giolitti*

---

LESSICO
- **Salario** - stipendio.
- **Frugalità** - semplicità, austerità

## Revisione

Giovanni Giolitti (1842-1928), liberale progressista, è presidente del Consiglio durante tre ministeri dal 1903 al 1914: gli storici chiamano questo periodo "età giolittiana" per la grande influenza che il suo pensiero esercita sulla politica italiana. Il decollo industriale - iniziato in Italia alla fine dell'Ottocento, con ritardo rispetto ad altri Paesi europei a causa della tardiva unità politica e di conseguenza della mancanza di strutture sociali ed economiche nazionali - è appoggiato da Giolitti che vuole industrializzare e modernizzare il Paese e favorire la politica della domanda e dell'offerta. Il suo motto è: "Chi non consuma, non produce". Con l'intento di stabilizzare il movimento operaio Giolitti promuove una serie di leggi a protezione dei lavoratori e garantisce il pieno esercizio dei diritti sindacali, così nel 1906 nasce la Confederazione Generale del lavoro (CGL), potente *sindacato* italiano. Purtroppo lo sviluppo industriale interessa esclusivamente l'Italia centro-settentrionale, in particolare il "triangolo industriale" che ha per vertici Milano, Torino, Genova: in questo modo la differenza tra Nord e Sud diventa ancora più profonda. Altre importanti riforme sociali di Giolitti sono: il suffragio (diritto di voto) universale a tutti gli uomini che è un notevole passo avanti nella democratizzazione dello Stato, le leggi a tutela del lavoro delle donne, dei ragazzi e degli infortunati sul lavoro e la nazionalizzazione delle ferrovie che prima erano proprietà di società private. Per soddisfare il desiderio d'imperialismo dei nazionalisti italiani nel 1911 Giolitti promuove la conquista della Libia che diventa colonia italiana ma a causa delle opposizioni di socialisti, conservatori e interventisti (cioè quelli che volevano entrare in guerra all'inizio della I guerra mondiale), si ritira dalla politica nel 1914.

*NOTA*

**Sindacato:** associazione di lavoratori per la difesa dei diritti e degli interessi sul posto di lavoro.

## ATTIVITÀ 2

**Con la I Guerra Mondiale in Italia si formano due correnti di pensiero: gli interventisti e i neutralisti, i primi favorevoli e i secondi contrari all'entrata in guerra. Questo è un passo del discorso con cui lo scrittore D'Annunzio si rivolge ai romani nel 1915.**

Quale valore attribuisce a Roma?
_____
_____

Secondo te quali sono le sue idee?
_____

A quale corrente appartiene?
_____
_____
_____

Conosci qualche opera di questo scrittore?
_____
_____

Chi sono i prussiani?
_____
_____

Secondo te come parla?
_____
_____

## Arringa al popolo di Roma in tumulto

Se considerato è come crimine incitare alla violenza i cittadini, io mi vanterò di questo crimine, io lo prenderò sopra me solo. Se invece di allarmi io potessi armi gettare ai **risoluti**, non esiterei. Ogni eccesso della forza è lecito, se vale a impedire che la Patria si perda. Voi dovete impedire che un pugno di **ruffiani** e di **frodatori** riesca a **imbrattare** e a perdere l'Italia. Tutte le azioni necessarie assolve la legge di Roma. Ascoltatemi. Intendetemi. Il tradimento è oggi manifesto. Non ne respiriamo soltanto l'orribile odore, ma ne sentiamo già tutto il peso **obbrobrioso**. Il tradimento si compie in Roma, nella città dell'anima, nella città di vita! Nella Roma vostra si tenta di strangolare (uccidere) la Patria con un **capestro prussiano maneggiato** da quel vecchio **boia labbrone** le cui **calcagna** di fuggiasco sanno *la via di Berlino*. In Roma si compie l'assassinio. E se io sono il primo a gridarlo, e se io sono il solo, di questo coraggio voi mi terrete conto domani. Noi siamo sul punto di essere venduti come una **greggia infetta**. Su la [*sulla*] nostra dignità umana, su la dignità di ognuno, su la fronte di ognuno, su quella dei vostri figli sta la minaccia di un **marchio servile**. Chiamarsi Italiano sarà nome da rossore, nome da nascondere. Basta! Rovesciate i banchi! Spezzate le false bilance! Stanotte su noi pesa il **fato** romano; stanotte su noi pesa la legge romana. Accettiamo il fato, accettiamo la legge. Imponiamo il fato, imponiamo la legge. Le nostre **sorti** non si misurano con la **spanna del merciaio**, ma con la spada lunga.

### LESSICO

- **Risoluti** - decisi, sicuri di sé, pronti ad agire.
- **Ruffiani** - mediatori di amori, chi facilita per denaro o altri motivi incontri amorosi / persona che serve e loda per ottenere favori.
- **Frodatori** - ingannatori.
- **Imbrattare** - macchiare, sporcare.
- **Obbrobrioso** - che è causa di vergogna, di disonore.
- **Capestro prussiano** - capestro è la corda per impiccare che mette il boia, si riferisce al dominio dell'imperatore prussiano.
- **Maneggiato** - (⇐ maneggiare) manipolare.
- **Boia labbrone** - giustiziere, carnefice, si riferisce al Kaiser Guglielmo, imperatore prussiano.
- **Calcagna** - talloni, essere alle calcagna di qualcuno = stare dietro, inseguire.
- **Greggia** - oggi si dice gregge, cioè gruppo (insieme di pecore), per estensione si usa anche in riferimento a gruppi di persone.
- **Infetta** - contaminata.
- **Marchio servile** - contrassegno di servitù.
- **Fato** - destino, sorte.
- **Sorti** - destino, fato
- **Spanna del merciaio** - spanna, lunghezza che corrisponde alla distanza tra il pollice e il mignolo di una mano aperta, usata un tempo nei negozi come quello del merciaio, cioè nelle mercerie, dove si vendono oggetti di vario tipo che servono per cucire.

### NOTA

*La via di Berlino:* la via per Berlino, capitale della Prussia.

*D'Annunzio*

## Revisione

Gabriele D'Annunzio (1863-1938), esponente del Decadentismo italiano, è uno dei maggiori poeti e scrittori
del primo Novecento. La sua vasta produzione letteraria di poesie, opere teatrali e romanzi è caratterizzata da
una ricerca di un estetismo raffinato e da un linguaggio
ricercato, musicale e sensuale. Uomo curioso della vita,
sperimenta anche le novità come il cinema e la pubblicità. D'Annunzio si distingue non solo come modello
letterario ma anche per le sue azioni coraggiose e il suo
comportamento eccentrico. Influenzato dalla lettura di
Nietzsche diventa sostenitore del mito del superuomo
che caratterizzerà la sua ideologia politica. Nel 1897 è
eletto deputato della destra e nel 1915, nella sua propaganda interventista, incita gli italiani a prendere
parte alla I Guerra Mondiale con discorsi enfatici che
esaltano la violenza, il coraggio bellico, l'eroismo, il nazionalismo, la grandezza dell'antica Roma. L'Italia entra
in guerra nel 1915. D'Annunzio partecipa alla guerra
come volontario e con il volo su Vienna getta dei volan-
tini per invitare il popolo austriaco ad arrendersi. Nel
1919 occupa la città di Fiume, nell'odierna Croazia,
come gesto di protesta perché non era stata assegnata
all'Italia dalla Conferenza di pace di Parigi alla fine della
I Guerra Mondiale.

## ATTIVITÀ 3

**Guarda queste immagini dell'idroscalo di Orbetello e leggi questo passo in cui si parla di un altro impor-
tante uomo italiano dei primi decenni del Novecento, Cesare Balbo, primo trasvolatore atlantico, che ha
cioè volato attraversando l'Atlantico.**

LESSICO
• **Idroscalo** - scalo per aerei su mare, fiumi, laghi.

*Idroscalo ed idrovolanti ad Orbetello*

## Balbo annienta per due volte l'Atlantico

Il 15 gennaio i *Santa Maria* puntarono su Rio con la determinazione di chi sente in pugno la vittoria, corsero all'abbraccio dei brasiliani che danzando e cantando erano scesi dalle "favelas" delle colline alle spiagge di Copacabana e del Botafogo. In quel magico istante undici aerei partiti da una laguna maremmana chiudevano l'età pionieristica del volo atlantico, durata un decennio o poco più.

Tranquillo e sereno senza essere **appagato**, Balbo riposava in una poltrona del *"Conte Rosso"* che lo riportava in Patria e già si faceva largo il vecchio proposito: conquistare New York arrivando in volo sull'Empire States Building simbolo massimo ed immagine fedele della città. Bastava andare in estremo Oriente, **circumnavigare** l'Asia… Una guerra vietò il giro del mondo e Balbo puntò il dito sulla doppia traversata dell'Atlantico. Un progetto non

da poco, che doveva trasmettere brividi di piacere perché nasceva da sogni di grandezza e nascondeva speranze di gloria. Occorreva cancellare dagli occhi del mondo lo stereotipo dell'italiano che abbandona il **mandolino** solo per gettarsi sugli **spaghetti**. Stava bene a tutti dare una dimostrazione dei livelli raggiunti dalle macchine **tricolori** e dagli uomini con le **stellette**: erano l'Italia. Piacevano a tutti, allora, anche gli obiettivi più scopertamente politici. La Crociera li avrebbe centrati presentando l'Italia fascista all'Esposizione di Chicago e portando il saluto della Patria agli emigrati ed ai figli degli emigrati. La sua immagine sarebbe uscita dalle cartoline con il **pennacchio** del *Vesuvio* o la gondola nel *Canalgrande* per assumere le dimensioni di una **sfolgorante gigantografia**!

### LESSICO

- **Appagato** - soddisfatto.
- **Circumnavigare** - navigare intorno a un continente.
- **Stellette** - distintivo militare a forma di stella, uomini con le stellette - militari.
- **Pennacchio** - ciuffo di penne, ormai indica tutto ciò che gli somiglia e in genere il fumo, in questo caso quello che esce dalla cima del Vesuvio.
- **Sfolgorante gigantografia** - splendente poster, fotografia gigante.

### NOTA

*Santa Maria:* aerei guidati da Italo Balbo nel volo per l'America meridionale.

*Conte Rosso*: grande nave passeggeri entrata in ser-

vizio nel 1921 e affondata nel 1941 dagli inglesi. Il Conte Rosso, come il Rex, il Michelangelo, l'Augustus faceva rotte transcontinentali, per esempio Genova - New York, Genova - Buenos Aires ecc.

*Mandolino - spaghetti*: strumento a corde, con gli spaghetti è diventato il simbolo dell'italiano, in particolare, di quello meridionale. Gli spaghetti sono il tipo di pasta più conosciuto anche all'estero ma in Italia si fabbricano anche le penne, le farfalle, i pici, le orecchiette, le trofie ecc.

*Tricolori*: i tre colori (bianco, rosso e verde) della bandiera italiana detta anche "il tricolore".

*Vesuvio*: vulcano nel golfo di Napoli, simbolo di Napoli.

*Canalgrande*: il canale più famoso di Venezia.

---

**Leggi ora le domande, poi leggi di nuovo il testo e rispondi.**

**1. Perché Balbo vuole volare sopra l'Empire State Building?**

_____

_____

**2. Secondo te Balbo pensa che gli emigrati italiani negli Stati Uniti devono essere fieri dell'impresa?**

**3. Perché?**

_____

**4. Pensi che gli stereotipi di cui si parla siano ancora validi?**

5. Nel tuo Paese quali stereotipi esistono sugli italiani di oggi?

_____

_____

_____

6. Scambiate le vostre opinioni sugli stereotipi che ciascuno di voi ha scritto. Quale idea dell'Italia e degli italiani ricavate?

_____

_____

_____

*Tipi di pasta italiana*

Sono vari tipi di pasta. Sai dire il loro nome?

_____

## Revisione

Italo Balbo (1896-1940), uomo politico fascista, uno dei protagonisti della marcia su Roma nel 1922, è prima Ministro dell'aeronautica e poi Governatore della Libia nel 1934. Appassionato pilota, è il primo a volare sull'Atlantico a Rio de Janeiro nel 1931 con 12 aerei, a Chicago e poi New York nel 1933 con 25 aerei. Muore in uno dei suoi voli perché l'aereo è abbattuto per errore dalla contraerea italiana. Il suo sogno, come quello del Regime in quegli anni, è di dare al mondo un'idea dell'Italia moderna, industriale, tecnologica. Anche le prime produzioni cinematografiche degli anni '2 esportate in tutto il mondo e con versioni destinate a immigrati, testimoniano il progresso del Paese.

La laguna di Orbetello, che si trova nella toscana me dionale, in Maremma, è stata sede dell'aeronautica i liana nell'era degli idrovolanti; famoso è il suo idrosca (scalo sull'acqua) per il quale Nervi costruisce una m derna aviorimessa (hangar). Oggi la laguna di Orbete è uno dei maggiori centri italiani di allevamento del p sce e meta turistica.

### Orbetello e dintorni

Orbetello è città che va verso il suo mare chiuso dall'Argentario e dai tomboli [strisce di sabbia che uniscono le isole alla Terraferma] della Feniglia e della Giannella, chilometri di grandi e tiepide spiagge. Le Lagune di Levante e Ponente sono definite dalla diga artificiale che dal 1841 unisce Orbetello all'Argentario. C'è ancora uno dei mulini a vento fatto costruire dai senesi. Le mura potenti circondate di bastioni, in cui si intravedono parti etrusche, sono interrotte dalla Porta nuova e dalla polveriera Guzman. Il centro storico si articola secondo una serie di vie parallele con edifici di pregio di vari stili. Il borgo medievale di Talamone si affaccia sul mare dall'alto della scogliera su cui s'innalza la Rocca, oltre, si intravede il disegno delle torri. Nei pressi, resti di necropoli ed insediamenti etruschi dov'è stato rinvenuto il Frontone. A sud il promontorio di Ansedonia su cui è posta l'antica città romana di Cosa. Altura ricoperta di macchie con suggestive crepe naturali come lo Spacco della Regina ed altre artificiali come la Tagliata.

Il Comune di Monte Argentario è racchiuso come uno scrigno, nel perimetro dell'altura da cui prende il nome. Circondato dall'acqua, penetra nel Tirreno e protegge la terra ferma. L'Argentario è luogo rinomato e di eccellenza del turismo nautico e balneare. Ha saputo conservare tesori storici, artistici e ambientali. Dai fondali le rocce salgono fino alla cima boscata del monte ed orlano la pianta di antiche ville romane.

## ATTIVITÀ 4

Oltre alle trasvolate l'Italia mostra altri segni di modernizzazione. Leggi questo brano di Giovanni Arpino sulla radio, scritto in occasione del cinquantennio della morte di Marconi.

1. Che cosa rappresentava negli anni '30 la radio per le famiglie italiane?

_____

_____

2. Che tipo di trasmissioni pensi ci fossero?

_____

_____

3. Sai chi era Fausto Coppi? Conosci altri italiani della prima metà del Novecento famosi per imprese simili alle sue?

_____

_____

_____

_____

_____

## La Radio

Questo ragazzo, **accovacciato** in treno, con gli **auricolari** ben piazzati, la radio nel **taschino**, che ne sa della radio e di come nacque, degli esperimenti di Marconi? Le primissime radio erano floreali, barocche, monumentarie, **affarini** bisognosi di appositi mobili in salotto, **altarini** di una modernità un po' goffa. Quelle radio appartennero anche loro alle "buone cose di pessimo gusto", parevano zie panciute e alla loro sommità non mancavano **triangolini** di pizzo, un vasetto di fiori, un pezzo d'argenteria, perché compito di Essa Radio consisteva non solo nel dar suoni, ma nel decorare. La sua presenza testimoniava benessere, vitalità, senso del futuro. Mio nonno chinava l'orecchio verso la radio e mi **grugniva**: "non stai studiando tedesco a scuola? E allora dimmi cosa sta urlando questo **tanghero**". Ero un ragazzino, l'anno il '39, il tanghero non poteva non essere Hitler. Però alla sera c'erano i famosissimi concerti promossi dalla "**Martini & Rossi**" e nel salotto cadeva un silenzio religioso. La radio utile, che stava legando, anzi riducendo il mondo a una sola, piccola **gabbia** trasmissibile, controllabile, dalla quale nessun personaggio o notizia o avvenimento o sposalizio importante o **strage** sarebbero mai più riusciti a fuggire. La radio che produceva enfasi: **Fausto Coppi** fu Fausto Coppi anche perché il "racconto radiofonico" dell'uomo solo in vetta e **pedalante** costringeva la gente nei caffè a immaginare, mentre il successivo "vedere" su uno schermo avrebbe sottolineato solo sporca fatica, umiliazione muscolare, monotonia **agonistica**.

Oggi poi alla radio si parla. Eccome, durante infinite trasmissioni "in diretta", gli ascoltatori **pigliano** il telefono e vengono mandati in onda con le loro domande.

*Giovanni Arpino*

### LESSICO

• **Accovacciato** - piegato sulle ginocchia.

• **Auricolari** - piccoli apparecchi da appoggiare sull'orecchio per sentire la musica, la radio, ecc. senza disturbare gli altri.

• **Taschino** - piccola tasca della giacca.

• **Affarini** - piccoli oggetti.

• **Altarini** - piccoli altari, altare - tavola sulla quale il sacerdote celebra le sacre funzioni, in senso metaforico qui indica celebrazione della modernità.

• **Triangolino** - a forma di piccolo triangolo.

• **Grugniva** - brontolava.

• **Tanghero** - persona grossolana, poco educata.

• **Gabbia** - struttura di ferro o di legno per rinchiudere gli uccelli o altri animali.

• **Strage** - uccisione di una grande quantità di persone o di animali.

• **Pedalante** - che pedala, che va in bicicletta.

• **Agonistica** - competitiva.

• **Pigliano** - prendono.

### NOTA

***Martini & Rossi:*** casa produttrice di liquori, vermouth piemontesi usati per gli aperitivi, esportati in tutto il mondo. Oggi questo aperitivo è chiamato semplicemente Martini ed è molto conosciuto.

***Fausto Coppi:*** (1919-1960) famoso ciclista italiano, due volte vincitore del Giro di Francia e cinque volte vincitore del Giro d'Italia.

*Pubblicità d'epoca Martini & Rossi. Fausto Coppi.*

## Revisione

Guglielmo Marconi (1874-1937), grande scienziato e inventore del telegrafo senza fili, nel 1895 realizza la prima comunicazione a distanza attraverso onde elettromagnetiche e nel 1916 effettua la trasmissione con onde corte. Riceve il Premio Nobel per la fisica nel 1909 ed è nominato senatore a vita e presidente del CNR (Consiglio Nazionale delle Ricerche). Nel 1924 va in onda la prima trasmissione radiofonica dall'unica stazione trasmittente che è a Roma, in seguito si trasmette anche da Milano, Napoli, Torino. Ben presto la radio diventa mezzo di comunicazione di massa e sarà utilizzata dal regime fascista come efficace mezzo di propaganda del regime; trasmette i discorsi di Mussolini, brevi, concisi, caratterizzati da frasi retoriche, entrati nel linguaggio comune: "Se avanzo seguitemi, se indietreggio uccidetemi"; "Se mi uccidono vendicatemi"; "Volere è potere"; "Meglio un giorno da leone che 100 da pecora". Anche molte canzoni dell'epoca riflettono lo spirito patriottico-fascista come "Giovinezza" e "Faccetta nera", quest'ultima cantata in occasione della campagna coloniale dell'Abissinia del 1935. Con la nascita della televisione nel 1954 la radio e la televisione insieme si chiamano RAI (Radio Televisione Italiana). Negli anni '80 si diffondono le radio private; le più ascoltate sono Radio 105, Radio 101, Radio Dimensione Suono, Radio Capital che trasmettono musiche, classifiche e notizie; ci sono anche radio portavoce di partiti come Radio Radicale del Partito Radicale con notizie e informazioni trasmesse 24 ore al giorno.

**ATTIVITÀ 5**

Osserva queste immagini che mostrano le varie fasi, le regioni di provenienza e le destinazioni dell'emigrazione italiana nel mondo. Leggi il brano e costruisci uno schema che riassuma il tipo, l'epoca e le motivazioni dell'esodo italiano.

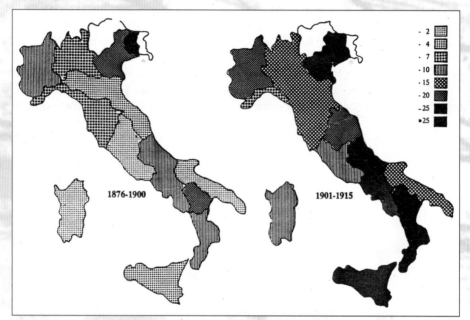

*Tassi migratori con l'estero delle regioni italiane*

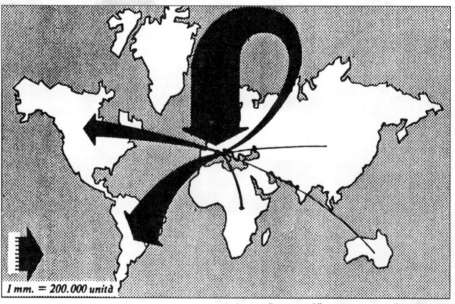

*Destinazioni delle correnti migratorie italiane: 1876-1900*

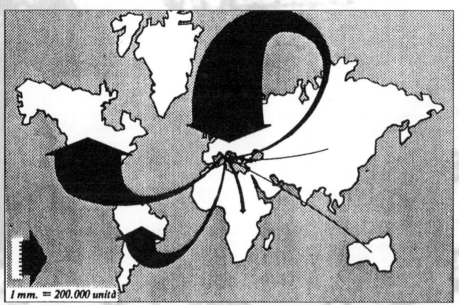

*Destinazioni delle correnti migratorie italiane: 1901-1915*

## L'emigrazione italiana

L'emigrazione ha costituito un grande fenomeno sociale dell'Italia unita: ha avuto una considerevole durata, di oltre un secolo, e una consistenza sorprendente con oltre 27 milioni di **espatriati**; ha conosciuto qualche rallentamento dovuto specialmente a fattori esterni, quali guerre e misure **restrittive**, ma si è esaurita soltanto agli inizi degli anni '70 in conseguenza delle profonde trasformazioni demografiche ed economiche avvenute in Italia.

L'emigrazione italiana è l'unica tra quelle di provenienza dai Paesi europei a costituire, nell'arco di pochi anni, favorita anche dall'assenza di colonie politiche, una pluralità di mete migratorie. Già alla fine del secolo XIX i rapporti consolari potevano individuare comunità di italiani non solo nei principali Paesi delle Americhe (del Nord, del Sud e Centrale) e dell'Europa, compresa la Russia e la Romania (oltre naturalmente alla Francia, Svizzera, Germania, Inghilterra, Belgio, Olanda e Spagna), ma anche dell'Africa, Asia e Oceania. Tale quadro non è molto mutato, se non per la scomparsa delle comunità più **minuscole**.

L'enfasi era allora naturalmente sull'emigrazione 'americana' (chiamata anche 'febbre' americana) non solo per la sua consistenza, ma anche per il pregiudizio corrente che vedeva nella partenza per l'America l'unico grande indicatore del disagio economico, la vera scelta drammatica e definitiva delle regioni povere. L'Italia settentrionale ha sempre avuto una crescente preferenza per l'emigrazione europea, mentre al Sud ha prevalso l'emigrazione transoceanica. Il Mezzogiorno, nel periodo dell'emigrazione di massa, inviò la quasi totalità della sua emigrazione oltre oceano.

I nuovi emigrati sono quei lavoratori che si recano temporaneamente all'estero al seguito di imprese italiane chiamate a eseguire lavori per **infrastrutture** e opere ad alto contenuto tecnologico. Questa emigrazione è detta 'nuova' perché si differenzia da quella tradizionale di estrazione contadina ed è andata affermandosi in questo secondo dopoguerra in parallelo con il **dinamismo** dei Paesi in via di sviluppo.

Questa componente professionale ha fatto elevare negli anni '70 e '80 la proporzione di emigranti italiani verso l'Africa e l'Asia. Nelle destinazioni extraeuropee, quindi, accanto a un 'tradizionale' filone di emigranti diretto soprattutto verso i continenti americano e australiano e costituito da familiari, vi è un 'nuovo' filone diretto verso l'Asia e l'Africa, con un'emigrazione di tipo più individuale, di breve durata e di elevata professionalità.

**LESSICO**

• **Espatriati** - emigrati, usciti dalla patria.
• **Restrittive** - che mettono dei limiti, in questo caso all'emigrazione.
• **Minuscole** - molto piccole.
• **Infrastrutture** - insieme dei servizi pubblici e degli impianti che costituiscono la base per abitare in un luogo (autostrade, ponti, strade, ferrovie, aeroporti, acquedotti, scuole ecc.).
• **Dinamismo** - intenso movimento, attività ed energia.

**Dopo aver risposto sinteticamente a ciascuna domanda di questa attività confronta le tue risposte con quelle dei compagni e discutetene insieme.**

**1. Esiste una comunità italiana nel vostro Paese?** _____

**2. Che cosa pensate degli italiani che risiedono nel vostro Paese?** _____

_____

**3. Pensate che gli italiani che vivono nel vostro Paese siano diversi da quelli che vivono in Italia?** _____

_____

**4. In quale epoca pensate che si sia formata la comunità italiana del vostro Paese?** _____

_____

**5. Perché pensate che gli italiani abbiano dovuto lasciare l'Italia?** _____

_____

_____

**6. L'idea che scaturisce dalla vostra discussione è globalmente positiva o negativa? Perché?** _____

_____

_____

_____

**7. Dal vostro Paese c'è una emigrazione verso l'Italia? Se sì perché secondo voi?** _____

_____

_____

_____

## evisione

egli ultimi decenni del XIX secolo lo sviluppo induiale interessa esclusivamente l'Italia settentrionale, in rticolare la Lombardia, il Piemonte e il Veneto; in esto modo la differenza tra nord e sud diventa più ofonda e il Meridione, legato ancora all'agricoltura, empre più povero. L'aumento demografico e i bassalari costringono molti contadini meridionali a igrare in Svizzera, Germania e Belgio e soprattutto ll'America del Sud (Argentina, Brasile e Uruguay) e l'America del Nord: Canada e Stati Uniti. Il periodi maggiore emigrazione italiana negli Stati Uniti dal 1900 al 1920. Dal 1901 al 1910 si raggiunge il ,5% di emigranti e dal 1911 al 1920 il 19,3 %. Dopo 921 il flusso migratorio diminuisce per vari fattori: olitica fascista contraria all'emigrazione, la depressiodegli anni Trenta, le misure restrittive adottate dagli ti Uniti e la II Guerra Mondiale. Nel dopoguerra, tra

il 1946 e il 1960, c'è un consistente flusso migratorio verso l'Australia per soddisfare l'elevata richiesta di manodopera di quel Paese: oggi un cittadino australiano su tre è di origine italiana. Sempre nello stesso periodo, dopo la II Guerra Mondiale, c'è un'ondata emigratoria verso il nord Europa, nelle fabbriche tedesche e inglesi e nelle miniere di carbone in Belgio dove molti italiani perdono la vita. Ora l'emigrazione italiana è caratterizzata da un elevato grado di professionalità, i "nuovi emigrati" sono professionisti che sono mandati all'estero da imprese italiane o studenti che fanno dei corsi di specializzazione dopo la laurea. Un settore nel quale molti italiani si sono affermati con successo è quello della ristorazione perché la cucina italiana è un aspetto della cultura italiana molto conosciuto all'estero ed i ristoranti italiani sono diventati un punto d'incontro per italiani e per tutti quelli che apprezzano la nostra cucina.

## ATTIVITÀ 6

**Leggete questa trascrizione di un'intervista al Prof. Antony Mollica, italoamericano di Toronto. Osservate gli elementi che indicano che il testo era in origine orale. Discutete insieme le parti sottolineate e confrontatele con quello che conoscete sugli italiani che risiedono nel vostro Paese o in altri Paesi.**

### Intervista a un Italocanadese

**Quando e perché ha lasciato l'Italia?**
Ho lasciato l'Italia quando avevo undici anni, mio padre era venuto in Canada <u>negli anni Venti</u> poi è ritornato indietro in Italia per poi rientrare di nuovo in Canada <u>nel quarantotto</u>, è sempre stato il suo sogno di ritornare in America e portarsi con sé la famiglia.
**La prima volta che è tornato in Italia quali sensazioni ha provato?**
Ah molto positive, ricordo di aver comprato un biglietto circolare e ho fatto non un giro turistico ma un giro piuttosto letterario perché sono andato <u>a Ferrara a visitare la casa di **Ariosto**</u>, sono andato a **Recanati** ho visto la casa di Leopardi, mi trovavo a Venezia e ho visto che a Milano **facevano il Gattopardo**.
**Lei vive in un quartiere italiano?**
Non direi. Vivo in una città dove ci sono molti italiani, la <u>chiesa italiana</u>, <u>negozi italiani</u>, vivo a cento/centotrenta chilometri da Toronto. <u>Toronto ha una forte comunità italiana infatti è forse la prima città italiana, fra virgolette, dopo Roma, perché in tre milioni di abitanti concentrati nelle zone periferiche ha quasi mezzo milione di abitanti di origine italiana</u>, c'è la televisione, programmi di televisione italiana, si vede la **RAI International**…
**E come sono gli italiani di Toronto? Tengono molto vive le loro tradizioni, ci sono delle comunità… Che posizione sociale hanno nella società?**
Ovviamente ci tengono alla loro identità hanno <u>diversi *circoli*</u>: il circolo calabrese, <u>abruzzese</u> eccetera, molti di questi circoli che ovviamente lavorano non **a scopo di lucro** hanno fatto delle istituzioni per esempio delle

case per pensionati. Il contributo degli italiani in Canada non solo a Toronto è molto evidente, molti italiani si trovano in campo politico oppure nell'ambito nel campo industriale e si fanno onore.

**Secondo Lei come rappresentano la cultura italiana?**

La cultura italiana viene presentata nel senso tradizionale, attraverso manifestazioni. Il bello è che in certi luoghi alcune tradizioni sono rimaste cristallizzate, si fanno cose per esempio che non si fanno più qui in Italia, c'è sempre un gruppo che fa delle *processioni religiose* per esempio, cose che in Italia adesso non esistono più ma ovviamente si ricrea il periodo degli anni '40 e degli anni '50, adesso in Italia queste cose sono sparite. La cucina italiana ovviamente è molto forte, la moda, ci sono molti negozi che importano delle cose dall'Italia, dalle **mattonelle** non so ai vini.

**E quindi l'immagine che gli italoamericani trasmettono dell'Italia in Canada è un'immagine positiva?**

Sì, sì direi di sì, c'è anche ovviamente l'elemento stereotipato, ma del resto l'immagine dell'Italia è molto positiva.

**E quali sono gli stereotipi più diffusi?**

L'immagine del latin lover che poi è stato introdotto da ***Rossano Brazzi*** con i film del '50, del '60, ah l'immagine che l'italiano è molto emotivo, parla sempre con le mani, ci sono delle barzellette che… dice se vuoi far tacere un italiano tienigli le mani legate così non può parlare…

---

**LESSICO**

• **A scopo di lucro** - per avere un guadagno.

• **Mattonelle** - mattoni sottili a forma rettangolare o quadrata per ricoprire il pavimento, possono essere di ceramica, di marmo, di maiolica o di terracotta. La ceramica italiana è di ottima qualità ed è esportata in tutto il mondo, famosa è quella di Deruta in Umbria, di Faenza in Emilia-Romagna, di Castelli in Abruzzo, di Vietri in Lazio.

---

**NOTA**

**(Ludovico) Ariosto:** famoso scrittore del Rinascimento che scrive alla corte degli Estensi a Ferrara, la sua opera più importante è "L'Orlando Furioso", un poema cavalleresco ambientato durante la guerra tra cristiani e saraceni (arabi) dove si racconta come Orlando, paladino di Carlo Magno, è impazzito d'amore per Angelica, principessa del Catai (Cina).

**Recanati:** paese delle Marche dove è nato Giacomo Leopardi (vedi Unità 4 Attività 8).

**Facevano il Gattopardo:** film di Luchino Visconti del 1963 con Burt Lancaster, Alain Delon e Claudia Cardinale, tratto dall'omonimo romanzo di Tomasi di Lampedusa (vedi Unità 4 Attività 10) e ambientato nella Sicilia dopo lo sbarco dei Mille di Garibaldi.

**RAI International:** selezione di programmi televisivi della RAI (Radio Televisione Italiana) che possono vedere gli italiani all'estero. La RAI è l'emittente nazionale italiana con tre canali (RAI 1, RAI 2 e RAI

3), il sistema televisivo italiano prevede però anche emittenti locali e private come quelle del Gruppo Mediaset (Italia 1, Rete 4, Canale 5).

**Circoli:** organizzazioni di emigrati italiani divisi per regione di provenienza: calabrese, abruzzese ecc., sono molto attivi e organizzano manifestazioni culturali, promuovono lo studio della lingua e della cultura italiana, sono punto di incontro delle comunità italiane all'estero.

**Processioni religiose:** sono organizzate in occasione di feste e celebrazioni della religione cattolica, un rito che si rinnova nel tempo e una tradizione ancora viva soprattutto nei piccoli paesi nei quali per adorare il Santo patrono del paese si porta in processione per le strade del paese una sua statua o icona. Tra le più note oggi si ricordano l'Infiorata a Viterbo, chiamata così perché una solenne processione attraversa le vie del centro storico su un tappeto di petali di fiori, la festa di Sant'Agata a Catania e di Santa Rosalia a Palermo, la festa di San Gennaro a Napoli, la festa di San Nicola a Bari.

**Rossano Brazzi:** (1917-1994) attore conosciuto per la sua bellezza e per il suo fascino, ha recitato spesso in ruoli in cui impersonava l'uomo di cui si innamoravano donne infelici e sfortunate come in "Tempo d'estate".

### evisione

i italiani che vivono all'estero hanno raggiunto una ona posizione economica, spesso anche di prestigio, ed nno contribuito a cambiare l'idea degli stranieri sull'Ita- Molti hanno posizioni di rilievo in tutti i settori, dalla anza all'industria, dal cinema alla ricerca scientifica e edica, dall'università alla politica. Non vivono più in e specifiche come le "Little Italy" delle città del Nord nerica ma sono completamente integrati nella società.

maggior parte della popolazione di origine italiana n parla italiano ma conserva orgogliosamente le tradi- ni italiane, dalla cucina alla celebrazione di feste reli-

giose. Inoltre in ogni città ci sono circoli e organizzazioni italiane non a scopo di lucro che promuovono manifesta- zioni artistiche e culturali e contribuiscono alla diffusione della cultura e della lingua italiana. Tra le più importanti ci sono i Comites = comitati di italiani residenti all'estero, i CoAsIt (Comitati di Assistenza agli Italiani), i *Sons of Italy* (associazioni filantropiche) e molte organizzazioni locali. Una nota caratteristica degli italiani è quella di ge- sticolare, cioè di usare i gesti (delle mani soprattutto) per comunicare. Con le mani gli italiani esprimono in modo più efficace delle parole emozioni e reazioni.

## La festa del Redentore a Venezia

La tradizione vuole che il Redentore, la festa in as- soluto più sentita dai veneziani, cada la terza dome- nica del mese di luglio, giornata in cui si svolgono le messe commemorative che hanno il loro fulcro nel- la chiesa del Redentore alla Giudecca. La funzione solenne è presieduta dal Patriarca che guida anche la processione religiosa. L'appuntamento profano, però, è la notte prima, una lunga notte che per mol- ti diventa notte bianca. Il centro attrattivo resta lo spettacolo pirotecnico che non ha eguali. All'origine della festa un evento tragico, l'implacabile epidemia di peste che nel triennio 1575-1577 squassa la Se- renissima. Favorito dall'altissima concentrazione di abitanti, il morbo imperversa a lungo causando moltissime vittime: quasi 50.000, più di un terzo della popolazione.

L'intraprendente Serenissima, pragmatica, e libera, di fronte a tanta disgrazia non esita ad appellarsi all'Autorità Superiore: il Senato delibera che il doge pronunci il voto di erigere una chiesa dedicata al Redentore, affinché interceda per far finire la pe- stilenza. Ogni anno la città avrebbe reso onore alla basilica, nel giorno in cui fosse stata dichiarata libera dal contagio. E così andò. Il 13 luglio 1577 la pesti- lenza viene dichiarata definitivamente debellata e si decide, così, di festeggiare la liberazione dalla peste la

terza domenica del mese di luglio, con una celebra- zione religiosa e una festa popolare.

Per attraversare il Canale della Giudecca e per con- sentire il transito della processione, già nel primo anno si allestisce un imponente ponte di barche, elemento caratterizzante della festività.

Se dalle rive della Giudecca e lungo il bacino di San Marco migliaia di turisti si assiepano per assistere allo spettacolo pirotecnico, i veneziani tradizional- mente se la godono dalle proprie imbarcazioni accu- ratamente addobbate ed illuminate con tradizionali palloncini di carta colorata.

*Venezia - Festa del Redentore*

ATTIVITÀ 7

**Leggete questo articolo del giornalista Enzo Biagi che commenta cinquanta anni di storia italiana, dal 1945 al 1995, e provate a rispondere alle domande.**

## I nostri primi 50 anni *di Enzo Biagi*

Come cammina in fretta la storia. È passato appena mezzo secolo: e io c'ero. Ricordo che il giornale costava **cinque lire**, il **reddito** medio era di 6.260. C'era un telefono ogni 48 abitanti, e per ogni studente un analfabeta.

All'inizio dell'anno, Hitler aveva promesso ai tedeschi: "Vi condurrò alla vittoria finale". Ha sbagliato i conti. Gli italiani sono poco più di 46 milioni; a **Roma liberata** si sta meglio che nella **Repubblica sociale**: 300 grammi di pane al giorno, ed è anche arrivata una partita di caffè, "dono del **popolo brasiliano**".

Vittorio Emanuele III ha abdicato; il 12 aprile 1944 ha chiamato il figlio Umberto e gli ha detto: «Vai a divertirti tu, adesso»…

L'Italia è prostrata. Si balla il «boogie woogie», ma occorrono i punti per acquistare abiti e scarpe, c'è il **Commissariato degli alloggi**, molti generi sono **razionati**, anche l'energia elettrica è distribuita secondo gli orari. Il costo della vita che nel 1938 era 100 è salito nel gennaio 1946 a 2.781. Comincia la ricostruzione: anche quella intellettuale e morale. Esce, diretto da Elio Vittorini, *Il Politecnico*, un mensile che affronta i temi sociali soffocati durante la dittatura. Pubblica una storia della letteratura americana, un'inchiesta sulla **Fiat**, alcune lettere dal carcere di **Gramsci** e anche dei **fumetti**. Collaborano **Eugenio Montale**, **Alfonso Gatto**, **Umberto Saba**, **Italo Calvino**, **Vitaliano Brancati**.

Si impone, nel cinema, il **neorealismo**, con Roberto Rossellini e Vittorio De Sica, e tra gli sceneggiatori c'è un giovane romagnolo, Federico **Fellini**.

Anche le donne possono votare, e si deve decidere tra repubblica e monarchia. Mi disse Maria José, la «regina di maggio», perché fu brevissimo il suo regno: «Tutta la gente sapeva che non saremmo rimasti. Ho vissuto come in aspettativa. Credevo che al **referendum** non saremmo passati. Mi pesò molto il distacco, perché pensavo che non sarei mai più ritornata». I **sindacati** ottengono la **scala mobile**, e il pagamento di 200 ore per gli operai e della **tredicesima mensilità** per gli impiegati. Si è ricostruita la Scala: torna Arturo **Toscanini**. Si ricomincia.

Non so se siamo diventati la quarta o la **quinta potenza industriale del mondo**: dipende dai momenti e dai governi. Durante i miei primi viaggi all'estero, capitava di vedere nelle vetrine il cappello **Borsalino** e **Pinokkio**, proprio scritto così. Ora «Made in Italy» è garanzia di gusto, ed esportiamo macchine, tessuti, prodotti dell'artigianato, e il turismo è una risorsa fondamentale per la nostra bilancia dei pagamenti.

La tv ha modificato il costume e il linguaggio: durante le battaglie del Risorgimento si sparavano addosso perché **non si capivano**… Quasi tutti sanno leggere, la povertà non è più quella colorita di un tempo: non ci sono che pochi **mendicanti**, molti mestieri non esistono più, la camicia bianca per la domenica dei lavoratori, come la sognava Enrico **Mattei**, fondatore dell'*Eni*, non è più una conquista. I jeans sono una divisa nazionale.

L'antenna della televisione spunta su tutti i tetti, e chiudono molti cinematografi. Tutti dovrebbero studiare, e tutti dovrebbero, secondo la Costituzione, avere un lavoro. Difficile. Cosa si vede nella sfera magica che nasconde il futuro? Una forte, irresistibile voglia di normalità. Anche gli eroi, vedi Antonio **Di Pietro**, sono stanchi. Un governo che stabilisca delle regole e le faccia rispettare. Una giustizia che sbrighi le troppe pratiche. Qualcuno che non faccia impossibili promesse, ma susciti ragionevoli speranze. Abbiamo dato ai figli le vitamine: gli serve anche qualche valore.

**LESSICO**

• **Reddito** - rendita, valore dei beni posseduti e/o dello stipendio, di attività commerciali, industriali ecc.

• **Razionati** - divisi in razioni (quantità stabilite), il razionamento è un provvedimento con lo scopo di limitare il consumo dei beni di prima necessità che vengono dati a ciascuno in quantità limitata.

• **Pinokkio** - Pinocchio, personaggio della favola di Collodi (vedi Unità 4 Attività 12).

• **Mendicanti** - coloro che vivono chiedendo l'elemosina (soldi ai passanti).

**NOTA**

*Cinque lire:* la lira era la moneta italiana prima dell'euro. Il costo del giornale era proporzionale al salario.

*Roma liberata:* il 4 giugno 1944 dagli Alleati.

*Repubblica sociale:* o Repubblica di Salò, instaurata da Mussolini il 23 settembre 1943 nel nord e che dura fino al 28 aprile 1945 quando Mussolini è fucilato.

*Popolo brasiliano:* in Brasile esiste una forte comunità italiana che ha sempre mantenuto stretti contatti con la patria d'origine.

*Commissariato degli alloggi:* che si occupava dell'assegnazione di alloggi nel dopoguerra quando molti italiani non avevano più la loro casa perché era stata bombardata.

*Fiat:* prima ditta automobilistica italiana (1898) con sede a Torino, fondata dalla famiglia Agnelli.

*Gramsci:* uomo politico, uno dei fondatori del Partito Comunista Italiano nel 1921 (vedi Unità 5 Attività 10).

*Fumetti:* il regime fascista individuò subito il ruolo che insieme al cinema poteva avere il fumetto perché poteva raggiungere senza difficoltà i piccoli lettori e le loro famiglie. I primi fumetti italiani narravano le storie di Romano il legionario, Luciano Serra il pilota (che aveva il volto di Amedeo Nazzari, attore molto noto). Ma ben presto arrivarono i fumetti dagli Stati Uniti: Calvin & Hobbes, Catwoman, Batman, Spiderman. Tra i fumettisti più noti italiani troviamo Milo Manara e Guido Crepax.

*Eugenio Montale:* uno dei maggiori poeti del Novecento, esponente del filone letterario dell'Ermetismo, ha ricevuto il Premio Nobel nel 1975.

*Alfonso Gatto:* poeta del Novecento, la sua poesia è caratterizzata da impegno sociale.

*Umberto Saba:* poeta del Novecento, non segue nessuna corrente letteraria, le sue poesie sono raccolte nel "Canzoniere".

*Italo Calvino:* tra i più importanti scrittori del Novecento, i suoi romanzi sono caratterizzati da una dimensione grottesca-simbolica-fantasiosa. Ha creato un personaggio molto popolare, Marcovaldo.

*Vitaliano Brancati:* altro scrittore del Novecento che, tra l'altro, ironizza sul mito del "latin lover".

*Neorealismo:* movimento nella letteratura e nel cinema. Si vuole rappresentare la realtà quotidiana, la storia della resistenza partigiana, le lotte sociali dei contadini, degli operai, delle classi umili. Nel cinema italiano i registi Roberto Rossellini e Vittorio de Sica inaugurano il filone neorealista con i film *Roma città aperta* (1945) e *Ladri di Biciclette* (1948) (vedi Unità 5 Attività 14).

*Fellini:* tra i più importanti registi del dopoguerra, apprezzato in tutto il mondo per i suoi film caratterizzati da un simbolismo quasi surrealista, vincitore dell'Oscar alla carriera nel 1993 (vedi Unità 5 Attività 15).

*Referendum:* modalità con la quale il popolo viene chiamato a esprimere il proprio giudizio su questioni istituzionali o politiche (vedi Unità 5 Attività 11). Il 2 giugno 1946 il popolo italiano è stato chiamato a scegliere se dare all'Italia un governo repubblicano o la monarchia: la scelta della Repubblica segna la fine della Monarchia e il Re Umberto II (della famiglia Savoia) va in esilio in Portogallo. La famiglia reale resta in esilio fino al 15 marzo 2003.

*Sindacati:* organizzazioni per difendere i diritti dei lavoratori (vedi Unità 5 Attività 1).

*Scala mobile:* sistema che permette di aumentare il salario in corrispondenza all'aumento del costo della vita.

*Tredicesima mensilità:* i lavoratori italiani hanno diritto alla "tredicesima" alla fine di ogni anno lavorativo cioè un salario aggiuntivo più o meno equivalente a quello di un mese.

*(Arturo) Toscanini:* famoso direttore d'orchestra che durante la dittatura fascista, alla quale si oppone, emigra in America dove diventa direttore d'orchestra del Metropolitan Opera House di New York; alla fine della II Guerra Mondiale ritorna in Italia

e dirige l'orchestra del teatro della Scala a Milano (vedi Unità 4 Attività 15).

***Quinta potenza industriale del mondo:*** negli anni '80 l'Italia era la quinta potenza industriale mondiale.

***Borsalino:*** elegante cappello da uomo, simbolo dell'eleganza italiana.

***Non si capivano:*** a quell'epoca l'italiano era conosciuto solo da pochi mentre la maggioranza degli italiani, soprattutto di classi medio-basse, usava il dialetto per ogni tipo di comunicazione (vedi Unità 4 Attività 11).

***Mattei - Eni:*** una figura importante nello sviluppo economico del Paese è l'imprenditore Enrico Mattei (1906-1962), sensibile alle istanze sociali dei lavoratori, che migliora le condizioni di lavoro e sviluppa le ricerche petrolifere nella pianura padana. Direttore dell'AGIP (Azienda Generale Italiana Petroli) e poi presidente dell'ENI (Ente Nazionale Idrocarburi), la più importante società petrolifera italiana e una delle maggiori compagnie petrolifere del mondo, muore in un incidente aereo in circostanze misteriose.

***(Antonio) Di Pietro:*** giudice che nel 1992 ha condotto l'inchiesta "Mani pulite", che ha portato alla luce gli illeciti finanziamenti ai partiti da parte di alcune imprese; questi finanziamenti sono anche chiamati "tangenti" da cui il nome "Tangentopoli", scandalo politico che determina la crisi di governo e la fine della I Repubblica (Vedi Unità 5 Attività 11).

**1. Che cosa significa *Roma liberata*? Liberata da chi e ad opera di chi?**

**2. Perché il *popolo brasiliano* donava il caffè?**

**3. Di quale tipo di *ricostruzione* si parla?**

**4. Perché *Maria José* disse: "Credevo che al referendum non saremmo passati"?**

**5. Che cos'è la *Scala* e dove si trova?**

**6. Quale immagine dell'Italia rappresentano il cappello *Borsalino* e *Pinocchio*?**

**7. Perché *gli italiani durante il Risorgimento non si capivano*?**

8. Che tipo di economia aveva l'Italia alla fine della Seconda Guerra Mondiale perché Mattei sognasse *la camicia bianca per la domenica dei lavoratori*?

_____

_____

_____

9. Perché *Di Pietro* sarebbe un eroe?

_____

_____

_____

_____

Osservate questi dati e poi rispondete.

## 1946-1996: 47 votazioni popolari
## Referendum popolari

| DATA | VOTANTI |
|---|---|
| 2 giugno 1946 | 99,1%  (monarchia) |
| 12 maggio 1974 | 87,7%  (divorzio) |
| 9 giugno 1985 | 77,9%  (costo lavoro) |
| 18 giugno 1989 | 80,7%  (Europa unita) |
| 9 giugno 1991 | 62,4%  (norme elettorali) |
|  |  |
|  |  |

## Tappe Legislative

| | |
|---|---|
| 1945 | Il diritto di voto è esteso alle donne |
| 1950 | Approvata la legge che tutela le lavoratrici madri |
| 1958 | Legge Merlin: chiudono le **case di tolleranza** |
| 1961 | Parità salariale fra uomini e donne |

| 1963 | Proibito il licenziamento a causa del matrimonio/ Libertà di accesso a tutte le professioni |
|---|---|
| 1970 | Legge sul divorzio |
| 1971 | Sentenza della Corte costituzionale: non è più reato la propaganda di anticoncezionali |
| 1975 | Riforma del diritto di famiglia |
| 1977 | Legge per sancire parità di trattamento tra donne e uomini nel lavoro |
| 1978 | Legge che legalizza l'aborto |
| 1981 | Abolizione dell'attenuante della causa d'onore per l'omicidio della moglie adultera |
| 1991 | Legge su pari opportunità fra uomo e donna |
| 1993 | Nelle liste per le elezioni amministrative il 30% dei candidati deve essere composto da donne. Per le elezioni della Camera dei Deputati uomini e donne devono essere presenti paritariamente e in sequenza alternata. Abolizione del finanziamento pubblico ai partiti. Abolizione della legge elettorale per il Senato per introdurre il sistema maggioritario. |
| 1995 | Privatizzazione della RAI (volontà popolare poi disattesa) |
| 1997-2005 | I referendum non raggiungono il quorum minimo di elettori alle urne |
| | |
| | |

**1. Quante cose sono cambiate?**

_____

_____

_____

**2. Confrontate la situazione italiana con la storia sociale e politica del vostro Paese.**

_____

_____

_____

**3. Aborto e divorzio, siete favorevoli o contrari?**

_____

_____

_____

_____

_____

_____

**4. Vi sembra che la situazione della donna italiana sia diversa da quella dei primi anni del '900? Perché?**

_____

_____

_____

_____

_____

_____

● LESSICO

● **Case di tolleranza** - nelle quali le prostitute ricevevano i loro clienti.

*Enrico Mattei*

*Borsalino*

## Revisione

Dalla Seconda Guerra Mondiale alla fine del secolo scorso ci sono state profonde trasformazioni nel costume, nella società e nell'economia. Nel luglio 1943 gli Alleati (americani e inglesi) arrivano in Sicilia e liberano la penisola fino a Cassino (linea Gustav); il 4 giugno 1944 anche Roma è liberata dagli Alleati e il fronte si sposta sull'Appennino tosco-emiliano (linea gotica). Mussolini si rifugia nel nord a Salò sul Lago di Garda e fonda la Repubblica Sociale. L'Italia è così divisa in due, il sud liberato è con gli alleati e il Nord è con Mussolini. Il 25 aprile 1945 anche il nord è liberato, è la fine della guerra e Mussolini è ucciso dai partigiani mentre fugge in Svizzera. Un anno dopo, il 2 giugno 1946, c'è il Referendum tra Monarchia o Repubblica: per la prima volta anche le donne possono votare. La popolazione sceglie la Repubblica ed il re Umberto II e sua moglie Maria Josè vanno in esilio in Portogallo. L'immediato dopoguerra è un periodo difficile perché si ricostruisce il Paese materialmente e moralmente: le ferrovie non funzionano, nelle molte città bombardate c'è disoccupazione e i salari sono bassi. Questa realtà è rappresentata nei film neorealisti di Vittorio De Sica e Roberto Rossellini. Nel campo letterario i più importanti scrittori dell'epoca collaborano alla rivista "Il Politecnico", diretta da Elio Vittorini dal 1945 al 1947, che pubblica articoli di interesse non solo letterario ma anche politico, dalla divulgazione della letteratura americana alle inchieste sulla

Fiat e sulla scuola ecc. Nel suo intento di rinnovamento culturale e sociale ha come precedenti *Il Politecnico* (1839-1865) che porta lo stesso titolo, la rivista diretta da Carlo Cattaneo e *Il Caffè*, la rivista illuminista dei fratelli Verri (vedi Unità 4 Attività 2).

La situazione sociale ed economica incomincia a migliorare verso la fine degli anni '50 e negli anni '60 con il "miracolo economico", c'è una rinascita economica con nuove industrie, nuove iniziative e attività, sono gli anni di una massiccia emigrazione interna dal sud al nord, molti meridionali emigrano a Milano, Torino, Genova per trovare lavoro. Si ha il boom delle nascite.

Gli italiani scoprono il tempo libero, iniziano ad andare al mare la domenica con la Vespa o la Cinquecento, vanno al cinema o a teatro.

La lira diventa una moneta forte e riceve l'Oscar delle monete, si raggiunge la piena occupazione e l'Italia diventa la quinta potenza industriale del mondo. I prodotti "Made in Italy" sono esportati in tutto il mondo e sono simbolo di qualità, eleganza e raffinatezza. Non solo economicamente ma anche socialmente si fanno molti progressi e si ottengono importanti conquiste sociali, infatti sono approvate molte leggi che tutelano la donna nella famiglia e sul lavoro come la legge sul divorzio, sull'aborto, sulla tutela delle lavoratrici madri, sulla parità dei diritti uomo-donna.

### Valentina fatti più in là

Milano. È il miglior autore di fumetti, non d'Italia, ma del mondo, secondo una sua stessa definizione. Con Guido Crepax parleremo del più universale dei temi: la donna, analizzata nei suoi aspetti più rappresentativi.

Adesso soffre, Valentina Rosselli, di professione fotografa, la più grande, che per ventisette anni ha attraversato la nostra vita elegantemente abbigliata o (più spesso) sontuosamente svestita perché deve fare i conti con il più bruciante dei tradimenti perché Crepax le ha sostituito Francesca. E intanto è invecchiata, la signora Rosselli.

## ■ ATTIVITÀ 8

Ciascuno di voi legge un articolo sull'istruzione in Italia e racconta al compagno cosa ha letto, poi rispondete insieme alle domande.

1. Cosa ne pensate?

_____

_____

_____

_____

2. Quali possono essere le cause di tale ritardo nell'alfabetizzazione?

_____

_____

_____

3. Pensate che oggi le cose siano cambiate? Confrontate le notizie e i dati con quello che sapete del vostro Paese.

_____

_____

_____

_____

4. Conoscete qualche personaggio della cultura italiana citato da De Mauro? Se sì, chi era e cosa ha fatto? Secondo voi perché viene citato?

_____

_____

_____

_____

_____

_____

_____

_____

_____

_____

_____

_____

_____

_____

_____

_____

_____

## A - Alfabetismo e analfabetismo

Circa trent'anni fa l'italiano era **pressoché** lingua straniera in patria. Gli italiani che dicevano di utilizzarlo abitualmente non erano più del 18%, ma un possesso sicuro della lingua si acquisiva solo alla fine della scuola media e questa licenziava allora appena il 10% della popolazione. La situazione linguistica era tale, con un 58% di italiani senza titolo di studio o analfabeta, che lo strumento di comunicazione per più dell'80% della popolazione era uno dei vari dialetti della penisola.

Il processo di modernizzazione e di industrializzazione degli anni Sessanta cambia anche la situazione linguistica. Le rilevazioni statistiche mostrano che a metà degli anni Settanta il 25% degli italiani usa la lingua nazionale non solo in occasioni pubbliche o formali ma anche familiari e informali.

Significativi anche i dati della scolarizzazione di massa. Nel 1961-62 gli studenti italiani, compresi gli *universitari fuori corso*, sono otto milioni e duecentottantunomila. Dieci anni dopo raggiungono gli undici milioni e trecentoventicinquemila e toccano la punta massima nel 1980-81, con dodici milioni e seicentoquarantanovemila unità.

Italofonia e scolarizzazione si riflettono nell'uso concreto delle capacità linguistiche come la lettura, ad esempio, che in Italia è stata studiata a più riprese dall'Istituto Centrale di Statistica. Sappiamo così che gli italiani che leggono sono il 50,4% nel 1965 e il 67,0% nel 1973. Oggi, secondo gli ultimi dati, i lettori raggiungono la percentuale del 77,9% del campione esaminato.

## B - Intervista al linguista Tullio de Mauro

"Questa rivoluzione va avanti, in un Paese serio avrebbe dovuto significare centri di lettura, nuovi metodi di insegnamento. Ma non è successo niente. I genitori dei ragazzi hanno una o più automobili, la **pelliccia** di leopardo, ma non leggono libri né giornali **eppure** a scuola si continua a insegnare solo Petrarca. No, non ci si cura di trasmettere come scrivere una lettera, come leggere un giornale, un romanzo, come arrivare insomma a Petrarca. Questa scuola era fatta per ragazzi che si presupponeva avessero una cultura del libro, ma è piena invece di figli di gente che un libro non sa neppure cos'è. Chi di loro ce la fa a superarare il primo scoglio (ma la metà viene **falcidiata** già in prima media) e arriva alle superiori (1 su 4) dovrà parlare di *teoria della relatività*, leggere "*L'infinito*" e commentarlo. Impresa quasi impossibile se nessuno si è curato di colmare il vuoto di partenza, di costruire in loro una certa capacità di espressione".

Le critiche del linguista sono inarrestabili: "Noi, oltre a tutto, non gli offriamo buoni modelli: uno dei motivi per cui i giornali vendono poco è che la grande informazione è fatta per un circolo esclusivo di colleghi, amici e nemici, in un italiano poco comprensibile, che presuppone la conoscenza delle notizie e non le fornisce. Non parliamo poi di noi intellettuali, che abbiamo una insopportabile tradizione retorica e **snobistica**, da **mezze calzette**. Sì, ci sono i grandi scrittori: ma le biblioteche qui non sono luoghi facilmente accessibili, e di vere librerie non ce ne sono più di 800-900 in tutto il Paese. E allora? I giovani **balbettano** e fanno fin troppo. Ho tentato di suggerirgli qualcosa per il tema, ma siamo al termine della loro impresa scolastica. I consigli per aiutarli a scrivere in un buon italiano andrebbero **sgranati** attraverso gli anni, proponendo loro la lettura di *Croce*, Gramsci, Calvino, *Gadda*, *Pasolini*, Montale, dei fondi di *Scalfari* e di *Montanelli*, della «Stampa», dei «Promessi Sposi», le traduzioni delle liriche straniere, alcuni buoni film. La tv? Se non ci fosse la televisione non avrebbero cognizione neppure di quel poco di mondo e di italiano che ora conoscono".

---

**LESSICO**

• **Pressoché** - quasi.

• **Pelliccia** - cappotto di pelliccia, mantello di peli pregiati: leopardo, visone, volpe ecc. fino a pochi anni fa status symbol di benessere economico.

• **Eppure** - e pure = tuttavia, ma.

• **Falcidiata** - eliminata.

• **Snobistica** - da snob, persona che si vuole distinguere dalla massa.

• **Mezze calzette** - metaforicamente usato per indicare persone di poco valore e importanza.

• **Balbettano** - (⇐balbettare) parlano con difficoltà.

• **Sgranati** - da "togliere i grani, i semi a un frutto", in questo caso leggere uno a uno gli autori citati e imparare tutte le regole per la scrittura.

---

**NOTA**

*Universitari fuori corso:* studenti che non terminano gli studi entro il periodo stabilito e che spesso abbandonano il corso.

*Teoria della relatività:* legge fisica formulata da Einstein.

*L'Infinito:* poesia di Giacomo Leopardi (vedi Unità 4 Attività 8).

*(Benedetto) Croce:* filosofo e critico letterario del Novecento.

*(Carlo Emilio) Gadda:* scrittore del Novecento che fa uso di tecnicismi ed espressioni dialettali.

*(Pier Paolo) Pasolini:* scrittore, regista e giornalista che rappresenta la realtà degli umili e denuncia molti mali sociali del suo tempo.

*(Eugenio) Scalfari:* giornalista e direttore del quotidiano "La Repubblica".

*(Indro) Montanelli:* giornalista del quotidiano "Il Corriere della sera" e scrittore di saggi storici come la "Storia di Roma" e la "Storia d'Italia".

---

## …evisione

…opo la Seconda Guerra Mondiale sono istituite scuole …ali per lavoratori e analfabeti. Negli anni '60 con il …iglioramento delle condizioni economiche si riduce … livello di analfabetismo e si raggiunge l'uniformità …guistica, sono sempre meno le persone che parlano … dialetto, anche a casa. La televisione, che incomincia … trasmissioni il 3 gennaio 1954, contribuisce enorme-…ente a unificare linguisticamente e culturalmente il …ese.

Il tema a cui si riferisce De Mauro è la prova scritta di italiano della maturità, cioè l'esame conclusivo del ciclo scolastico che inizia con i 5 anni della Scuola Elementare (6-10 anni), a cui seguono i tre della Scuola Media Inferiore (11-13 anni) per poi concludersi a 18 anni con i 5 anni della Scuola Media Superiore (Licei, Istituti Tecnici ecc.). Nel corso degli anni ci sono cambiamenti della tipologia delle prove di maturità e riguardo all'età dell'obbligo di frequenza della scuola.

## ATTIVITÀ 9

Nel film *Un americano a Roma*, una delle più grandi maschere nazionali dell'italiano "piccolo piccolo", Sordi, come molti giovani italiani negli anni del dopoguerra, è affascinato dalla cultura americana. Guarda questa immagine famosa del film, leggi questo articolo e rifletti se la stessa cosa potrebbe avvenire per la cultura italiana in un film del tuo Paese.

### Il mito yankee di "Un americano a Roma"

Alberto Sordi/Nando Moriconi rappresenta il **prototipo** *ante litteram* delle generazioni che dagli anni Cinquanta a oggi hanno vissuto, tra vecchi e nuovi entusiasmi, un vero e proprio innamoramento per l'America post-bellica e, nella peggiore delle ipotesi, hanno addirittura rinnegato molto di ciò che apparteneva alla loro cultura di origine. Si pensi ad esempio alla sequenza più famosa del film in cui il giovane Sordi-Nando si rifiuta di mangiare gli spaghetti, espressione di una cultura culinaria tipicamente italiana, ("*maccaroni, io non mangio maccaroni*"; "*me sembri un verme, maccaroni*") alla cui tentazione non saprà poi rinunciare ("*maccarone, tu m'hai provocato e io te distruggo*"). Tutti i tentativi di adeguamento a modelli di comportamento di sapore americano sono inevitabilmente destinati a **ritorcersi** in negativo sul protagonista, perfino nel finale del film in cui per pochi attimi il nostro eroe sembra finalmente avere realizzato il suo sogno di partire per gli Stati Uniti, verso la mitica Kansas City.

Il protagonista, che **asserisce** a più riprese di essere "padrone della lingua", in realtà, a parte poche parole, non fa altro che imitare l'intonazione e i suoni dell'inglese parlato in America così come li può percepire chi di quella lingua non ha alcuna competenza. Lo scopo dichiarato del film sembra essere una **bonaria canzonatura** di un fenomeno di **immedesimazione** e di incondizionata ammirazione verso il mito dell'America democratica, del Paese dalle mille opportunità, dove chiunque, anche di **umile estrazione**, può ambire a diventare qualcuno, di giovani profondamente convinti del fatto che "**ameriganisòforti**", come sostiene a più riprese il giovane Nando.

---

**LESSICO**

- **Prototipo** - primo esempio di una serie di opere successive.
- **Ritorcersi** - rivolgere a danno del protagonista.
- **Asserisce** - (⇐ asserire) afferma, dichiara.
- **Bonaria canzonatura** - satira leggera.

- **Immedesimazione** - identificazione.
- **Umile estrazione** - di classe umile, in basso nella scala sociale.
- **Ameriganisòforti** - "gli americani sono forti", nella varietà romanesca.

---

**Scrivi qui sotto quali valori della cultura italiana potrebbero ispirare un tuo connazionale.**

_____

_____

_____

_____

_____

_____

_____

_____

_____

_____

_____

_____

_____

_____

**Dividetevi in due gruppi: un gruppo sosterrà i valori della cultura italiana che hanno influenzato il vostro Paese e l'altro quelli del vostro Paese che hanno influenzato la cultura italiana. Scegliete un moderatore che giudicherà l'appropriatezza delle vostre tesi.**

### evisione

berto Sordi (1920-2002), importante attore del cima italiano, uno dei protagonisti della "commedia italiana", nei suoi film fa una critica sarcastica della eschinità e dei vizi dell'italiano medio e mette a nudo ifetti del piccolo borghese, del "mammone" e del "vilone", cioè dell'attaccamento degli uomini italiani alla amma o dei giovani che non hanno voglia di lavorare li assumersi responsabilità e maturare, come i giovani l noto film "I vitelloni" di Fellini. Nel film "Un ameano a Roma" Sordi rappresenta il sogno dei giovani

italiani del dopoguerra di emigrare in America, vista come il Paese delle mille opportunità, e vuole imitare gli americani a partire dall'abbigliamento, perché porta infatti jeans e magliette, fino alle abitudini alimentari, ma i suoi tentativi falliscono miseramente. Alberto Sordi recita in moltissimi film, tutti amati e ben conosciuti dagli italiani come "La grande guerra" e "Un borghese piccolo piccolo" per la regia di Mario Monicelli ed "Un italiano in America", "Nell'anno del Signore", "Amore mio, aiutami", ecc.

## ATTIVITÀ 10

Dopo gli anni della ricostruzione, il boom economico degli anni Sessanta, la conquista dell'automobile e delle vacanze al mare arriva la crisi degli anni Settanta. Nell'articolo (A) si commentano alcuni aspetti dell'economia di quegli anni, nell'articolo (B) si parla di un grave fatto di politica. Confrontate le notizie che trovate in questi documenti.

**1. Di quale tipo di crisi si tratta?**

_____

_____

_____

_____

**2. C'è un periodo recente del vostro Paese in cui si sono avuti problemi simili?**

_____

_____

_____

_____

_____

_____

_____

_____

_____

_____

_____

_____

_____

_____

_____

_____

## A - Austerity

E il 1° dicembre del '73, si ebbe una brusca frenata, anzi, si rimase **inceppati** dalla crisi del petrolio. Che cosa avvenne esattamente? Avvenne che in quella notte tutte le macchine, circa 16 milioni, si fermarono improvvisamente. C'erano stati provvedimenti **drastici** del governo per limitare il consumo del petrolio, che tutti i giorni aumentava di prezzo, non si trovava più sul libero mercato e i paesi produttori del **greggio** minacciavano di ridurre la produzione, obbligando chi aveva necessità di petrolio a farne a meno o a pagarlo a prezzi **esorbitanti**.

Con questa prospettiva era naturale che **ci sottoponessimo** a delle restrizioni energiche. Infatti, nella notte del 1° dicembre di quell'anno '73, la televisione cessò le trasmissioni alle 22.45, cinema, teatro, ristoranti, chiusero prima di mezzanotte. Le insegne e le città rimasero al buio.

Si trattava di risparmiare l'energia elettrica e il petrolio, perché, mancando l'uno, comprometteva lo sviluppo dell'energia elettrica, che si serve, appunto, del petrolio, per alimentare le centrali termiche.

Era finita l'epoca dell'energia a basso costo. Bisognava limitare al massimo i consumi, perché l'Italia non era più in grado di garantire i servizi essenziali alla popolazione. Tempo, quindi, di austerità. Un'austerità che si risolse anche nell'adottare il sistema delle **targhe alterne**, cioè far viaggiare le macchine **a scaglioni**, in modo da ridurre la circolazione e consumare meno benzina. Non è finita qui, perché questo benedetto decennio Settanta, ci porta ad altre sorprese: si scopre, ora, anche la **P2 di Gelli**. Ci voleva anche questa per dipingere un periodo della storia civile a **tinte fosche**. Tutti sanno che cosa era questa organizzazione **massonica**.

Nel Paese verso gli anni Sessanta, primi anni dei Settanta si verificò una corsa **sfrenata** a farsi la casa propria perché le esigenze crescevano di giorno in giorno, le comodità della vita si facevano sempre più **assillanti,** per cui le case vecchie, scomode, strette e **malsane** venivano abbandonate, per abitare quelle nuove e moderne. C'era anche la possibilità di occupare **case popolari**, perché lo Stato ne costruiva in tutte le città e in tutti i paesi e in tutti i borghi più sperduti.

## B - Aldo Moro

*Aldo Moro* fu rapito la mattina del 16 marzo, in Via Fani. Stava andando in Parlamento dove il Presidente del Consiglio *Andreotti* si accingeva a presentare il suo governo con i comunisti nella maggioranza. Le *Br* bloccarono la macchina di Moro, uccisero i cinque uomini della scorta, caricarono lo statista sulla loro auto, fuggirono. Il 9 maggio il suo cadavere fu ritrovato in via Castani, a mezza strada tra la sede della *DC* e quella del *PCI*. Il caso Moro condiziona così fortemente il nostro ricordo del 1978 che quell'anno nient'altro sembra essere accaduto. Nel 1978 morirono due Papi, si dimise *Leone* e al suo posto il Parlamento elesse *Pertini*, *Lama* espose la politica dei sacrifici, i comunisti entrarono nella maggioranza, i socialisti sostituirono la falce e il martello con il garofano, in Iran scoppiò la rivoluzione…

*Giorgio dell'Arti*

---

**LESSICO**

- **Inceppati** - bloccati, ostacolati.
- **Drastici** - definitivi, efficaci, duri, severi.
- **Greggio** - petrolio non raffinato.
- **Esorbitanti** - eccessivi, molto alti.
- **Ci sottoponessimo** - (⇐ sottoporsi) sottometter-si, essere sotto il dominio di qualcuno.

- **A scaglioni** - a fasce, a gruppi.
- **Tinte fosche** - colori scuri, metaforicamente per indicare un periodo difficile.
- **Sfrenata** - senza freni, che corre veloce.
- **Assillanti** - insistenti, che non danno tregua.
- **Malsane** - non sane.

---

*NOTA*

*Targhe alterne:* negli anni '70 per contenere l'uso della benzina in alcuni giorni potevano circolare solo le macchine con targhe pari, in altri giorni quelle con targhe dispari. Ancora oggi si ricorre a questo sistema quando il livello di smog e inquinamento è oltre i limiti consentiti.

***P2 di Gelli:*** Gelli è il fondatore della P2, loggia massonica anticomunista che contrasta la politica del compromesso storico.

***Massonica:*** società segreta che deriva dal nome maçon=muratore. È divisa in comunità locali che si chiamano "Logge".

***Case popolari:*** case costruite dallo Stato per i lavoratori, con agevolazioni per i pagamenti e prezzo di acquisto più basso di quello del mercato.

***Aldo Moro***: segretario e poi presidente della DC (Democrazia Cristiana), Presidente del Consiglio dei Ministri dal 1963 al 1968 e dal 1974 al 1976. Favorisce la politica di centro-sinistra e con Enrico Berlinguer, segretario del PC (Partito Comunista), è promotore della politica del "compromesso storico" tra DC e PC con il quale si progettava una collaborazione tra queste due forze politiche opposte.

***(Giulio) Andreotti:*** democristiano, è stato più volte Ministro e Presidente del Consiglio dei Ministri e nel 1991 è nominato Senatore a vita.

***Br:*** Brigate Rosse, organizzazione terroristica di estrema sinistra artefice negli anni '70 di sequestri e uccisioni di uomini politici, tra questi il Presidente del Consiglio Aldo Moro.

***DC:*** partito cattolico di centro nato sulle ceneri del Partito Popolare e Azione Cattolica, fondato nel 1942, sostituito dall'UDC (Unione Democratici Cristiani) (vedi Unità 5 Attività 11).

***PCI:*** partito di sinistra filosovietico fondato da Gramsci nel 1921, diventato il maggior partito dell'opposizione fino agli anni '80. Al suo posto sono subentrati il PDS, Partito dei Democratici di Sinistra, e RC, Rifondazione Comunista (vedi Unità 5 Attività 11).

***(Giovanni) Leone:*** democristiano, è Presidente della Repubblica dal 1971 al 1978.

***(Alessandro) Pertini:*** socialista, partecipa alla Resistenza partigiana e per questo viene anche rinchiuso in carcere, è Presidente della Repubblica italiana dal 1978 al 1985.

***(Luciano) Lama:*** sindacalista, segretario del sindacato CGIL "Confederazione Generale Italiana del Lavoro" dal 1970 al 1986.

*Aldo Moro*

## Revisione

All'inizio degli anni '70 c'è una crisi economica causata dall'aumento del prezzo del petrolio. Il governo prende una serie di misure restrittive per ridurre i consumi tra cui la circolazione a targhe alterne delle automobili per limitare il consumo del petrolio. È il periodo dell'*austerity*. In questo decennio esplode anche il terrorismo, sono gli "anni di piombo". Ci sono diverse stragi ad opera di gruppi estremisti di destra e di sinistra e molti seque[stri] di personaggi politici: il più importante è il seque[stro] del Segretario della DC e Presidente del Consiglio A[ldo] Moro il 16 marzo 1978 e poi ucciso il 9 maggio 1[978] ad opera delle BR per ostacolare la politica del com[pro]messo storico tra DC e PC, cioè il primo tentativ[o di] governare insieme.

## ATTIVITÀ 11

Ogni gruppo legge i brani di questa attività, osserva le fotografie e prova a rispondere alle domande. Confrontate poi e discutete le risposte dei vari gruppi.

| Quale è la forma di governo dell'Italia? |
|---|
| Quale figura è a capo dello Stato? |
| Quale sistema politico ed elettorale ha l'Italia? |
| Conoscete il nome e/o le idee politiche dei personaggi qui sotto raffigurati? |
| Secondo voi è cambiato qualcosa nella politica italiana degli ultimi anni? In positivo o in negativo? |

Risposte e Confronto

_____

_____

_____

_____

_____

_____

_____

_____

_____

_____

_____

_____

_____

_____

_____

_____

_____

_____

## Anni recenti

Il governo della Repubblica italiana era rimasto dal 1946 fino al 1992 nelle mani della Democrazia Cristiana, partito moderato conservatore di centro, che cade sotto i colpi dei processi per **corruzione** (il cosiddetto pool di "Mani Pulite" o "Tangentopoli") che coinvolgono anche il Partito Socialista Italiano (PSI), e che distruggono di fatto la struttura di molti partiti (specialmente quelli di governo).

Nel 1992 si verifica una crisi finanziaria: la *lira* viene svalutata e poi esce dal *Sistema Monetario Europeo* (avendo superato i margini di **fluttuazione** consentiti).

Nel 1993 un referendum modifica la legge elettorale del Senato in senso fortemente *maggioritario*. La successiva legge 276 del 1993 formalizza il maggioritario per il Senato, mentre la legge 277 (detta legge Mattarella) estende anche alla Camera un sistema analogo. Il passaggio al maggioritario spinge i partiti ad accorparsi in coalizioni.

Nel caos politico derivato dalla disintegrazione dell'ordine precedente (tale che Tangentopoli è comunemente designato a indicare il passaggio dalla cosiddetta "prima repubblica" alla "seconda") emerge un nuovo partito, Forza Italia (destra liberista moderata conservatrice), che ottiene il potere nel 1994. In seguito alla **defezione** del suo alleato, il partito della Lega Nord, il leader di Forza Italia Silvio Berlusconi deve dimettersi da Presidente del Consiglio nel gennaio del 1995. Dopo un anno di governo provvisorio vince le elezioni la coalizione dell'Ulivo (centrosinistra riformista), guidata da Romano Prodi (poi presidente della Commissione europea). Nel settembre del 1996 la Lega Nord, nell'intento di staccare il Nord dal Sud, a Venezia dichiara l'indipendenza della *Padania*. Il Governo Prodi I dura fino all'ottobre del 1998, quando Rifondazione Comunista gli *toglie la fiducia*. Viene in seguito formato un governo, sempre di centrosinistra con Massimo D'Alema alla presidenza, però, rispetto al precedente governo spostato più al centro, dato che ha il sostegno di alcuni parlamentari eletti nelle file del centrodestra. Nel 2000-2001 è Presidente del Consiglio Giuliano Amato. Nel frattempo esplode il problema sociale dell'immigrazione.

*Romano Prodi*

*Silvio Berlusconi*

*Fausto Bertinotti*

*Gianfranco Fini*

*Massimo D'Alema*

*Bossi sul Po*

*Antonio Di Pietro*

## Storia dei partiti in Italia

In Italia si può parlare di partiti politici moderni a partire dal 1892, quando viene fondato il Partito Socialista Italiano. Fino a quel momento i principali raggruppamenti politici del Paese, la Destra storica e la Sinistra storica, non erano raggruppamenti politici classificabili come partiti, ma raggruppamenti di "**notabili**" che si riunivano in gruppi a seconda delle proprie idee.

Invece il Partito Socialista Italiano fin dagli inizi si prefigura come partito di massa, la forma politica che sarà predominante per tutto il Novecento, e viene seguito pochi anni dopo dai movimenti politici cattolici, prima la Democrazia Cristiana Italiana di Romolo Murri, poi il Partito Popolare Italiano (PPI) fondato da don Luigi Sturzo nel 1919 (entrambi i partiti otterranno notevoli successi elettorali sino all'avvento del fascismo).

Nel secondo dopoguerra il partito di massa per eccellenza sarà però il Partito Comunista Italiano (PCI) fondato nel 1921. Il ruolo svolto dal movimento comunista nella Resistenza ha consentito però al PCI di prendere il posto del Partito Socialista come rappresentante della classe operaia, e di diventare stabilmente, dopo il 1948, il secondo partito italiano e il primo della sinistra. Questo ha condizionato fortemente il sistema politico italiano, perché mentre negli altri Paesi europei la presenza di forti partiti socialisti, socialdemocratici o **laburisti** (ma comunque sempre privi di legami con l'**Urss**) consentiva l'**alternanza** di governo, in Italia la **pregiudiziale** anticomunista rendeva di fatto impossibile tale alternanza. Questo spiega la permanenza ininterrotta al potere per 45 anni della Democrazia Cristiana (DC), il partito nato dalle ceneri del PPI di don Sturzo. Tuttavia la DC dal 1953 in poi non ha mai avuto i voti sufficienti a governare da sola il Paese, a causa del sistema elettorale italiano completamente **proporzionale**. Questo spiega il notevole potere che fino al 1992 hanno avuto i piccoli **partiti "laici"** (Partito Liberale Italiano - PLI, Partito Socialista Democratico Italiano – PSDI, Partito Repubblicano Italiano – PRI) necessari per la creazione di maggioranze parlamentari.

La necessità di accordi continui fra partiti ha portato alla cosiddetta partitocrazia, e cioè l'occupazione da parte dei partiti di tutti i punti strategici dell'amministrazione pubblica, con l'inevitabile **corollario** di corruzione, **nepotismo**, inefficienza. Questo, insieme alle crisi delle ideologie e alla fine della **guerra fredda**, ha portato ad una generale perdita di credibilità e autorevolezza dei partiti durante gli anni Ottanta culminata nel crollo successivo all'inchiesta di Mani Pulite del 1992. A questa domanda di rinnovamento proveniente dalla società italiana si deve aggiungere il deteriorarsi del partito di massa: non è un caso che dopo la **disgregazione** di PCI e DC e la scomparsa del PSI e dei partiti laici le nuove forze politiche emergenti siano movimenti "personali" come Forza Italia, creata nel 1993 dall'imprenditore Silvio Berlusconi, e partiti di protesta come la Lega Nord di Umberto Bossi.

Ad anni di distanza dal crollo della **nomenclatura** della Prima Repubblica, i partiti italiani si dimostrano incapaci di rinnovarsi: i dirigenti spesso sono gli stessi del passato, e anche i volti nuovi continuano a ricorrere alle vecchie pratiche di **spartizione** del potere.

*Sorrida Prego: foto di Pietro Nenni e Alcide De Gasperi.*

*Simboli di partiti*

## Elezioni politiche del 2006 e Governo Prodi II

L'esito delle elezioni politiche del 2006 è stato incerto fino alla fine dello **scrutinio** delle schede e si è risolto con una leggera prevalenza del centro-sinistra che ha quindi vinto le elezioni. La *coalizione di centro-sinistra*, che aveva come candidato alla presidenza del consiglio Romano Prodi, può contare su un'**esigua** maggioranza al Senato e un ampio margine alla Camera. La *coalizione sconfitta di centro-destra* (candidato premier Silvio Berlusconi) ha contestato la vittoria del centrosinistra.

Lo svolgimento di queste consultazioni politiche è stato disciplinato da una nuova legge elettorale, che sostituisce le leggi 276 e 277 del 1993, introducendo un sistema sostanzialmente differente i cui punti principali sono: *abolizione dei collegi uninominali* (l'elettore vota le liste dei candidati senza indicare come in passato le preferenze); *premio di maggioranza* con il quale alla coalizione vincente viene garantito un minimo di 340 seggi; *capo della forza politica*: le coalizioni devono indicare il principale rappresentante o leader; *soglie di* **sbarramento**: per ottenere seggi alla Camera ogni coalizione dovrà ottenere almeno il 10% dei voti nazionali, al Senato le soglie da superare sono regionali e variano; minoranze linguistiche: le liste delle *minoranze linguistiche* possono accedere alla ripartizione dei seggi con percentuali determinate, sono anche previste per la prima volta delle *circoscrizioni estere* che permettono di eleggere 12 seggi alla Camera dei Deputati e 6 al Senato della Repubblica.

*Foto di affissioni elettorali*

*Foto di affissioni elettorali*

## LESSICO

- **Corruzione** - perdita dei valori etici, mancanza di moralità.
- **Fluttuazione** - variazione temporanea, mancanza di stabilità.
- **Defezione** - rinuncia, abbandono, ritiro da un'iniziativa o attività in cui si era impegnati.
- **Notabili** - persone di autorità, importanti, potenti.
- **Alternanza** - successione di due o più elementi.
- **Pregiudiziale** - che porta pregiudizio, cioè giudizio basato su opinioni e credenze già costituite.
- **Corollario** - aggiunta, conseguenza.
- **Nepotismo** - politica di Papi che nel Rinascimento favorivano i loro nipoti, parenti e amici nell'assegnazione di cariche importanti; per estensione, tendenza da parte di persone autorevoli a favorire parenti e amici nelle cariche pubbliche o negli affari.
- **Disgregazione** - divisione, frantumazione, perdita di un accordo reciproco.
- **Nomenclatura** - (anche nomenklatura) in Unione sovietica e nei Paesi a regime comunista era l'elenco delle varie cariche direttive e dei loro responsabili, nel linguaggio giornalistico indica la dirigenza dei partiti, degli enti, delle istituzioni.
- **Spartizione** - divisione in parti e loro distribuzione.
- **Scrutinio** - conteggio dei voti espressi dai votanti, insieme delle operazioni elettorali effettuate al termine di una votazione.
- **Esigua** - scarsa, di numero e valore limitati.
- **Sbarramento** - l'atto di impedire il passaggio, chiusura, barriera, ostacolo.

### NOTA

**Lira:** valuta ufficiale italiana prima dell'euro.

**Sistema Monetario Europeo:** un sistema in base al quale i Paesi membri della CEE (Comunità Economica Europea) limitano la fluttuazione delle loro monete per mantenere stabili i tassi di cambio con altri Paesi membri.

**Maggioritario:** è un sistema elettorale basato su un collegio uninominale in base al quale vince le elezioni chi ha ottenuto la maggioranza relativa dei voti nel collegio o la maggioranza assoluta, più del 50% dei voti.

**Padania:** geograficamente corrisponde alla Valle Padana, nell'Italia settentrionale. Dagli anni '90 il termine è stato usato dagli appartenenti al partito politico della Lega Nord per indicare l'Italia settentrionale e il loro intento di formarvi uno Stato indipendente da Roma.

**Toglie la fiducia:** il Governo cade quando una delle due Camere "toglie la fiducia", cioè presenta una mozione di sfiducia sottoscritta da un decimo dei propri membri.

**Laburisti:** si riferisce al Partito Laburista (Labour Party), il partito britannico socialdemocratico.

**Urss:** Unione delle Repubbliche Socialiste Sovietiche, conosciuta come Unione Sovietica, stato federale comunista che si è sciolto nel 1991.

**Proporzionale:** è un sistema elettorale in base al quale l'assegnazione dei seggi nelle circoscrizioni elettorali dipende dalla percentuale di voti ottenuti.

**Partiti laici:** partiti che rivendicano la propria libertà di scelta e azione e rifiutano qualsiasi condizionamento politico autoritario o religioso.

**Guerra fredda:** clima di tensione e conflitto tra due blocchi internazionali: Stati Uniti e Paesi alleati della NATO, a Ovest e Unione Sovietica e Paesi alleati del Patto di Varsavia a Est. Inzia alla fine della Seconda Guerra Mondiale e finisce con il crollo del Muro di Berlino.

**Coalizione di centro-sinistra (L'Unione):** raggruppamento di partiti e movimenti ispirati al centrismo riformista, alla sinistra democratica e alla sinistra radicale, con leader Romano Prodi.

**Coalizione sconfitta di centro-destra (Casa delle Libertà):** partiti e movimenti ispirati ad una politica di centrismo moderato, di destra conservatrice, nazionalista e federalista, con una propensione verso il liberismo, con leader Silvio Berlusconi.

**Circoscrizioni estere:** aree in cui i cittadini italiani residenti all'estero possono votare per le elezioni italiane.

## Revisione

L'Italia è una Democrazia parlamentare con a capo dello Stato il Presidente della Repubblica eletto ogni 7 anni: egli risiede a Roma nel palazzo del Quirinale, viene eletto da un apposito corpo elettorale formato dal Parlamento riunito in seduta comune insieme ai delegati regionali. Tra i suoi compiti rientrano le visite ufficiali all'estero, la dichiarazione dello stato di guerra, la nomina fino a 5 senatori a vita, la convocazione straordinaria delle Camere, inoltre indice le elezioni, promulga le leggi presentate in Parlamento, indice i Referendum, nomina il Presidente del Consiglio dei Ministri e, su proposta di quest'ultimo, i Ministri, detiene il comando delle Forze Armate, presiede il Consiglio Superiore della Magistratura, concede la grazia.

Il Presidente del Consiglio dei Ministri con sede a Palazzo Chigi è anche il Capo del Governo. È nominato dal Presidente della Repubblica ed è eletto ogni 5 anni. Dirige, promuove e coordina la politica generale del Governo e dei Ministri, indica al Capo dello Stato la lista dei Ministri per la nomina e controfirma tutti gli atti che hanno valore di legge, dopo che sono stati firmati dal Presidente della Repubblica.

Il Parlamento è diviso in Camera dei Deputati (con sede a Montecitorio) e in Senato (con sede a Palazzo Madama). Il Parlamento ha il potere legislativo, il Governo ha il pote esecutivo e la Magistratura ha il potere giudiziario, cioè osservare la legge.

I Referendum sono di quattro tipi: abrogativi di leggi atti aventi forza di legge, costituzionali e di revisione c stituzionale, regionali sulla fusione di Regioni esistenti la creazione di nuove Regioni, comunali o provincia riguardanti il passaggio da una Regione ad un'altra di P vince o Comuni.

Il sistema elettorale che è stato modificato con la legge 2 del 21 dicembre 2005 è quasi completamente proporzi nale, a coalizione, cioè si vince in proporzione al nume dei voti.

Dopo la fine della I Repubblica nel 1992 (in seguito Tangentopoli) c'è un alternarsi di governi di centro-des il cui leader è Silvio Berlusconi (Forza Italia è il suo par to) e di centro-sinistra con Prodi (L'Ulivo è il suo partit Nel 1991 Umberto Bossi fonda la Lega Nord, un part federalista con obiettivi secessionisti che si oppone al p tere centrale di Roma e vuole creare uno stato federa Nelle elezione del 2008 lo schieramento di Berlusconi al governo grazie all'alleanza con la Lega Nord e con al formazioni politiche.

*Montecitorio*

*Palazzo Mad*

*Se*

## ATTIVITÀ 12

**Conoscete qualcuno di questi personaggi o il marchio delle loro imprese? Sono noti nel vostro Paese? Ne conoscete altri? Dopo aver letto insieme questo articolo riempite parte della griglia che trovate sotto. Confrontatela con quelle dei vostri compagni e tutti insieme cercate di ampliarla.**

## Come si costruisce un erede

I fondatori di una dinastia costruiscono un impero, accumulando una fortuna. Poi muoiono (o si ritirano di loro volontà: ma succede di rado). **Subentrano** gli eredi. E allora, il più delle volte, cominciano i guai. Hanno gli eredi le qualità necessarie per continuare l'opera dei padri? Sono intelligenti, equilibrati, **laboriosi**, preparati?

Le qualità più importanti sono quelle naturali, che si hanno fin dalla nascita. Una buona educazione, tuttavia, può migliorarle. Qual è il metodo consigliabile? In certe famiglie si punta sulla severità. *Leopoldo Pirelli*, erede designato nella dinastia della gomma, fu allevato in modo austero. Si laureò in ingegneria: allora si pensava che un buon industriale dovesse avere soprattutto conoscenze tecniche. Poi fu mandato a Basilea, in una società del gruppo, a imparare contabilità generale, a Bruxelles, in un'altra società del gruppo, per imparare contabilità industriale, a Londra all'ufficio acquisti; quindi a Tivoli, in uno stabilimento dove si facevano **pneumatici**, infine alla *Bicocca*, a Milano, a imparare che cosa erano i cavi.

Un altro erede di terza generazione, *Gianni Agnelli*, fu allevato con mentalità diversa: metodo permissivo. Il nonno, severo con se stesso, puntava su di lui come successore naturale, ma riteneva opportuno che il ragazzo si divertisse prima di assumere responsabilità. "Divertiti finché sei in tempo", gli diceva. Gianni non se lo fece dire due volte. Trascorreva molto tempo sulla Costa Azzurra, fra giovani **gaudenti** e belle attrici, guidava automobili veloci (non necessariamente della Fiat), sciava e andava in barca a vela; poi si mise a lavorare, ed ebbe successo.

### Claudio Del Vecchio

Figlio di Leonardo, Capo della *Luxottica* in America, è il delfino designato dell'uomo che nel 1991 si classificò al primo posto nella graduatoria dei contribuenti italiani. Figlio del **Martinitt** che partendo da zero ha conquistato il mercato mondiale delle montature per occhiali, Claudio è abituato fin da bambino al rigore: la Luxottica la frequenta da quando aveva 14 anni, lavorando durante le vacanze. A 22 anni decide di abbandonare l'Università Cattolica di Milano per dedicarsi a tempo pieno all'azienda.

### Marina Berlusconi

Figlia primogenita di *Silvio*. Marina siede in tutti i consigli di amministrazione delle società che ruotano intorno a Silvio Berlusconi: *Fininvest, Mediaset, Arnoldo Mondadori, Standa* e Mediolanum assicurazioni.

### Guido Barilla

Figlio di Pietro. Dopo la morte del padre, nel 1993, viene subito nominato presidente, mentre i fratelli ottengono entrambi la carica di vicepresidente. Per **rimettere la ditta in carreggiata** i tre fratelli e Artz hanno lanciato la Barilla alla conquista di nuovi mercati come Brasile, Messico, Stati Uniti. «Mercati nuovi per vecchi prodotti e nuovi prodotti per i vecchi mercati», è il loro motto.

### Alessandro Benetton

Figlio di Luciano, Presidente della scuderia di *Formula 1* che per anni ha dominato il campionato mondiale, vincendo nel 1995 pure il titolo dei costruttori, Alessandro è in pole position anche tra i quattordici Benetton della seconda generazione. Dal 1992 il giovane Benetton siede nel consiglio d'amministrazione della Edizione Holding, la finanziaria di famiglia che controlla tutto il gruppo di Ponzano Veneto, è anche consigliere dell'*Autogrill*, l'azienda pubblica rilevata dai Benetton insieme a Leonardo Del Vecchio, e della Rollerblade, leader mondiale dei pattini in linea.

→

**LESSICO**

- **Subentrano** - (⇐ subentrare) entrare al posto di un altro.
- **Laboriosi** - che lavorano.
- **Pneumatici** - gomme delle automobili, dei veicoli.
- **Gaudenti** - che si godono la vita.
- **Martinitt** - collegio milanese per gli orfani.
- **Rimettere la ditta in carreggiata** - riportare la ditta a un livello economico soddisfacente.

**NOTA**

*Leopoldo Pirelli:* erede della Pirelli, una delle maggiori industrie della gomma e dei pneumatici.

*Bicocca:* zona di Milano che è stata la sede della Pirelli e dove adesso sono la II Università statale di Milano e il teatro Arcimboldi.

*Gianni Agnelli:* Presidente della FIAT dal 1966 al 2003.

*Luxottica:* grande società produttrice di occhiali fondata da Leonardo Del Vecchio nel 1961.

*Silvio:* Silvio Berlusconi, Presidente della *Fininvest* (società proprietaria di canali televisivi privati e del gigante dell'editoria *Arnoldo Mondadori*) e Presidente di "Forza Italia" (vedi Unità 5 attività 11).

*Mediaset:* società che si occupa di programmi televisivi di tre canali: Italia 1, Rete 4, Canale 5.

*Standa:* grande magazzino fondato nel 1931.

*Formula 1:* competizione di macchine da corsa. In Italia c'è una grande tradizione di macchine da corsa (Ferrari) e di piloti (Nuvolari, Tazio, Fagioli, ecc.).

*Autogrill:* è la catena di ristoranti sulle autostrade, proprietà di Benetton.

| Famiglia | Marchio | Prodotto | Altre attività |
|---|---|---|---|
| | | | |
| | | | |
| | | | |
| | | | |
| | | | |
| | | | |
| | | | |
| | | | |
| | | | |
| | | | |
| | | | |
| | | | |
| | | | |
| | | | |
| | | | |
| | | | |

**Parlate ora di personaggi e marchi noti del vostro Paese.**

_____
_____
_____
_____
_____
_____
_____
_____
_____
_____
_____
_____
_____
_____
_____
_____
_____
_____
_____
_____
_____
_____
_____

## Revisione

La Pirelli, industria leader nella produzione della gomma e dei pneumatici, è tra le industrie italiane più importanti. È fondata a Milano nel 1872 dall'ingegnere Giovanni Battista Pirelli. Dagli anni Venti è presente nelle principali gare automobilistiche: la Formula1 e la Mille Miglia (vedi Unità 5 Attività 13). Il nipote del fondatore, Leopoldo Pirelli, è il Presidente dell'azienda dal 1965 al 1996, seguito poi da Marco Tronchetti Provera. Nel settore au-

tomobilistico l'azienda più importante è la FIAT (Fabbrica Italiana Automobili di Torino) fondata nel 189? da Giovanni Agnelli. Il nipote Gianni Agnelli eredita comando dell'azienda a 45 anni e vi rimane fino al 199? La Fiat ha prodotto modelli leggendari come la Fiat 5C e la Fiat 600.

Dagli anni '80 la moda è il settore di maggior esport? zione. Oltre a Valentino, Armani, Prada, Versace, Gucc? Dolce&Gabbana, per menzionare solo alcuni, altri ma? chi italiani raggiungono fama internazionale. Nel sett?

considerato uno dei piaceri più intelligenti della tavola.

*Barilla*

DOVE C'E' BARILLA C'E' CASA

### Quando Un Unico Piatto Diventa Piatto Unico.

*Se il condimento ne arricchisce i valori nutritivi, la pasta può diventare un ottimo piatto unico. Provate con i Fusilli Barilla, vi suggeriamo noi una ricetta. Le dosi sono per 4 persone, e ci vogliono 400 grammi di pasta. Prima però vanno messi in forno due peperoni rossi, due gialli, due verdi. Appena cotti togliete le pellicine, fateli a listarelle e adagiateli nel piatto da portata con olio extravergine, sale, basilico. Versateci la pasta appena scolata insieme a due cucchiai di parmigiano, e servite.*

della maglieria e della moda giovanile "Benetton", la multinazionale veneta, ha fatto parlare di sé con i suoi poster pacifisti per la promozione della fratellanza tra tutte le razze; per gli occhiali da sole un famoso marchio è quello di Luxottica, un'altra multinazionale veneta, e nel settore delle calzature un nome storicamente conosciuto è Ferragamo, calzolaio fiorentino che ha fabbricato su misura scarpe a attrici di tutto il mondo. Ma sono nati anche marchi più recenti come quelli di Cesare Paciotti e Fratelli Rossetti. Anche nella gioielleria, il "Made in Italy" è sinonimo di qualità e stile: Bulgari è conosciuto in tutto il mondo e nelle città più importanti ci sono le sue gioiellerie.

L'Italia è famosa in tutto il mondo anche per la ceramica, i più importanti centri di lavorazione di ceramica sono Faenza, Urbino, Gubbio e Deruta a livello artigianale e, a livello industriale per l'edilizia Sassuolo, in provincia di Modena. Una variante della ceramica è la porcellana, famosa è quella di Capodimonte a Napoli. Negli ultimi anni è aumentata anche l'esportazione del vetro colorato e soffiato a mano dagli artigiani di Murano da cui prendono il nome "Le Murrine", i famosi oggetti di vetro

colorato. Mentre l'altra isola della laguna veneziana, Burano, è famosa per la lavorazione dei merletti (vedi Unità 3 Attività 10).

Anche nel settore alimentare il marchio "Made in Italy" è garanzia di qualità. L'espresso e il cappuccino sono bevande conosciute ovunque, così anche i marchi del caffè "Illy" e "Lavazza". E per quanto riguarda la pasta, regina della cucina italiana, la "Barilla" negli ultimi anni è diventata la maggiore esportatrice ma sono famose anche altre marche come Voiello e De Cecco.

### Salvatore Ferragamo

Ieri Marilyn Monroe, Greta Garbo, Audrey Hepburn, i duchi di Windsor. Oggi Tina Turner, Janet Jackson, Cathy Bates, Drew Barrymore, e tutte le teste coronate d'Europa. Le scarpe di Ferragamo sono rimaste un must, esattamente come le volle Salvatore, il ragazzo prodigio di Bonito, un paesino vicino a Napoli, che costruì la sua fortuna tra Firenze e gli Stati Uniti nei lontani anni '20. "Il modo di concepire le scarpe è ancora oggi quello di mio padre", racconta sorridendo Fiamma di San Giuliano Ferragamo, la maggiore dei sei figli del fondatore e vicepresidente dell'azienda. "Il nostro atout rimane la calzata, così come l'aveva accuratamente studiata mio padre, comodissima, quasi 'curativa'. Le scarpe Ferragamo sono proposte ancora oggi in ben sette larghezze diverse per ogni numero e mezzo numero: praticamente un 'su misura' su scala industriale".

## Il mondo di Bulgari

Paolo Bulgari, nato a Roma l'otto ottobre 1937, nipote di Sotirio, mastro argentiere che fondò l'azienda di famiglia, figlio di Giorgio, artefice dell'ingresso di Bulgari nell'alta gioielleria, è l'anima creativa e il presidente del gruppo. Lo abbiamo intervistato, chiedendogli come abbia fatto a diversificare i prodotti mantenendo immutato il prestigio del Marchio.

Bulgari è una firma riconosciuta in tutto il mondo. Quali sono stati i passi che avete compiuto in questi anni per raggiungere tale risultato?
"I risultati di oggi hanno radici profonde: prima mio nonno Sotirio, poi mio padre Giorgio insieme al fratello Costantino, grazie a creatività e professionalità eccezionali, hanno creato dal nulla un marchio così solido che ci ha permesso di distinguerci in tutto il mondo. Negli ultimi anni abbiamo allargato il nostro network di distribuzione attraverso l'apertura di nuovi negozi e di concessionari autorizzati, abbiamo inoltre investito molto per farci conoscere ovunque. E poi i nostri profumi hanno senz'altro contribuito ad aumentare la notorietà della nostra marca".

Viviamo nell'epoca della "globalizzazione". Come si collocano, in questa ottica, le scelte strategiche della sua azienda?
"Noi creiamo i nostri prodotti pensando a un mercato internazionale e questo ci permette di essere un'azienda 'globale'. La nostra distribuzione percentuale delle vendite nei vari mercati internazionali lo dimostra. Nonostante tale espansione, la nostra attenzione è comunque focalizzata su un'immagine che sia unica e identificabile ovunque".

L'apprezzamento per il marchio Bulgari deriva soprattutto dall'abilità di fattura. Come avete mantenuto "l'artigianalità" dei vostri prodotti?
"Quando si parla di artigianalità, si pensa spesso a qualcosa 'in via d'estinzione' o che non ha niente a che fare con la tecnologia. Al contrario, il nostro sforzo è quello di ricercare nuove tecniche, moderne ed efficienti perché la mano dell'artigiano, sempre presente, possa eseguire un prodotto eccellente".

Dov'è l'originalità in un gioiello?
"Un gioiello non è originale solamente grazie al suo design, ma anche attraverso l'accostamento dei materiali che lo compongono. Bulgari è stato il primo ad unire metalli preziosi all'acciaio e pietre preziose alle semipreziose o alle pietre dure, dando così un carattere cromatico unico e riconoscibile ai propri gioielli".

Quello dei giovani è un mercato e un mondo affascinante. Avete pensato a qualcosa di particolare per loro?
"Sì, negli ultimi anni abbiamo iniziato a creare prodotti adatti e accessibili ad un pubblico giovane. Gli ultimi, in ordine di tempo sono: la collezione di anelli XL caratterizzati da grandi volumi in oro bianco delle linee più classiche dei nostri gioielli, l'orologio Solotempo".

I gioielli devono contribuire a fare sognare chi li acquista. Che cosa rappresenta per Lei il sogno?
"Se i gioielli aiutano a sognare, nel mio caso i sogni aiutano a creare gioielli. Posso immaginare terre lontane e pensare a colori che ritroverò nelle pietre; forme e linee fantastiche o esistenti in natura che mi ispireranno nuovi disegni; ogni volta che riuscirò a 'catturare' un sogno e trasformarlo in gioiello, avrò conquistato qualcosa in più".

Orologi, foulards, profumi: da cosa nasce il desiderio di diversificare la produzione?
"Con la nostra strategia di diversificazione desideriamo in primo luogo avvicinare alla nostra marca una clientela

più vasta ed offrire il nostro stile inconfondibile attraverso prodotti nuovi. Inoltre soprattutto i profumi, rappresentano uno straordinario mezzo di comunicazione".

Dov'è l'eccellenza nella produzione Bulgari?
"L'eccellenza per noi sta nella ricerca continua dello stile e dell'originalità, nella scelta di materiali nuovi e nella cura di ogni dettaglio di produzione per il raggiungimento di una qualità incontestabile. Ciò che riteniamo altrettanto importante – e che quindi deve risultare eccellente – è il servizio che offriamo al cliente e a tale scopo, siamo alla continua ricerca di miglioramenti".

Come ultima domanda scegliamo un argomento che può apparire banale, ma che, siamo sicuri, interessa tutti. Perché un gioiello fa bene a chi lo riceve?
"Perché un gioiello è vivo, è sensuale e soprattutto bello".

*Bracciali "Parentesi" in oro bianco e pavé di diamanti*

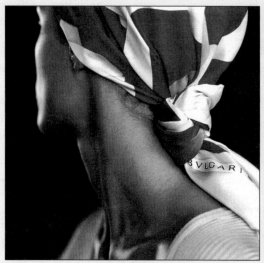

*Foulard in seta della collezione "Acquerelli"*

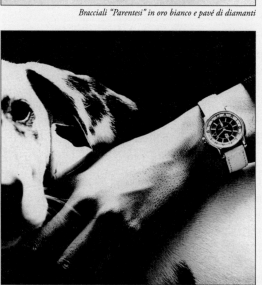

*Nuovo orologio in acciaio e pelle "Solotempo", Foto Fabrizio Ferri*

*Eau Parfimée Extrême, versione concentrata dell'acqua profumata al te verde*

**ATTIVITÀ 13**

Ecco la storia di una nota casa automobilista italiana e la foto di alcuni mezzi di locomozione molto noti in Italia. Sapete riconoscerli? Ne conoscete altri? Leggete l'articolo e discutetene insieme.

## Lancia. Una storia tutta italiana

Torino, fine '800. C'è un ragazzone che fa disperare il padre perché non studia. La famiglia è **agiata**, il papà, il cavaliere Giuseppe Lancia, fa l'industriale di conserve alimentari e promuove in Italia i primi dadi per brodo. La pianificazione familiare lo vorrebbe avvocato, ma lui **marina la scuola**. Al piano terra dello **stabile** di famiglia, il padre ha affittato una stanza a due fratelli, Giovanni ed Ernesto Ceirano, che aggiustano biciclette. Quando non è a scuola, il **monello** è lì con loro, ad **armeggiare** con gli attrezzi. I due fratelli fanno buoni affari e dalla riparazione passano alla costruzione di biciclette, di marca Welleyes. Il padre si rassegna e lascia che il figlio, a sedici anni, abbandoni gli studi e si impieghi presso i Ceirano. Tanto **svogliato** da studente quanto bravo da meccanico. Come ciclista è addirittura un asso, un equilibrista da circo. Nell'aprile del 1899 i Ceirano costruiscono la loro prima automobile. Ma in luglio cedono azienda e **brevetti** a Giovanni Agnelli, per 30.000 lire. Nasce la Fiat, in corso Dante. Il personale della ex Ceirano passa nella nuova azienda. Il giovanotto che non voleva studiare diventa capo **collaudatore**. Il 1° luglio 1900 Vincenzo Lancia è già pilota ufficiale della Fiat e disputa a Padova la sua prima gara. Vince. In tutte le corse successive è il protagonista assoluto. Il 29 novembre 1906, a venticinque anni, lascia la Fiat e fonda la Lancia & C, fabbrica di automobili. L'avventura industriale è cominciata. Beta, Gamma, Delta, a ogni nuovo modello una lettera dell'alfabeto greco. Ormai è potente e conosciuto in tutto il mondo. Ha già costruito oltre cinquemila vetture, i Rockefeller, in America, si fanno vedere in Lancia, come D'Annunzio in Italia. Va in viaggio di nozze a Parigi e al ritorno riporta personalmente a Torino, con la moglie, il prototipo Lambda esposto al Salone dell'automobile. È una macchina fantastica, venuta dal futuro. La prima al mondo con **carrozzeria portante**, la prima a ruote anteriori indipendenti. Il successo è strepitoso. Dal 1923 al 1930 sarà venduta in circa tredicimila esemplari. Nasce il "lancismo", dal Canada all'Australia, tributo a un modo particolare di fare automobili, che ha nella passione, prima che nello spirito imprenditoriale, il suo fondamento.

**LESSICO**

- **Agiata** - benestante, che ha benessre economico.
- **Marina la scuola** - non va a scuola senza il consenso dei genitori.
- **Stabile** - edificio, palazzo.
- **Monello** - ragazzo irrequieto, vivace, oggi usato in senso affettuoso.
- **Armeggiare** - usare, essere impegnato a usare.
- **Svogliato** - senza voglia.
- **Brevetti** - documento che dimostra la paternità di un'invenzione.
- **Collaudatore** - la persona che verifica la funzionalità della macchina.
- **Carrozzeria portante** - rivestimento esterno di una macchina, di un'automobile, portante - che sostiene un peso.

*Fiat 500*

"Vespa" Piaggio

Motorini "Ciao" Piaggio

"Ape" Piaggio

Rosse in festa

## Revisione

Gli italiani non esportano solo moda, design, prodotti di elegante artigianato e prodotti alimentari, ma anche automobili. La "Ferrari" è conosciuta in tutto il mondo, così come la "Maserati" e la "Lamborghini". Un'altra industria automobilistica è la "Lancia", fondata a Torino nel 1906 da Vincenzo Lancia, famosa per i suoi modelli di alta qualità come Lambda e Aprilia, fa parte del gruppo FIAT dal 1969. La "Lancia", insieme all'"Alfa Romeo", l'altra grande industria automobilistica che appartiene alla FIAT dal 1986, forma il gruppo Alfa-Lancia. Un altro simbolo del design italiano è la "Vespa", il famoso motoscooter introdotto nel mercato nel 1946 da Enrico Piaggio a cui appartiene anche il "Ciao". Moto italiane famose sono Ducati e Guzzi.

Oltre alle gare di Formula 1 che si tengono ogni an a Monza e a Imola, dal 1927 al 1957 si è tenuta u corsa di velocità su strade aperte al pubblico chiamata "Mille Miglia" perché percorre un tragitto di 1600 K = mille miglia.

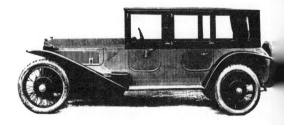

Lamborg

**Raccontate una storia di un marchio del vostro Paese**

## ATTIVITÀ 14

Leggete l'articolo e poi rispondete insieme alle domande che seguono.

1. Conoscete qualcuno dei film citati?

2. Quale è stata la prima opera a soggetto del cinema italiano? In base al suo titolo a quale fatto pensate che si ispiri?

3. Quali tra i film citati appartengono al "Neorealismo"?

4. In quali anni inizia la "commedia all'italiana"?

5. A quale periodo storico-sociale pensate che si ispirino i film politici degli anni '70?

6. Osservate le fotografie che seguono l'articolo, sapreste dire chi sono questi attori?

## Un secolo di magia

Nell'anno d'esordio del "cinema Lumière", il 1895, anche un italiano brevettò un apparecchio cinematografico per la ripresa, lo sviluppo e la proiezione del tutto simile a quello dei celebri fratelli francesi.
**Dal colossal al melodramma.** L'inventore nostrano di questo apparecchio, nel 1905, se ne servì per realizzare quella che molti considerano la prima opera a soggetto del cinema italiano, *La presa di Roma*. Da quel momento la produzione nostrana ideò il film storico-mitologico, i kolossal stile *Quo*

*vadis?* (1913) di Enrico Guazzoni, o *Cabiria* (1914) di Giovanni Pastrone. Negli anni del muto lo stile italiano si segnala per alcuni melodrammi di origine letteraria o teatrale. Un buon periodo, questo, a cui fa seguito un ventennio circa di modesto livello. Si prepara la grande stagione del Neorealismo. Ma all'inizio degli anni '30 la produzione riprende, si fondano nuovi studi e all'orizzonte emergono due registi di razza, Alessandro Blasetti e Mario Camerini. Ma ecco che arrivano le grandi opere della stagione del Neorealismo, *Roma città aperta* (1945) di Rossellini, con una splendida **Anna Magnani** e *Ladri di biciclette* (1948) di **De Sica**. Altre novità giungono presto a porre il cinema italiano in una posizione preminente: negli anni '50 gli esordi di Federico Fellini (*I vitelloni, La strada, Le notti di Cabiria*) e Michelangelo Antonioni (*Cronaca di un amore, Il grido*) e il primo film a colori di Visconti, *Senso* (1954).

**Gli anni del boom.** Arriva il boom economico e il cinema italiano sforna uno dopo l'altro capolavori quali *La dolce vita* (1960) di Fellini, *L'avventura* (1960) di Antonioni e inaugura la stagione della commedia all'italiana, con *La grande guerra* (1959) di Monicelli, *Il sorpasso* (1962) di Dino Risi, *Divorzio all'italiana* (1962) di Germi... Sono gli anni '60 quelli di maggior prestigio e qualità per il cinema nostrano, anche in virtù degli esordi di Pasolini, Bernardo Bertolucci, Leone, Rosi. Trascorso questo decennio gli anni '70 **vedono la voga** del cosiddetto "film politico", finché negli anni '80 alcuni nuovi nomi salgono alla **ribalta**: Giuseppe Tornatore con *Nuovo cinema paradiso* (1988), Gabriele Salvatores con *Mediterraneo* (1991), premiati entrambi con l'Oscar, Nanni Moretti con *Caro diario* (1994).

---

**LESSICO**

- **Vedono la voga** - sono di moda, popolari.
- **Ribalta** - scena, salire alla ribalta - avere successo.

---

**NOTA**

***Anna Magnani:*** (1908-1973) attrice diventata famosa con il film "Roma città aperta", è considerata una delle più brave attrici del dopoguerra.

***(Vittorio) De Sica:*** (1901-1974) attore e regista di molti film neorealisti: *Ladri di biciclette, Sciuscià, Umberto D, Miracolo a Milano*. Dopo la stagione neorealista ha diretto altri film tra cui *La ciociara* e *Il giardino dei Finzi-Contini* che hanno ricevuto l'Oscar come Miglior Film Straniero.

*Anna Magnani*

*Vittorio Gassman ne "Il sorpasso"*

## Revisione

La prima casa di produzione cinematografica, fondata nel 1895 da Filoteo Alberini, produce molti documentari che rappresentano il periodo storico tra la fine del XIX secolo e l'inizio del XX secolo, chiamato *belle époque*. Alberini è anche il produttore del primo film con una trama complessa: *La presa di Roma* (1905) che celebra il tema patriottico dell'annessione di Roma al Regno d'Italia. Nel 1906 nasce la prima grande compagnia di produzione, la *Cines* che produce molti film negli anni '10, tra cui *Cabiria* (1914) di Giovanni Pastrone sulla guerra punica tra Roma e Cartagine. Fanno parte del filone di film storici: *Gli ultimi giorni di Pompei* (1913) di Mario Caserini e *Quo vadis?* (1913) e *Cajus Julius Caesar* (1914) di Guazzoni. Dopo la I Guerra Mondiale la crisi economica mette in difficoltà anche il cinema e l'avvento del fascismo distrugge ogni possibilità di ripresa, inoltre in questo periodo Hollywood incomincia ad affermarsi sul mercato mondiale. Nel 1932 c'è un tentativo di rilanciare il cinema italiano con l'inaugurazione della Mostra di Ve-

nezia e nel 1937 si costruisce a Roma uno dei più gran complessi cinematografici: Cinecittà. La produzione prende, è la stagione dei "Telefoni bianchi", film che n esprimono alcun impegno socio-culturale. Negli anni ' si affermano due registi: Alessandro Blasetti e Mario C merini. Di Blasetti è importante ricordare *1860* (193 film storico sull'invasione della Sicilia da parte di Garib di, considerato il suo film migliore, e di Camerini *Il sig Max* (1937) con De Sica.
Dopo la II guerra mondiale la macchina da presa rapp senta la dolorosa realtà dell'Italia del dopoguerra, trionf *Neorealismo* che ha reso il cinema italiano famoso in tu il mondo. Le caratteristiche principali del Neorealis sono: la ripresa in luoghi reali e non in studi cinema grafici, la presenza di attori non professionisti, il lingua gio popolare-dialettale, l'improvvisazione, la volontà documentare, la semplicità della trama, la partecipazio alla sofferenza umana. I film neorealisti più famosi so *Roma città aperta* (1945) diretto da **Roberto Rossell**

he racconta la storia della resistenza partigiana durante
occupazione tedesca e il capolavoro *Ladri di biciclette*
948) di **Vittorio De Sica**, la storia dell'operaio Ricci
he per poter lavorare con enormi sacrifici compra una
icicletta che gli verrà rubata; il protagonista va alla ricerca
ella bicicletta con il figlio, ma non riuscirà a trovarla.

egli anni '50 e '60 si affermano due grandi registi: **Mi-
helangelo Antonioni** e **Luchino Visconti**. Antonioni
a affrontato il tema dell'alienazione e della solitudine
ell'uomo moderno nei suoi film più significativi: *Cro-
ica di un amore* (1950), *Le amiche* (1955), *L'avventura*
960), *L'eclisse* (1962), *Blow up* (1967), *Zabriskie Point*
970) e *Professione Reporter* (1975). L'altro grande prota-
onista del cinema italiano, Luchino Visconti, dopo una
rima produzione neorealista, ci ha lasciato opere di estre-
a raffinatezza e di grande valore artistico, tra cui *Senso*
954), *Il Gattopardo* (1963), *La caduta degli dei* (1969),
*orte a Venezia* (1971) e *Ludwig* (1973).

egli anni '70 prevale il filone dei film a sfondo politico
e riflettono la crisi politica e gli anni difficili del terrori-
no e dei sequestri di persona (vedi Unità 5 Attività 10).
questo decennio emergono anche due grandi registi:
**ernardo Bertolucci** e **Sergio Leone**. Bertolucci diventa
moso sulla scena internazionale grazie a *Ultimo tango a*
*rigi* (1972) con Marlon Brando e Maria Schneider, un
m di denuncia della crisi della coppia che suscita molte
lemiche, e *Novecento* (1976) che racconta la storia della

prima metà del secolo scorso. Vince l'Oscar per il miglior
film con *L'ultimo Imperatore* (1987). Sergio Leone è conosciuto per la vasta produzione di western all'italiana,
"spaghetti-western", famosi sono: *Per un pugno di dollari*
(1964), *C'era una volta il West* (1968) e *il Bello, il brutto
e il cattivo,* ma anche per il bellissimo *C'era una volta in
America* (1984) (per altri periodi del cinema italiano vedi
l'Attività 17 di questa Unità).

Le origini degli «spaghetti western».

## ATTIVITÀ 15

Fellini e *La dolce vita*: due simboli del cinema italiano. Ispirandovi all'articolo che segue pensate a un regista e a un film simbolo per il vostro Paese. Descriveteli in un breve articolo. Discutete poi insieme agli altri gruppi le vostre scelte.

## Fellini. La carriera, oscar dopo oscar

### Formidabile leggerezza del genio
Un'arte vissuta con semplicità, **monellesca** disinvol-
tura.
Prima c'erano i disegni, le vignette. Il suo sogno era
fare il giornalista: si "accontentò" poi del cinema con
Rossellini, **selvaggio** e **spregiudicato**, dunque perfetto maestro. Collabora alla sceneggiatura di *Roma
città aperta* e di *Paisà*. L'esordio è con *Luci del varietà*, nel 1951, firmato insieme a Lattuada: l'anno
dopo dirige il primo film tutto suo, *Lo sceicco bian-*

co. Sogni della piccola gente, **smanie** della provincia, il mondo delle illusioni del fotoromanzo: il suo
mondo si comincia a delineare. Poi sono i grandi
film, quella carriera che attraversa come una **spina
dorsale** la storia del cinema italiano fino ad oggi.
*I vitelloni* (1953) gli fa vincere il Leone d'Argento
a Venezia, crea una parola-simbolo, svela a tutto il
mondo l'anima della provincia, chiusa, immota,
della vita sprecata.
Con *La strada* vincerà l'Oscar nel 1956. Dà al mon-

do il volto da clown straziato di Gelsomina, che era poi la sua *Giulietta*. Giulietta torna nelle *Notti di Cabiria* (è il 1957), con un personaggio più simile ad una santa che ad una prostituta. Ed è il secondo Oscar. In questi anni che segnano i più straordinari, folgoranti lampi di genio del suo cinema, procediamo per volti: il volto perplesso di Mastroianni nella *Dolce vita*, Anita Ekberg che naviga, maestosa e sensuale, nella Fontana di Trevi, in quel flash cinematografico che tutti hanno cercato di imitare: con i paparazzi in agguato in quella *via Veneto* più vera del vero, anche se lui non si spostava da Cinecittà. Mastroianni ancora suo alter ego in *Otto e mezzo* (1963), fra presente, passato e sogno. È l'ultimo prodigioso bianco e nero, dove tutto è onirico e tutto è reale.

È il terzo Oscar. La crisi artistica che nel film era solo immaginaria, dopo si fa reale. Gli ci vogliono dieci anni per riconquistare pubblico, critica e Oscar con *Amarcord* (1974). I suoi film, sempre più colorati, attraversati dal turbamento, dallo smarrimento, il suo mondo come magico Caos. *E la nave va* (1983)

con sapori di **apocalisse**. In *Ginger e Fred* (1984) si accentua la polemica con la tv, che prosegue anche nella *Voce della Luna* (1990). Nel marzo scorso, la notte degli Oscar: "Giulietta, smettila di piangere". Ma quelle erano lacrime di gioia.

---

### LESSICO

- **Monellesca** - da monello, qui nel senso di vivacità e ironia.
- **Selvaggio** - non civile, non attento alle regole.
- **Spregiudicato** - chi pensa o agisce senza pregiudizi, in modo disinvolto.
- **Smanie** - desideri.
- **Spina dorsale** - colonna vertebrale.
- **Apocalisse** - ultimo dei libri del Nuovo Testamento, in senso metaforico catastrofe, fine del mondo.

### NOTA

*Giulietta (Masina):* (1920-1994) amata attrice italiana, moglie di Fellini, ha recitato in alcuni film del marito.

*Via Veneto:* famosa via di Roma, luogo di incontro di artisti e personaggi celebri negli anni '50 e '60.

*Mastroianni e Ekberg nella fontana di Trevi -*
*Mastroianni e Ekberg, caffè in Via Veneto, da "La Dolce vita"*

## Revisione

Federico Fellini (1920-1993) è uno dei maggiori registi italiani, la sua produzione è caratterizzata da simbolismo e surrealismo. Nei suoi film c'è l'esigenza di andare oltre la realtà oggettiva verso una dimensione metafisica. Diventa famoso con *I Vitelloni* (1953), *La strada* (1954), *La dolce vita* (1960), con il quale vince la Palma d'oro al Festival di Cannes, a cui seguono *Otto e mezzo* (1963), *Roma* (1972), *Amarcord* (1973), *Casanova* (1976), *Gin-ger e Fred* (1985) e, l'ultimo, *La voce della luna* (1989). Dopo l'esplosione del Neorealismo Fellini rappresenta un momento importante nella storia del cinema italiano per l'originalità, la fantasia, la creatività, l'imprevedibilità e la poesia dei suoi film che si collocano al di fuori delle tradizionali strutture narrative. Riceve 4 Oscar e il prestigioso Leone d'Oro alla carriera al Festival del Cinema di Venezia e l'Oscar alla carriera a Los Angeles nel 1993.

### Il bel Marcello

"Vieni, Marcello, vieni!!". Lo invocava, amorosa, Anita Ekberg, marmorea vikinga immersa nella fontana di Trevi. Lui era disincantato, quasi cinico: si chiamava Marcello Rubini e faceva il giornalista mondano nella Roma anni '50/'60 de *La dolce vita*.

Nella realtà, Marcello Mastroianni (Fellini lo amava troppo per non lasciargli il suo nome anche nella fiction), scomparso all'età di settantadue anni, aveva allora trentasette anni, ed era uno dei "prodotti" più esportati del "made in Italy": il latin lover per eccellenza. "Come le Ferrari, il vino, le scarpe e i vestiti firmati", era lui stesso a scherzarci sopra, anche recentemente.

### Fellini dieci e lode

Otto e mezzo te lo eri dato da solo. Ed era il titolo di uno dei tuoi film più belli e importanti. Adesso, dopo altri tre Oscar, ne hai ricevuto un quarto: alla carriera.

Siamo contenti di questo riconoscimento che celebra la personalità del tuo percorso artistico e onora, insieme a te, tutto il cinema italiano.

Ma, al di là di premi e titoli di merito, ti vogliamo ringraziare perché i tuoi sogni sono diventati anche i nostri sogni, i tuoi mondi il nostro mondo, le vite e le storie dei personaggi che hai creato occasione di crescita e riflessione per le nostre vite.

Ci hai fatto vedere cose che non avremmo mai visto in un modo che non avremmo mai immaginato. Grazie, Federico.

## ATTIVITÀ 16

**Ciascuno di voi legge uno di questi testi (A e B) e lo commenta all'altro. Dopo aver discusso su quali sono le caratteristiche di questo periodo del cinema italiano leggete insieme i dati dei film (C) e scrivete un breve articolo per spiegare su cosa si basa la commedia all'italiana.**

## (A) Arriva la Commedia all'italiana

Nel 1958, gran parte delle modificazioni del tessuto antropologico italiano sono compiute, ma pochi sembrano essersene accorti. Il vecchio mondo contadino, l'Italietta delle **dame di carità** e dei politici severi con l'orologio nel taschino (su cui si fondavano, per esempio, le **farse** di *Totò*) sono definitivamente lontani. L'emigrazione interna da un lato e il successo della televisione dall'altro hanno contribuito ad amalgamare il pubblico. L'atmosfera generale è quella di godersi la "gioia" della civiltà dei consumi, cioè l'**ipertrofizzazione** del consumo interno che è la vera ricetta economica del famoso boom. Monicelli, con Risi e Comencini, è il regista che meglio capisce le nuove esigenze dello spettacolo cinematografico di massa: le sue scelte di attori, la sua **puntigliosità** di "metteur en scène", la provata abilità di sceneggiatore costituiscono un continuo motivo di rimando per la commedia degli anni '60 e '70.

## (B) Dramma e Commedia

"Io ritengo che la Commedia all'italiana abbia avuto la stessa funzione e la stessa importanza, nella storia del cinema, della commedia all'americana degli anni Trenta e Quaranta; che sia servita cioè a dare un'immagine dell'Italia e degli italiani agli italiani stessi. Ciò che ho voluto dire della società italiana l'ho espresso attraverso dei modi duri e aspri, ma che avevano dentro anche qualcosa di umoristico. Questo implica che si passi spesso dal riso a momenti drammatici ed anche catastrofici. Se c'è stata una crescita degli italiani ciò è dovuto anche alla commedia all'italiana e meno agli altri film, quelli di Fellini, di Antonioni e di Visconti".

## (C) Alcuni Film

### I vitelloni 1953 (Fellini)
Satira **feroce** della vita di una cittadina di provincia in cui un gruppo di amici (Sordi, Nino Rota, Franco Interlenghi) trascorre una vita **indolente**, irresponsabile e vuota. Solo uno di loro saprà liberarsi dall'immobilità e dalla chiusura di quell'ambiente partendo e lasciando tutto e tutti.

### I soliti ignoti 1958 (Monicelli)
Storia di una banda (Gassman, Mastroianni, Salvatori, Totò) un po' strana, con sentimentalismi, che organizza di **svaligiare** il *Banco dei pegni* passando attraverso un alloggio che ha un muro in comune con l'istituto. Purtroppo sbagliano muro e entrano nella cucina dell'appartamento: si consolano però mangiando la pasta e fagioli che vi trovano.

### La grande guerra 1959 (Monicelli)
Sullo sfondo della Seconda Guerra Mondiale si svolge la storia di soldati che cercano di arrangiarsi e di sfuggire dal conflitto ma che poi finiscono per

Vittorio Gassman, Renato Salvatori, Rossana Rory, Carla Gravina, Claudia Cardinale, Memmo Carotenuto, Marcello Mastroianni, Totò

# I SOLITI IGNOTI

essere orgogliosi di essere italiani e verranno fucilati dai tedeschi. Ogni gag comica è affiancata da un momento tragico.

### Divorzio all'italiana 1961 (Germi)
Nella Sicilia sensuale e barocca il barone Fefè (Marcello Mastroianni), sposato, è innamorato della

giovane e bella cugina (Stefania Sandrelli). Poiché a quell'epoca in Italia non esisteva il **divorzio** Fefè spinge la moglie al tradimento per poter compiere un **delitto d'onore** e risposarsi con la giovane amata.

**Matrimonio all'italiana 1964 (De Sica)**

Filumena (Sofia Loren), ex prostituta, che convive da molti anni con il benestante Domenico (Marcello Mastroianni), viene a sapere che l'uomo sta per sposarsi con una giovane. Fingendo di essere in punto di morte riesce a costringere Domenico a sposarla ma subito dopo la cerimonia si scopre l'inganno. Iniziano così i litigi e le rivelazioni.

**La ragazza con la pistola 1968 (Monicelli)**

Incontro tra la cultura della provincia meridionale italiana (Sicilia) e quella inglese. Assunta (Monica Vitti), innamorata e disonorata da un compaesano che non la vuole sposare e che è fuggito in Inghilterra, parte armata di pistola per vendicarsi. In questo Paese scopre un mondo diverso dal suo e quando il giovane vorrà finalmente sposarla gli preferirà un inglese.

**LESSICO**

- **Farse** - comiche.
- **Ipertrofizzazione** - accrescimento, ingrandimento, eccesso.
- **Puntigliosità** - testardaggine, essere ostinato.
- **Feroce** - violenta.
- **Indolente** - pigro, apatico.
- **Svaligiare** - rubare.

**NOTA**

**Dame di carità:** signore, come quelle di San Vincenzo, che fanno beneficenza.

**Totò:** (1898-1967) famoso attore comico napoletano che fa una satira del costume italiano; molto conosciuti sono i suoi giochi di parole e la sua mimica.

**Banco dei pegni:** Monte di pietà, banca che dà soldi in prestito in cambio di oggetti preziosi.

**Divorzio:** diventa legale nel 1970 (vedi Unità 5 Attività 7).

**Delitto d'onore:** usanza arcaica siciliana con la quale il coniuge che viene tradito se uccide la consorte ha una attenuazione della pena perché si giustifica il delitto in quanto servirebbe a riabilitare l'onore suo e della famiglia (vedi Unità 5 Attività 7).

**La Commedia all'italiana**

_____
_____
_____
_____
_____
_____
_____
_____
_____
_____
_____
_____

## Revisione

Tra la fine degli anni '50 e l'inizio degli anni '60 nasce la Commedia all'italiana con i film di Mario Monicelli: *I soliti ignoti* (1957), *La grande guerra* (1959), *La ragazza con la pistola* (1968), Pietro Germi *Divorzio all'italiana* (1962) e Vittorio De Sica *Matrimonio all'italiana* (1964) che rappresentano l'Italia del "miracolo economico", la voglia di vivere e di godersi la vita dopo il periodo drammatico della guerra e le difficoltà economiche del dopoguerra.

In questo periodo si affermano i grandi interpreti del cinema italiano: Alberto Sordi, Marcello Mastroianni, Eduardo De Filippo, Vittorio Gassman, e le attrici: Silvana Mangano, Gina Lollobrigida, Monica Vitti, Sofia Loren, Claudia Cardinale. La Commedia all'italiana co stituisce il momento più popolare della produzione c nematografica italiana. I film che appartengono a ques filone sono generalmente ambientati a Roma con atto romani o romani d'adozione, come Gassman e Togna zi o nel Sud. Il contenuto comune è la satira di costum e la presa in giro dei difetti degli italiani. I grandi car biamenti che avvengono nel costume e nella menta tà degli italiani negli anni del boom economico sor rappresentati in chiave ironica ma con un'amarezza fondo che distingue la Commedia all'italiana dal gene della commedia leggera e totalmente disimpegnata.

## ATTIVITÀ 17

**Leggete queste recensioni e notizie di film, registi e attori italiani degli anni '80 e '90. Ne conoscete qualcuno? Li avete visti o ne avete sentito parlare? Compilate uno schema con i dati che trovate (potete aiutarvi anche con i dati che trovate nell'attività precedente).**

### Nuovo cinema Paradiso di *Giuseppe Tornatore*

Di cosa parla questa sceneggiatura, questa trama del film di Tornatore? Parla della storia di un cinema di paese, il cinema Paradiso, distrutto da un incendio, e del ricostruito Nuovo cinema Paradiso. Ma parla insieme della storia del cinema vista dall'angolazione di una piccola comunità meridionale, che è insieme storia della comunità stessa e storia di singole vite umane: dell'operatore Alfredo che, per l'incendio del cinema, diviene cieco; storia del piccolo Salvatore, orfano del padre disperso in Russia, e della madre, della sorella, dei compagni di scuola... storia soprattutto dell'educazione sentimentale del bambino protagonista, della nascita del suo sogno cinematografico e, cresciuto, del sogno d'amore per Elena.

### I comici

Se si parla e si scrive di nuovo cinema, è perlomeno problematico inserire in questa cerchia di autori comici di successo come Benigni, Nuti, Verdone e Troisi. Questi autori, nel migliore dei casi, hanno semplicemente svolto un'operazione di riconversione dei modelli propri della Commedia all'italiana, per cui il loro spazio, nel panorama generale del cinema italiano, tende a sostituire quello dei vari Risi, Monicelli o Steno; con la peculiarità, nient'affatto secondaria, di essere dei registi-attori e pertanto di essere riusciti, con alterni risultati, a formarsi una propria "identità" di autori.

Fra tutti, Francesco Nuti e Roberto Benigni sono quelli che esprimono maggiormente la volontà di

*Francesco Nuti*

superare i modelli narrativi della Commedia all'italiana. Per Nuti è stato coniato il termine *malin-comico*, che si adatta bene ad una comicità dai toni sommessi, quasi **impalpabili**, attraversata dal sentimento della nostalgia per le "occasioni perdute".

Artefice di una comicità straripante (in parole e *gag*), Benigni è un caso a parte, che si rifà alle maschere dei grandi comici del passato (Totò ma anche Buster Keaton).

Erede diretto della romanità di Alberto Sordi, Verdone appare il più legato, tra i nuovi comici, a quella Commedia all'italiana tesa a **sviscerare** le nevrosi, i tic, le vigliaccherie e le ipocrisie dell'"italiano medio" che, in Verdone, assume le connotazioni del giovane piccolo-borghese più o meno complessato e/o **problematizzato**.

Come Verdone, anche Massimo Troisi basa la propria comicità sulla tradizione popolare regionale, in questo caso napoletana. Il suo esordio di regista-attore in *Ricomincio da tre* (1981) è interessante soprattutto perché inventa un linguaggio **sincopato** e continuamente "spezzato" nel fraseggio, proponendo una figura di giovane insicuro e sognatore.

La definizione del "nuovo comico" si attaglia maggiormente ad un autore come Maurizio Nichetti, il cui esordio registico risale a *Ratataplan* (1979) e rivela una comicità **spassosa** che ha riferimenti "nobili" nei grandi attori del muto.

*Carlo Verdone*

*Massimo Troisi*

### LESSICO

- **Impalpabili** - che non hanno consistenza.
- **Sviscerare** - esaminare a fondo, in profondità.
- **Problematizzato** - problematico, reso complicato.
- **Sincopato** - con parole e discorsi non portati a termine.
- **Spassosa** - divertente.

| Film | Attori | Regista |
|------|--------|---------|
|      |        |         |
|      |        |         |
|      |        |         |
|      |        |         |
|      |        |         |

| | | | |
|---|---|---|---|
| | | | |
| | | | |
| | | | |
| | | | |
| | | | |
| | | | |

## Revisione

Negli anni '80 e '90 del secolo scorso c'è un grande rinnovamento nella nuova generazione di registi: Giuseppe Tornatore, Gabriele Salvatores, Nanni Moretti, Maurizio Nichetti, Carlo Verdone, Roberto Benigni. Il siciliano Tornatore è diventato famoso con *Nuovo Cinema Paradiso* (1988) che ha vinto l'Oscar come miglior film straniero, ancora sul tema nostalgico del ritorno alle radici, alla propria terra è il suo film successivo *L'uomo delle stelle* (1995) e sempre ambientato in Sicilia è anche il suo film *Malena* (2000). Salvatores ha diretto *Mediterraneo* (1991) vincitore dell'Oscar come miglior film straniero a cui seguono *Puerto Escondido* (1992), *Nirvana* (1995), *Io non ho paura* (2003) e *Quo vadis baby* (2005). Spesso oggetto dei suoi film è il viaggio e i rapporti tra amici.

I film di Nanni Moretti fanno, invece, una critica sociopolitica ed un'analisi grottesca della realtà come in *Ecce bombo* (1978), *Palombella rossa* (1989) e *Caro Diario* (1994): questi film riflettono la mancanza d'identità della generazione successiva al movimento studentesco, testimone dell'impossibilità di realizzazione dei sogni e delle promesse di cambiamento della generazione precedente. Verdone, regista e attore comico romano, incarna i sogni, le ipocrisie, i complessi del piccolo-borghese come aveva fatto Sordi nella Commedia all'italiana, esordisce con *Un sacco bello* (1980) a cui seguono *Bianco, rosso e Verdone* (1981) (di cui nel 2008 esce un "remake" "*Bianco, grosso e Verdone*"), *Acqua e sapone* (1983), *Compagni di scuola* (1988), commedia generazionale, *Maledetto il giorno che t'ho incontrata* (1991), *Perdiamoci di vista* (1994), *L'amore è eterno finché dura* (2004) e *Manuale d'amore* e *Manuale d'Amore 2* (2005 e 2006), tutte commedie dal lieto fine

che raccolgono l'eredità della Commedia all'italiana. napoletano Massimo Troisi, come Verdone, regista e c mico, diventa famoso con *Ricomincio da tre* (1981) quale dimostra il suo grande talento e l'originalità nell'u del dialetto napoletano, segue *Le vie del Signore sono fin* (1987), una commedia sul fascismo, e *Il postino* (199 in cui ci ha lasciato la sua ultima straordinaria interp tazione. Un diverso tipo di comicità è quella del tosca Roberto Benigni: della sua produzione ricordiamo i fi comici *Il piccolo diavolo* (1988), *Johnny Stecchino* (1991 *Il Mostro* (1995), mentre il film che l'ha reso famoso int nazionalmente, *La vita è bella* (1999), affronta in chi comica un tema drammatico come quello dell'olocaus Negli anni '90 si fanno strada nuovi registi tra cui Rob to Faenza che ha diretto *Sostiene Pereira* (1995), traspo zione cinematografica del romanzo di Antonio Tabucc e Marco Tullio Giordana regista di *I cento passi* (20( e *La meglio gioventù* (2003), entrambi gli autori fan parte di un cinema impegnato. Al filone della comme appartengono Leonardo Pieraccioni che ha ottenuto grande successo con *Il ciclone* (1996), Paolo Virzì regi di molti film tra cui *Ferie d'agosto* (1995) e *Caterina v città* (2003) e Silvio Soldini diventato famoso con *Par tulipani* (1999).

Tra i registi emergenti di questi ultimi anni uno dei importanti è Gabriele Muccino: *Come te nessuno* (1999), *L'ultimo bacio* (2001) e *Ricordati di me* (200 Alla nuova generazione di attori appartengono Stefa Accorsi, Giovanna Mezzogiorno, Laura Morante, Mc ca Bellucci, Claudio Santamaria, Jasmine Trinca, Ric do Scamarcio.

### Grazie Nicoletta, senza di te la vita non sarebbe così bella
### "È lei la mia musa"

"Devo questa vittoria a mia moglie", ha detto Roberto, il secondo italiano dopo la Loren a conquistare la statuetta come miglior protagonista. E, quando Sofia ha annunciato il premio a "La vita è bella", tutte le stelle di Hollywood si sono alzate ad applaudire.

"And the Oscar goes to... Roberto!". La notte da non dimenticare comincia così alle 19.02 ora della California, con il grido felice di Sofia Loren. *La vita è bella* ha appena vinto nella categoria del miglior straniero. O, meglio, come ha detto Sofia dopo aver aperto la fatidica busta, ha vinto Roberto. Che infatti salta a piè pari sullo schienale della sua poltroncina, fra le risate generali, poi sul palcoscenico e abbraccia la Loren che è scoppiata a piangere per la contentezza e l'emozione. Ed ecco che succede qualcosa di incredibile. Mentre Benigni stringe in mano l'Oscar, la platea si alza in piedi ad applaudirlo. Una standing ovation a cui partecipano tutti, da Spielberg a Hanks, dalla Paltrow a Meryl Streep.

"Che emozione!", mi dice più tardi la Loren.

"Neppure il cinico più spietato può sminuire quell'incredibile manciata di secondi in cui si apre la busta con il nome del prescelto. Quando ho letto il nome di Benigni mi si è sciolto come un nodo nel cuore, ho provato una gioia enorme, come se fosse stato il mio nome. Ho presenziato a molte serate degli Oscar, oltre alle due in cui mi è stata assegnata la prestigiosa statuetta, ma non pensavo che avrei trepidato tanto per Roberto.

L'ho abbracciato e gli ho detto 'Ciao Pinocchio, e grazie'. Sapevo che il nomignolo gli sarebbe piaciuto. Solo di una cosa ho avuto paura: della mia incolumità fisica. Le sue reazioni, si sa, sono imprevedibili".

E infatti, appena salito sul palco, Roberto dice nel suo inglese stentato che l'Oscar non gli basta: "Voglio essere cullato dalla Loren". Ma poi la commozione prende il sopravvento. Benigni è emozionatissimo, parla a raffica: "Ringrazio i miei genitori, a Vergaio, per avermi fatto un regalo bellissimo, quello della povertà. Grazie, mamma e babbo. Rendo omaggio a tutti quelli che sono morti nei lager perché un giorno potessimo dire che la vita è bella. E poiché, come scive Dante, l'amore 'move il sole e le altre stelle', dedico questo trofeo alla donna della mia vita, mia moglie Nicoletta Braschi". A Gwyneth Paltrow luccicano gli occhi per la commozione.

Sarebbe già una serata bellissima, per il nostro cinema. Ma la festa è appena iniziata. Alla fine, *La vita è bella* si porterà a casa altre due statuette, una per la stupenda colonna sonora firmata da Nicola Piovani, l'altra per Benigni come miglior attore protagonista. Un'impresa quest'ultima, davvero storica: era dal 1961, l'anno della vittoria di Sofia Loren per *La ciociara*, che la Academy non premiava un'interpretazione in lingua straniera. In altre parole, in 71 anni di Oscar Sofia e Roberto sono stati gli unici attori premiati per un film non recitato in inglese.

"Sono fiera", mi spiega la Loren, "che sia toccato proprio a lui seguire le mie orme. Tanto più che *La ciociara* e *La vita è bella* sono entrambi film che parlano al cuore e raccontano, ognuno a modo suo, gli orrori della guerra e il miracolo dell'amore. Roberto meritava la vittoria, sono state premiate la poesia, la sensibilità, la grande carica umana che ha saputo portare sullo schermo".

### Che gioia: ecco lo show di Robertaccio

Los Angeles (Stati Uniti). Sofia Loren, 64 anni, ha appena annunciato la vittoria di "La vita è bella" come miglior film straniero, ed ecco che esplode la gioia incontenibile di Benigni. Roberto alza le braccia e sale sulla sedia; abbraccia una commossa Loren che gli consegna la statuetta; in alto, il comico toscano scherza con i due Oscar vinti per il film e come migliore attore. "Ho presenziato a molte serate degli Oscar, oltre alle due in cui mi è stata assegnata la preziosa statuetta", ha detto la diva, "ma non pensavo che avrei trepidato tanto per Roberto. Sono molto felice".

### L'ultimo bacio

È la terza volta che incontriamo Gabriele Muccino, che giunto al terzo film non sembra aver perso la spontaneità, la necessità di raccontarsi e spiegare le motivazioni che lo spingono a fare cinema. Costante è la sua volontà di raccontare storie che lo emozionano. Come *L'ultimo bacio*, da lui scritto, un film corale interpretato da Stefano Accorsi e Giovanna Mezzogiorno (i due personaggi principali, una coppia in attesa di un figlio), Stefania Sandrelli (la madre della protagonista)… Una curiosità: il titolo originale è cambiato quando Gabriele ha ascoltato l'omonimo brano di Carmen Consoli, presente nei titoli di coda.

**Il tema del film sembra essere la paura di crescere.**

È un film molto complesso, che abbraccia tre generazioni. Il pernio del film è Stefano Accorsi, trentenne, e i suoi amici, tutti con la paura di sposarsi, di crescere, di prendersi delle responsabilità…

**Dai tuoi tre film scaturisce una "commedia umana" con una serie di personaggi che costituiscono dei microcosmi…**

"Sì, paradossalmente sono anche un po' la continuazione gli uni degli altri, si costituisce una specie di trilogia ideale sull'amore… ."

### ATTIVITÀ 18

Leggi questo articolo sulla canzone italiana e sui festival canori. Conosci qualche autore o canzone?
Nel tuo Paese c'è o c'è stata una trasmissione simile a Canzonissima? Parlane.

## Il Festival di Sanremo e Canzonissima

La sera del 27 gennaio 1955 la televisione, appena nata, si collega per la prima volta in diretta con il Festival di Sanremo. L'Italia già canta *Grazie dei fiori* e *Vola colomba*, sentite alla radio. Il Festival ha già cinque anni ma per la prima volta si possono vedere i cantanti ed è facile immaginare cosa accadde nei salotti, nei bar, nei locali nei quali gli italiani – che non possedevano tutti l'apparecchio televisivo – si riunivano per guardare la TV che all'epoca costava duecentomila lire: gli **abbonati** erano soltanto 90

in tutto il Paese. Il Festival da quella prima sera ha registrato, come ogni programma televisivo, la lenta evoluzione dell'Italia che cantava *Papaveri e papere* per dimenticare la guerra, un'Italia che negli anni del boom economico amava *Volare* di Modugno, fino a quella di Celentano che anticipava la **piaga** degli scioperi con una insolita canzone per il Festival: *Chi non lavora non fa l'amore*. Sono passati tutti da lì, Mina, Milva, Claudio Villa, Gino Paoli, Nicola di Bari, Albano e Romina, Renato Zero. Piano piano gli smoking hanno lasciato il posto ai jeans, gli applausi ai fischi. Ma accanto alla canzone del Festival c'è anche un'altra canzone che si fa strada, quella dei cantautori come Fabrizio de André, Francesco Guccini, Lucio Battisti, Claudio Baglioni, Lucio Dalla, Paolo Conte e tanti altri.

Nel 1958 nasce invece *Canzonissima*, il primo varietà del sabato sera **abbinato** alla **Lotteria di Capodanno**. Il premio in palio era di 100 milioni, una cifra da capogiro. I conduttori della trasmissione sono stati molti, tutti amati dal pubblico, da Paolo Panelli e Delia Scala, a **Dario Fo** e Franca Rame, a Sandra Mondani, Mina e Walter Chiari. Raffaella Carrà nel 1970 approda alla trasmissione e gli italiani iniziano a sognare il suo ombelico. Canzonissima va in crisi nel 1978 e rinasce sotto nuovo nome e vesti nel 1979 con *Fantastico*.

## LESSICO

- **Abbonati** - che pagano un canone, una quota fissa.
- **Piaga** - problema sociale grave, ma anche ferita, lesione.
- **Abbinato** - collegato.

## NOTA

**Lotteria di Capodanno:** lotteria abbinata al programma musicale del sabato sera, il 6 gennaio di ogni anno viene estratto il biglietto vincente.
**Dario Fo:** vincitore del Premio Nobel per la letteratura nel 1997.

*Dario Fo e Franca Rame*

## Commento

_____

_____

_____

_____

_____

_____

_____

_____

Leggi queste notizie su due noti cantanti italiani.
Sono due grandi autori della canzone italiana, Lucio Battisti, morto nel 1998, e per il quale tutta l'Italia si è commossa, e Eros Ramazzotti, uno dei contemporanei più amati. Pensi che le loro canzoni abbiano qualcosa in comune?

### Lucio Battisti. Una vita di emozioni

È stato unico e forse non ce ne sarà un altro come lui. E la sua storia, la sua lunga avventura musicale, le sue canzoni, lo testimoniano. Fin dagli **esordi**: "Le sue composizioni sono strane, anticonformiste, eppure trattano essenzialmente i problemi dei giovani. Lucio parla ai giovani usando il loro linguaggio". Così recitava l'inizio della prima scheda biografica realizzata dalla Dischi Ricordi su Lucio Battisti. Era il 1965.
Nel '70 esce *Fiori rosa, fiori di pesco*, con cui vince per il secondo anno consecutivo il *Festivalbar*. Sempre nel corso dello stesso anno dà a *Mina* una splendida canzone, *Insieme*, che inaugura nel migliore dei modi una lunga e importante collaborazione musicale.
La maturità, come interprete e come autore, viene consolidata dal suo secondo album, intitolato "Emozioni". Battisti diventa un punto fermo della canzone italiana. Ha i capelli lunghi e si veste come i *capelloni* dell'epoca ma le sue canzoni sono quelle di un ragazzo tranquillo, capace di disperarsi per un amore perduto, che vive grandi gioie e grandi emozioni.

### Fiori rosa fiori di pesco (Da "Emozioni")
Fiori di rosa fiori di pesco, c'eri tu fiori nuovi,
stasera esco, ho un anno di più stessa strada,
stessa porta.
Scusa
Se son venuto qui questa sera da solo
Non riuscivo a dormire perché di notte
Ho ancor bisogno di te fammi entrare per favore
Sol credevo di volare e non volo
Credevo che l'azzurro di due occhi
Per me fosse sempre cielo...

### Eros: Anastacia tra le mie signore

Eros e le donne. Un rapporto complicato. Ci sono le decine di fan che dopo i concerti fanno la fila davanti al **camerino** e farebbero l'impossibile per entrarci. Ci sono le **presunte** fidanzate che gli vengono attribuite. Infine ci sono le "signore della canzone" che **duettano** con lui. La prima è stata Patsy Kensit nell'87 ("La luce buona delle stelle"), poi Tina Turner ("Cose della vita – Can't Stop Thinking of You"), quindi Cher ("Più che puoi"). La prossima è Anastacia. Nel nuovo album del cantautore, uno dei più attesi dell'autunno per "I Belong to You" – Il ritmo della vita".
Il nuovo album uscirà ad ottobre. Non c'è ancora un titolo, ma Eros anticipa la svolta. "È un disco molto positivo. Non mi piango più addosso come in "9". Eppoi la gente vuole ascoltare cose positive", anticipa. Durante la lavorazione di "9" c'erano state la morte della mamma e la **rottura** con Michelle Hunziker a velare di malinconia le canzoni. "I dischi sono il quadro della mia vita, non mi invento nulla", aggiunge.

### Solo ieri (Da "9")

Solo ieri c'era lei nella vita mia solo ieri c'era un sole che metteva allegria e io mai credevo proprio che mai mai più andasse via…

Forse è stata tutta qui la mia ingenuità solo ieri quando era più leggera la mia età ora so si paga in pianto però per crescere di più, ora lo so…

Parlerò al futuro perciò guarderò più in là nel tempo con la convinzione che ho che da questo momento ne uscirò…

No non può finire qui la vita inventerò ancora per un po'…no non può finir così qualcuno troverò e rinascerò…già da domani poi pensando ad oggi dirò è solo ieri ormai…

#### ● LESSICO

● **Esordi** - inizi.
● **Camerino** - stanza usata nei teatri e negli studi cinematografici dove gli attori e i cantanti si cambiano e si truccano.
● **Presunte** - immaginate, ipotizzate.
● **Duettano** - (⇐ duettare), cantare in due.
● **Rottura** - in questo caso interruzione, cessazione, fine di un rapporto.

#### ● NOTA

***Festivalbar:*** competizione canora itinerante, che si tiene in diverse città nei mesi di giugno e luglio.
***Mina:*** una delle cantanti più brave di musica leggera, popolarissima negli anni '60, '70 e '80.
***Capelloni:*** i giovani che facevano parte della "Beat Generation" e che, in segno di protesta, portavano i capelli lunghi.

## Revisione

Sanremo, località turistica della riviera ligure, è famosa non solo per il clima mite e la coltivazione di fiori ma anche per il Festival della Canzone, che dal 1951 si tiene ogni anno nel mese di febbraio. Molti dei migliori cantanti italiani hanno partecipato al Festival e sono diventati famosi. Da Modugno con *Volare* a Mina a Gino Paoli. Il Festival rimane una delle trasmissioni canore più seguite dal pubblico.

Negli anni '70 si afferma la canzone d'autore di Fabrizio De Andrè, Lucio Dalla, Claudio Baglioni, Lucio Battisti. Anche se molte delle loro canzoni riflettono le tensioni sociali di quel periodo, sono principalmente canzoni d'amore. Tra questi cantautori Lucio Battisti è molto importante e ha segnato un'epoca. Nelle sue canzoni racconta i sogni, gli amori, le delusioni, i sentimenti dei giovani degli anni '70 e '80. Negli anni '90 si afferma un altro tipo di canzone melodica e romantica con Eros Ramazzotti popolare anche all'estero, infatti molte delle sue canzoni sono cantate anche in spagnolo.

Celentano è diventato famoso anche per trasmissi[oni] televisive dai toni polemici e provocanti ma molto [se]guite dal pubblico tra la fine degli anni '90 e i primi a[nni] del 2000, distinguendosi sempre per l'impegno civile [ed] ecologico. Raffaella Carrà rappresenta una novità pe[r la] televisione italiana perché è la prima ballerina a mostr[are] l'ombelico, per molti anni ha preso parte a trasmissi[oni] televisive di vario genere cantando e ballando.

## ATTIVITÀ 19

Sono foto di sportivi italiani. Sapete riconoscerli, cosa sapete di loro? In quali specialità hanno primeggiato?
Sono conosciuti nel vostro Paese? Riempite la griglia.

| Foto | Nome e Cognome | Specialità | Notizie |
|------|----------------|------------|---------|
|  |  |  |  |
|  |  |  |  |
|  |  |  |  |
|  |  |  |  |
|  |  |  |  |
|  |  |  |  |

Conoscete altri sportivi italiani?
Quali sono le loro specialità?
Pensate che il popolo italiano sia molto sportivo? Giustificate la vostra risposta.

_____

_____

_____

_____

_____

_____

_____

_____

## Torino: XX Olimpiade Invernale

I XX Giochi Olimpici Invernali si sono tenuti a Torino dal 10 al 26 febbraio 2006. Le gare si sono svolte sia a Torino sia in altre otto località del *Piemonte*. Precedentemente altre due città italiane erano state sedi di manifestazioni olimpiche, *Cortina d'Ampezzo* nel 1956 con i VII Giochi Olimpici Invernali, e Roma nel 1960 con i Giochi della XVII Olimpiade. La cerimonia di apertura della XX edizione dei Giochi Olimpici Invernali si è tenuta il 10 febbraio 2006 alle ore 20.00 presso lo Stadio Olimpico di Torino. Lo spettacolo, durato circa due ore e mezza, ha legato momenti di celebrazione dell'identità italiana a suggestivi momenti **protocollari** come l'ingresso della bandiera olimpica e l'arrivo della fiamma.

Il giuramento olimpico è stato pronunciato dallo sciatore alpino Giorgio Rocca a nome degli atleti, e da Fabio Bianchetti a nome dei giudici. L'ultimo **tedoforo** è stata la fondista Stefania Belmondo, l'atleta italiana che ha vinto il maggior numero di medaglie olimpiche (10), che ha dato il via all'accensione del **braciere** olimpico, disegnato come la torcia da *Pininfarina*. La struttura, alta 57 metri, è il braciere più alto utilizzato finora nella storia dei Giochi Olimpici.
La cerimonia di chiusura si è tenuta allo Stadio Olimpico la sera del 26 febbraio 2006. Il tema scelto per lo spettacolo è stato il *Carnevale italiano*, i cui festeggiamenti coincidevano, nel calendario del

*Veduta di Torino*

2006, con gli ultimi giorni dei Giochi Olimpici. Agli spettatori e agli atleti sono state fornite **mascherine** da indossare sul viso. Nei vari quadri della coreografia sono stati presentati costumi ispirati ai film di *Federico Fellini*, i carri del *Carnevale di Viareggio*, le maschere tipiche come Arlecchino e Pulcinella a bordo di *Vespe* e *Fiat 500*.

Nel corso della serata, che si è conclusa con uno spettacolo **pirotecnico**, si sono esibiti i cantanti italiani *Andrea Bocelli* e Elisa, la canadese Avril Lavigne nel quadro dedicato al Paese sede dei prossimi giochi, e Ricky Martin.

**Il logo** delle Olimpiadi mostra la sagoma della *Mole Antonelliana* stilizzata con cristalli di ghiaccio bianchi e azzurri, neve e cielo, che formano una rete, simbolo dello spirito olimpico.

### Discipline olimpiche:

84 eventi in 15 discipline: Biathlon, Bob, Combinata nordica, Curling, Freestyle, Hockey su ghiaccio, Pattinaggio di figura, Pattinaggio di velocità, Salto con gli sci, Sci alpino, Sci di fondo, Short track, Skeketon, Slittino, Snowboard.

**Medaglie italiane**

**ORO**

**Slittino:** singolo maschile Armin Zöggeler.

**Pattinaggio di velocità:** a squadre maschile Matteo Anesi, Stefano Donagrandi, Enrico Fabris, Ippolito Sanfratello, Ermanno Ioratti; 1500 m maschile Enrico Fabris.

**Sci di fondo:** staffetta 4x10 km maschile Fulvio Valbusa, Giorgio Di Centa, Pietro Piller Cottrer e Cristian Zorzi; 50 km maschile Giorgio Di Centa.

**BRONZO**

**Pattinaggio di velocità:** 5000 m maschile Enrico Fabris.

**Sci di fondo:** 30 km maschile Pitro Piller Cottrer; staffetta 4x5 km femminile Arianna Follis, Gabriella Paruzzi, Antonella Confortola e Sabina Valbusa.

**Slittino:** doppio maschile Gerhard Plankensteiner e Oswald Haselrieder.

**Bob:** a due femminile Grada Weißensteiner e Jennifer Isacco.

**Short track:** staffetta 3000 m femminile Marta Capurso, Mara Zini, Arianna Fontana e Katia Zini.

*Veduta delle piste al Sestrière*

## LESSICO

• **Protocollari** - del protocollo, cioè insieme di regole della cerimonia.

• **Tedoforo** - colui che porta la fiaccola (bastone, ramo, tronco con una estremità accesa) olimpica, che viene portata da Atene alla sede dei giochi olimpici e resta accesa per tutta la durata delle gare.

• **Braciere** - vaso pieno di brace (resti di un fuoco) accesa.

• **Mascherine** - mezza maschera che copre la metà superiore del viso.

• **Pirotecnico** - costituito da fuochi d'artificio.

• **Il logo** - rappresentazione grafica di un prodotto o marchio.

## NOTA

***Piemonte:*** regione del Nord-Ovest con capoluogo Torino. Confina a ovest con la Francia, a nord-ovest con la Valle d'Aosta e a nord con la Svizzera.

***Cortina d'Ampezzo:*** nota località invernale in provincia di Belluno, nel Veneto. È nel centro della Valle d'Ampezzo nelle Dolomiti, montagne famose per la loro bellezza. Nel 1956 ci sono state le Olimpiadi Invernali e tuttora ospita importanti gare internazionali di sci.

***Pininfarina:*** famosa azienda italiana nel settore automobilistico fondata a Torino nel 1930. Dopo la Seconda Guerra Mondiale disegna la Cisitalia 202, la prima macchina che nel 1947 ha l'onore di un posto in un museo, il MOMA di New York, da quel momento è conosciuta a livello mondiale e ha continuato a disegnare macchine famose come l'Alfa Romeo spyder, la Fiat 124 spyder, la Ferrari Dino, la Ferrari Daytona, la Lancia Beta Montecarlo e la Lancia Gamma Berlina e Coupé.

***Carnevale italiano:*** la festa delle maschere e dei costumi (famoso il Carnevale di Venezia) che si celebra prima della Quaresima (periodo di 40 giorni precedente la Pasqua dedicato alla preghiera e alla penitenza). Ha origini antiche, i Romani festeggiavano i "Saturnali" e la parola "carnevale" deriva dal latino "carnem levare" poi modificato in "carnevale" che significa levare la carne ed indica il banchetto di abolizione della carne prima del periodo di digiuno della Quaresima.

***Federico Fellini:*** vedi Unità 5 Attività 7.

***Carnevale di Viareggio:*** il carnevale che si tiene ogni anno a Viareggio, località turistica della Toscana lungo la costa tirrenica. Si celebra con una sfilata di carri allegorici nella via pricipale che costeggia il mare.

***Vespe e Fiat 500:*** storico modello di scooter e una delle automobili più famose, simbolo di un'epoca (vedi Unità 5 Attività 13).

***Andrea Bocelli:*** cantante lirico italiano famoso in tutto il mondo.

***Mole Antonelliana:*** monumento simbolo di Torino, prende il nome dall'architetto che la costruì nel 1863, Alessandro Antonelli. Originariamente doveva essere una Sinagoga, oggi è sede del Museo Nazionale del Cinema. È l'edificio in muratura più alto d'Europa, 167 metri.

**Secondo voi perché per la coreografia ci si è ispirati ai film di Federico Fellini, al Carnevale di Viareggio, ad Arlecchino e Pulcinella e alla Vespa e Fiat 500? Quale idea dell'Italia danno? Voi che cosa avreste scelto?**

_____

_____

_____

_____

_____

_____

_____

**Per le Olimpiadi del Vostro Paese a cosa ci si potrebbe ispirare?**

_____

_____

_____

_____

_____

_____

_____

_____

_____

## evisione

Italia c'è una lunga tradizione di sportivi che si sono stinti nelle loro discipline e che orgogliosamente rappresentano l'Italia nelle competizioni internazionali. Nel ciclismo ricordiamo i noti campioni Alfredo Binda, Fausto Coppi e Marco Pantani che nello stesso anno, 1998, ha vinto il Tour de France e il Giro d'Italia. Nel calcio si sono distinti Giuseppe Meazza, Gianni Rivera, Gigi Riva e più recentemente Alessandro Del Piero, capitano della Juventus, che nel 2008 ha segnato il record di 217 gol per la sua squadra e 27 gol come giocatore della Nazionale italiana. Nello sci Alberto Tomba ha vinto 3 Medaglie d'Oro alle Olimpiadi ed è stato 8 volte Campione del Mondo nello slalom speciale e gigante, sue specialità. Nel tennis è stato campione Adriano Panatta e nel pugilato Nino Benvenuti.

Tra i campioni degli ultimi anni ricordiamo Deborah Compagnoni, campionessa olimpionica di slalom gigante in due Olimpiadi nel 1992 e 1994; il ginnasta Yuri Chechi, chiamato il "Signore degli anelli" perché gli anelli sono la sua specialità, che ha vinto diversi campionati europei e mondiali e la Medaglia di Bronzo alle Olimpiadi di Atlanta del 1996 e di Atene del 2004. Nel nuoto, la tuffatrice Tania Cagnotto ha vinto la Medaglia di Bronzo in quattro campionati mondiali nel tuffo da un trampolino di 3 metri. Infine, non si può dimenticare Valentino Rossi, straordinario motociclista che a soli sedici anni nel 1995 ha vinto il suo primo campionato del mondo. Lo sport più seguito è il calcio.

Ogni domenica gli italiani seguono la partita della squadra del cuore alla televisione o negli stadi e la domenica la maggior parte dei programmi televisivi è dedicata al calcio. Ogni città ha la sua squadra di calcio e ogni anno si gioca il campionato di calcio che inizia ad agosto/settembre e finisce a maggio/giugno con la squadra vincitrice dello scudetto (coppa). Grandi emozioni in tutto il Paese ha suscitato la vittoria degli Azzurri, la nazionale italiana, contro la Francia nella finale per la Coppa del Mondo nel luglio 2006 in Germania.

Dopo il calcio lo sport più seguito è il ciclismo; dal 1909 a maggio per tre settimane c'è il famoso "Giro d'Italia", una gara ciclistica a tappe che attraversa la penisola su un percorso diverso ogni anno. In inverno anche lo sci è molto seguito, ci sono importanti gare di sci e campionati europei sia nella discesa che nello sci di fondo. A Torino e nelle località sciistiche delle Alpi piemontesi si sono tenute le Olimpiadi invernali nel febbraio 2006 e gli italiani si sono distinti nello sci di fondo, vincendo due medaglie d'oro e due di bronzo.

Il calcio è anche lo sport più praticato, è molto comune vedere dei ragazzi (ma anche gruppi di adulti) giocare a calcio al parco o in un campo sportivo. Anche il ciclismo è molto diffuso, sia con la bicicletta da corsa che con la "mountain bike", mentre in inverno si pratica lo sci, sia quello di fondo che la discesa. Le piste da sci, quasi tutte nelle Alpi del nord d'Italia, sono molto affollate durante le vacanze natalizie e nei mesi di febbraio e marzo per la "settimana bianca", usanza molto comune negli ultimi anni di trascorrere una settimana in montagna.

**ATTIVITÀ 20**

È un brano di Andrea Camilleri, scrittore molto apprezzato in Italia e all'estero malgrado la sua prosa sia poco comprensibile, senza un po' di abitudine ad interpretarla, anche agli stessi italiani perché scritta in una sorta di siciliano. Il personaggio più famoso di Camilleri è il Commissario Salvo Montalbano, poliziotto con metodi tutti suoi di indagine, una sua profonda morale e un grande amore per la buona cucina.
Leggi questo episodio, prova a trasporlo nella tua cultura e rispondi alle domande.

## Il Commissario Montalbano

*"Che voli mangiari?"*
*"M'hanno detto che lei sa fare benissimo i polipi alla napoletana."*
*"Giusto dissero."*
*"Li vorrei assaggiare."*
*"Assaggiare o mangiare?"*
*"Mangiare. Ci mette i passuluna di Gaeta?"*
*Le olive nere di Gaeta sono fondamentali per i polipi alla napoletana.*
*Filippo lo taliò sdignato alla domanda.*
*"Certo. E ci metto macari la chiapparina."*
*Ahi! Quella rappresentava una novità che poteva rivelarsi deleteria: non aveva mai sentito parlare di capperi nei polipi alla napoletana.*
*Uno che di cucina non ne capisce, potrebbe ammaravigliarsi: e che ci vuole a fare due polipetti alla napoletana? Aglio, oglio, pummadoro, sale, pepe, pinoli, olive nere di Gaeta, uvetta sultanina, prezzemolo e fettine di pane abbrustolito: il gioco è fatto. Già e le proporzioni?*
*Trasìrono due òmini, la faccia coperta dal passamontagna, pistole alla mano.*
*"Tutti fermi" intimò uno dei due ch'era minuto di statura. Il suo compagno, invece, era una specie di colosso.*
*L'omo minuto taliò il commissario e disse:*
*"A tia cercavo, e finalmente ti trovai."*
*L'omo minuto arrivò all'altezza del tavolo di Montalbano.*
*"Se vuoi prigare, prega" fece.*
*E allora successe l'incredibile. Muovendosi con silenziosa rapidità, il colosso levò il matterello a Filippo impietrito, si mise darrè al compagno che stava per sparare al commissario e gli calò con forza il matterello sulla testa.*
*Il colosso agguantò il suo compagno svenuto per il colletto, se lo strascinò, raprì la porta, niscì.*
*Montalbano si susì di scatto, corse da Filippo che rotea-*

"Che vuole mangiare?"
"M'hanno detto che lei sa fare benissimo i polipi alla napoletana."
"Dissero bene."
"Li vorrei assaggiare."
"Assaggiare o mangiare?"
"Mangiare. Ci mette i passuluna di Gaeta?"
Le olive nere di Gaeta sono fondamentali per i polipi alla napoletana.
Filippo lo guardò sdegnato alla domanda.
"Certo. E ci metto anche i capperi."
Ahi! Quella rappresentava una novità che poteva rivelarsi deleteria [dannosa]: non aveva mai sentito parlare di capperi nei polipi alla napoletana.
Uno che di cucina non ne capisce, potrebbe meravigliarsi: e che ci vuole a fare due polipetti alla napoletana? Aglio, olio, pomodoro, sale, pepe, pinoli, olive nere di Gaeta, uvetta sultanina, prezzemolo e fettine di pane abbrustolito: il gioco è fatto. Già e le proporzioni?
Entrarono due uomini, la faccia coperta dal passamontagna, pistole alla mano.
"Tutti fermi" intimò uno dei due ch'era minuto [piccolo e magro] di statura. Il suo compagno, invece, era una specie di colosso.
L'uomo minuto guardò il commissario e disse:
"Cercavo te, e finalmente ti ho trovato."
L'uomo minuto arrivò all'altezza del tavolo di Montalbano.
"Se vuoi pregare, prega" fece.
E allora successe l'incredibile. Muovendosi con silenziosa rapidità, il colosso levò il matterello [strumento di legno per stende la pasta] a Filippo impietrito, si mise dietro al compagno che stava per sparare al commissario e gli calò con forza il matterello sulla testa.
Il colosso agguantò [prese con forza] il suo compagno svenuto per il colletto, lo trascinò, aprì la porta, uscì.

*va gli occhi come un pazzo, lo schiaffeggiò.*
*"Forza, che i polipetti s'abbrusciano!"*
*Malgrado lo scanto che si era pigliato, Filippo seppe cucinare come Dio comanda e Montalbano si leccò le dita.*
*Però la domanda principale restava sempre la stessa: perché [il colosso] si era arrisolto a salvare il commissario mettendo a repentaglio la sua stessa vita, se quelli che l'avevano mandato, i suoi capi, non avessero creduto alla sua versione dei fatti?*

Montalbano si alzò di scatto, corse da Filippo che roteava [girava] gli occhi come un pazzo, lo schiaffeggiò.
"Forza, che i polipetti bruciano!"
Malgrado la paura che si era presa, Filippo seppe cucinare come Dio comanda e Montalbano si leccò le dita.
Però la domanda principale restava sempre la stessa: perché [il colosso] aveva deciso di salvare il commissario **mettendo a repentaglio** la sua stessa vita, se quelli che l'avevano mandato, i suoi capi, non avessero creduto alla sua versione dei fatti?

### LESSICO

• **Mettendo a repentaglio** - (⇐ mettere a repentaglio), mettere in pericolo.

**Con quale piatto della tua cultura lo sostituiresti?** _____

**In quale ambiente inseriresti la storia?** _____

_____

_____

**Secondo te chi possono essere i capi che hanno ordinato di uccidere il commissario?** _____

_____

**Conosci piatti tipici della cucina regionale italiana?** _____

_____

_____

**Nel tuo Paese ci sono ristoranti italiani?** _____

_____

**Quale cibo italiano è più apprezzato dai tuoi connazionali?** _____

_____

**Leggi ora questa ricetta di cucina siciliana. Secondo te quali sono gli ingredienti tipicamente italiani?**
**Seguendo il modello che hai nella ricetta siciliana scrivi poi una ricetta di una regione del tuo Paese in cui ci siano ingredienti tipici.**

### Sicilia: Pasta alle sarde

300 grammi di pasta, olio, 350 gr. di **finocchietto** selvatico di montagna, 3 spicchi d'aglio **schiacciati**, 100 grammi di filetti di acciuga **dissalati** e **pestati a poltiglia in un mortaio** con 1 cucchiaio di prezzemolo tritato. ¼ di cipolla tritata fine. 500 gr. di **sardelle** fresche, pulite, **sfilettate**, lavate e asciugate. 40 gr. di pinoli. 40 gr. di **uvetta sultanina** lavata. Una puntina di **zafferano**. Sale e pepe.

Mettere in un **tegame** 2 cucchiai d'olio, 2 spicchi d'aglio, qualche cucchiaio d'acqua, 20 gr. di finocchietto e condire con sale e pepe; a **imbiondimento** dell'aglio mescolarvi i filetti di sarde e cuocerli per qualche minuto a calore moderato; eliminare l'aglio e tenere da parte. **Sbollentare** per ¼ d'ora il finocchietto rimasto, **sgocciolarlo**, tritarlo e tenerlo da parte; tenere da parte anche la sua acqua. Mettere in un tegame qualche cucchiaio d'olio e farvi dorare lo spicchio d'aglio rimasto con la cipolla tritata; aggiungere il finocchietto tritato, l'uvetta, i pinoli e il pesto d'acciuga e prezzemolo diluito con un **ramaiolo** dell'acqua di cottura del finocchietto, far cuocere a calore moderato per qualche minuto. Al momento di servire aggiungere all'acqua in cui sono stati lessati i finocchietti l'acqua necessaria leggermente salata, far prender l'ebollizione, gettarvi la pasta e sgocciolarla al dente. Mettere la pasta in una **teglia** alternandola con strati di sarde e con la salsa, con i finocchietti sbollentati, coi pinoli, con l'acciuga, ecc.; terminare con uno strato di salsa. Mettere nel forno a calore moderato per circa 20 minuti. Servire ben caldo.

## LESSICO

- **Finocchietto** - (finocchio) selvatico (che cresce spontaneamente, non coltivato) pianta mediterranea molto profumata della famiglia delle Ombrellifere (a forma di ombrello e con piccoli rametti che per la loro forma ricordano il fiocco di neve).
- **Schiacciati** - (⇐ schiacciare) premuti con forza fino a che non perdono la forma, pestati.
- **Dissalati** - a cui è stato tolto il sale.
- **Pestati a poltiglia in un mortaio** - schiacciati fino a diventare una massa morbida in un recipiente (generalmente di marmo).
- **Sardelle** - sarda (pesce di piccole dimensioni di colore azzurro-argento e dalle carni saporite).
- **Sfilettate** - tagliate in filetti (righe sottili).
- **Uvetta sultanina** - qualità di uva bianca e senza semi molto dolce seccata, non più fresca.
- **Zafferano** - pianta che seccata produce una polvere gialla che serve a dare colore e sapore ad alcuni cibi.
- **Tegame** - recipiente per cuocere cibi, tondo e basso.
- **Imbiondimento** - (⇐ imbiondire) rendere biondo, far assumere ai cibi un colore dorato.
- **Sbollentare** - tuffare i cibi in acqua bollente per pochissimo tempo.
- **Sgocciolarlo** - far cedere l'acqua.
- **Ramaiolo** - arnese da cucina a forma di un grosso cucchiaio tondo.
- **Teglia** - tegame generalmente senza manici che può essere usato anche in forno.

**Ricetta del mio Paese:**

_____

_____

_____

_____

_____

_____

_____

_____

_____

_____

_____

_____

_____

_____

_____

_____

_____

_____

_____

_____

## Revisione

Tra gli scrittori contemporanei il siciliano Andrea Camilleri è il "caso letterario" di questi anni. Molto popolare in Italia ed apprezzato anche all'estero, in particolare in Spagna e Francia, nei suoi romanzi pseudo-gialli ambientati in Sicilia "inventa" un linguaggio dialettale, un siciliano caratterizzato da una forte carica comica e umoristica. I suoi romanzi polizieschi, che hanno come protagonista il commissario Montalbano, sono stati adattati per la televisione in uno sceneggiato che ha avuto molto successo (interpretato dall'amato attore Luca Zingaretti) e ha contribuito alla sua popolarità. Montalbano indaga su grandi e piccoli crimini e ha una passione: la cucina. In questo modo ha reso famosi i piatti più tipici della cucina siciliana. Come abbiamo visto nelle precedenti unità l'Italia è stata divisa in piccoli stati per secoli ed è per questo che ogni regione italiana ha una sua storia, un proprio dialetto, diverse usanze e tradizioni ed anche una cucina particolare. Alcuni piatti e dolci tipici siciliani sono la pasta con le sarde, la pasta con le melanzane, i cannoli, la pasta di mandorle, le casate e le granite. Famosa in tutto il mondo è la pizza napoletana, altri piatti e dolci tipici della Campania sono l'insalata caprese, gli spaghetti con le vongole e i babà al rhum. Il risotto giallo e la cotoletta alla milanese sono piatti tipici lombardi, la pasta con pesto e la focaccia sono liguri e nel Veneto si mangia il fegato alla veneziana e il risotto nero di seppie. Per finire c'è la pasta fatta in casa dell'Emilia-Romagna, i tortellini in brodo, i ravioli, i cappelletti. Ma la cucina italiana regionale è ricca di numerosi altri piatti tipici tutti ugualmente buoni anche se non conosciuti all'estero.

### Gusto mediterraneo di aglio

Stuzzicante e saporito trionfa in moltissimi piatti delle cucine regionali. Ci sono tanti modi di usarlo, alcuni anche molto "soft", ideali per chi non lo tollera.

Più che un odore che si sovrappone a quello dell'alimento a cui è aggiunto, l'aglio deve esser un sottile profumo che stuzzichi naso e palato. Più che sentirlo, insomma, bisognerebbe "sospettarlo".

La resa di sapore dell'aglio varia in base al tipo di cottura che riceve. Quando viene cotto in acqua, cambia aroma e perde molta della sua aggressività. L'aglio che cuoce in un grasso, invece, va sorvegliato con cura, perché, a seconda del trattamento che riceve, dà un risultato assai diverso. Tipico esempio, la celebre pasta "aglio e olio", che può essere sublime se l'aglio viene scaldato al punto giusto o un disastro se viene lasciato troppo sul fuoco. Cotto in forno, l'aglio fornisce una pasta profumata, comoda da usare, perché si conserva in frigo e si usa in piccolissime quantità.

### Confini invisibili. Il regno dell'olio e l'impero del burro

Sulle carte geografiche sono riportati in genere solo i confini politici o amministrativi. Spesso però sono più importanti, per individuare le differenze reali tra i popoli, altri confini, invisibili però più sentiti, perché riguardano le abitudini di vita della gente. Cominciando da quelli alimentari, come quello che separa le zone d'Europa dove si cucina con l'olio da quella dove prevale l'uso del burro. Il confine olio-burro è una delle più antiche linee di demarcazione tra due anime europee, quella mediterranea e quella continentale. Negli ultimi anni il regno dell'olio ha però progressivamente allargato i suoi confini, conquistando il nord-Italia, penetrando in profondità in Francia e nei Balcani. E conquistando importanti posizioni nelle regioni settentrionali, dove il burro ancora prevale.

## ATTIVITÀ 21

Nel corso degli ultimi decenni l'Italia da Paese di emigrazione è divenuto Paese di immigrazione. Leggi le notizie su Telefono Mondo, servizio del Progetto Integrazione coop. A.r.l. di Milano.
Leggi poi l'articolo in cui si parla dell'immigrazione in Italia.

Cosa pensi si stia facendo in Italia riguardo a questo recente problema sociale? _____

_____

_____

_____

_____

Ripensa all'inizio di questa Unità e all'evoluzione di un secolo della società italiana. Cosa è cambiato?

_____

_____

_____

_____

_____

Perché l'Italia è divenuta Paese di immigrazione e non è più un Paese di emigrazione? Discuti con i tuoi compagni.

_____

_____

_____

_____

_____

_____

_____

## Telefono Mondo

Telefono mondo è il primo servizio telefonico in Italia di informazioni su tutto quanto riguarda gli immigrati e le problematiche dell'immigrazione.
È un servizio specificamente pensato per rispondere ai bisogni informativi di
• Immigrati neo arrivati; immigrati già residenti da tempo
• Richiedenti asilo e rifugiati
• Operatori di servizi sociali, sanitari, amministrativi, educativi e formativi

• Associazioni, gruppi di volontariato, sindacati, imprese
• Cittadini (amici, parenti di immigrati).

TM funziona per tutto il territorio nazionale, fornendo aiuti e risposte da qualsiasi città si chiami.
TM non si sostituisce ai servizi esistenti, bensì li integra, contribuendo a valorizzarne e potenziarne l'efficacia.

## Il nuovo scenario demografico e il fenomeno migratorio

Il processo di invecchiamento determinerà non solo una crescita **dimensionale** degli anziani, ma anche quella delle persone in età lavorativa con più di 45 anni **a scapito** dell'**aggregato** potenzialmente produttivo più giovane. Un cambiamento significativo ed importante attende la società italiana che vedrà modificarsi in maniera radicale la composizione e la struttura della popolazione e, in particolare, di quella parte che più direttamente e più intensamente sostiene le attività economiche. E questa dinamica è destinata a verificarsi anche in presenza di un **apporto** positivo dell'immigrazione nell'ordine delle 110 mila unità annue, un obiettivo il cui raggiungimento è tutt'altro che certo e scontato.
Una trasformazione così intensa nella struttura per età, e che interesserà la nostra realtà nei prossimi anni, imporrà di rivedere istituti, **assetti** e modi della vita sociale, costruiti su una forma della po-

polazione completamente diversa da quella che si va realizzando sotto i nostri occhi.
Ma quale ruolo potrà avere l'immigrazione in questo processo di trasformazione demografica?
Una immigrazione consistente non è in grado di assorbire la riduzione della componente più giovane della popolazione in età lavorativa, ma può al più contribuire a ridurla.
(Ma) anche se l'immigrazione non può essere in grado di contrastare da sola e completamente le dinamiche strutturali determinate da un *calo della fecondità* rapido ed intenso come quello che si è registrato in Italia, il suo contributo a ridurne e a ritardarne gli effetti è di grande rilevanza. Senza la variabile migratoria i calcoli dell'*ISTAT* ci avrebbero mostrato una struttura per età ancora più invecchiata e fonte potenziale di ancor maggiori problemi.

in Italia ha comportato un aumento della popolazione in età avanzata rispetto a quella in età lavorativa con squilibri socio-economici e che si sentono soprattutto nella sfera dell'assistenza agli anziani per i quali si ricorre sempre più spesso all'aiuto di personale non italiano.
*Istat:* Istituto di statistica che fornisce i rapporti nazionali sulla società italiana.

---

**LESSICO**
• **Dimensionale** - relativo alle dimensioni.
• **A scapito** - a danno, a svantaggio.
• **Aggregato** - raggruppamento, complesso.
• **Apporto** - contributo.
• **Assetti** - sistemazioni, posizioni.

*NOTA*
*Calo della fecondità:* la diminuzione delle nascite

## Ripartizione per sesso e per motivi dei nuovi permessi nel 2000

| Motivo | Maschi | Femmine |
|---|---|---|
| Lavoro dipendente/autonomo | 68,7 % | 35,9 % |
| Motivi familiari | 13,7 % | 41,7 % |
| **Inserimento stabile non lavorativo** | | |
| Motivi religiosi, residenza elettiva | 3,1 % | 4,6 % |
| Asilo/Motivi umanitari | 3,8 % | 1,1 % |
| Studio | 4,3 % | 7,3 % |
| Adozioni/affidamento | 2,8% | 1,7% |
| Breve durata (affari, sport, missione…) | 3,1 % | 7,5 % |
| Minori non accompagnati | 0,5 % | 0,2 % |

## Revisione

Dopo il miracolo economico degli anni '60 (vedi Unità 5 Attività 7) l'Italia diventa uno dei paesi più ricchi e industrializzati del mondo; per questa ragione da Paese d'emigrazione è diventato un Paese d'immigrazione, tra i maggiori in Europa. Nella seconda metà degli anni '80 incominciano ad arrivare in Italia gli extracomunitari, in particolare i filippini seguiti da marocchini, tunisini, egiziani. Dopo il crollo del comunismo, negli anni '90, arrivano gli slavi, gli albanesi, i rumeni, i croati ecc. I sudamericani e i cinesi sono gli ultimi immigrati in ordine di tempo. È difficile stabilire il numero di extracomunitari presenti sul territorio perché ci sono anche molti clandestini; per lo più lavorano nei ristoranti come cuochi e camerieri, come commessi nei negozi, come contadini nell'agricoltura e come infermieri negli ospedali; molte donne lavorano come "badanti", cioè si prendono cura di persone anziane. Questi immigrati rispondono alle esigenze del mercato italiano di una manodopera a basso costo e cambiano l'immagine dell'Italia che da Paese di emigrazione è diventata Paese di immigrazione. Un fattore positivo è il rinnovamento che hanno portato nella popolazione italiana ormai invecchiata perché il tasso di natalità è il più basso d'Europa.

# GLOSSARIO

A
B
C

- **A botte = barrel vault** - volta a forma circolare.
- **A crociera = cross vault** - volta a sesto acuto, cioè angolo stretto.
- **A scaglioni = in groups/in stages** - a fasce, a gruppi.
- **A scapito = at a loss** - a danno, a svantaggio.
- **A scopo di lucro = lucrative/ for profit** - per avere un guadagno.
- **Abbatterono = to overthrow** - (⇐ abbattere) prendere possesso con la forza e far cadere con violenza.
- **Abbinato = combined/united** - collegato.
- **Abbonati = subscriber(s)** - che pagano un canone, una quota fissa.
- **Accovacciato = crouched** - piegato sulle ginocchia.
- **Adocchiò = to notice** - (⇐ adocchiare) scorgere, notare.
- **Affarini = small objects** - piccoli oggetti.
- **Aggregato = group** - raggruppamento, complesso.
- **Aggregazione = gathering/association** - riunione, raggruppamento.
- **Agiata = wealthy** - benestante.
- **Agonistica = agonistic** - competitiva.
- **Alabarda = halabard** - arma composta di due armi messe una in verticale e una orizzontale su un'asta di legno.
- **Allestire = to stage/to organize** - organizzare.
- **Allumiere = allum mine** - miniera d'allume, solfato.
- **Altarini = small altar** - piccoli altari, altare - tavola sulla quale il sacerdote celebra le sacre funzioni, in senso metaforico qui indica *celebrazione della modernità*.
- **Alternanza = alternation** - successione di due o più elementi.
- **Altresì = also** - anche.
- **Ameriganisòforti = Americans are great, cool** - "gli americani sono forti", nella varietà romanesca.
- **Ammonisce = cautions/warns (to caution/to warn** - (⇐ ammonire) consigliare, incoraggiare.
- **Ancoraggio = anchorage** - gettare l'ancora, l'atto di fissare qualcosa di mobile a un punto stabile.
- **Annessione = annexation** - appropriazione di un territorio da parte di uno stato.
- **Apocalisse = Apocalypse** - ultimo dei libri del Nuovo Testamento, in senso metaforico catastrofe, fine del mondo.

- **Appagato = satisfied** - soddisfatto.
- **Apporto = contribution** - contributo.
- **Archetipo = archetype** - simbolo, modello originario.
- **Arda = to burn** - (⇐ ardere) bruciare - bruci.
- **Ardere al rogo = to burn at the stake** - bruciare, come si faceva con gli eretici, cioè coloro che andavano contro le leggi della Chiesa. Il tribunale della Santa Inquisizione bruciò al rogo molti eretici, maghi e streghe; famosi eretici italiani sono Savanarola e Giordano Bruno.
- **Armeggiare = to bustle** - usare, essere impegnato a usare.
- **Arruolati = to join the army** - (⇐ arruolare) chiamare a far parte di un esercito o di un gruppo.
- **Aruspici = haruspex** - indovini, chi prevede il futuro.
- **Asserisce = claims/states (to claim/to state)** - (⇐ asserire) afferma, dichiara.
- **Assetti = organizations/structures** - sistemazioni, posizioni.
- **Assillanti = insistent** - insistenti, che non danno tregua.
- **Attesero alla posta = they waited at the dock** - dove era ormeggiata la nave.
- **Auricolari = small earphones** - piccoli apparecchi da appoggiare sull'orecchio per sentire la musica, la radio ecc. senza disturbare gli altri.
- **Avancorpi = avant-corps** - parte anteriore di un edificio che sporge dalla facciata.
- **Avvezza = accustomed** - abituata.
- **Avvolti = shrouded in mystery** - circondati.

- **Balbettano = to stammer** - (⇐ balbettare) parlano con difficoltà.
- **Baraccone = booth** - grossa costruzione smontabile come quelle che ospitano i giochi dei luna-park.
- **Bellicosi = belligerent** - che fanno la guerra, che litigano spesso.
- **Boia labbrone = big lip executiner** - giustiziere, carnefice, si riferisce al Kaiser Guglielmo, imperatore prussiano.

• **Bonaria canzonatura = gentile satire** - satira leggera.

• **Bonifiche = reclaimed land/to reclaim** - (⇐ bonificare), prosciugare le paludi per coltivare, per avere terreni fertili, come è stato fatto in Maremma e nell'Agro Pontino (Toscana e Lazio). Nella palude vivono molte zanzare spesso causa di epidemie e di malaria.

• **Braciere = brazier** - vaso pieno di brace (resti di un fuoco) accesa.

• **Brevetti = patent** - documento che dimostra la paternità di un'invenzione.

• **Bue = ox** - maschio adulto dei bovini, in senso figurato uomo stupido, ignorante, ingenuo.

• **Bufera = storm** - tempesta di neve o pioggia.

• **Calcagna = heels/to be on someone's heels** - talloni, essere alle calcagna di qualcuno = stare dietro, inseguire.

• **Calzolai = shoemakers** - artigiani che lavorano il cuoio o la pelle per fare scarpe e sandali, nell'antica Roma chiamati calzari.

• **Camerino = green room** - stanza usata nei teatri e negli studi cinematografici dove gli attori e i cantanti si cambiano e si truccano.

• **Campana = of Campania** - della Campania, regione meridionale, dove si trova la città di Napoli, che faceva parte della Magna Grecia.

• **Capestro prussiano = Prussian halter** - capestro è la corda per impiccare che mette il boia, si riferisce al dominio dell'imperatore prussiano.

• **Capponi = capons** - gallo castrato per farlo ingrassare, in molte regioni italiane si mangia per Natale.

• **Carenza = absence/lack** - mancanza, povertà di qualcosa.

• **Carrozzeria portante = load-bearing monocoque body** - rivestimento esterno di una macchina, di un'automobile, portante - che sostiene un peso.

• **Casacca = jacket** - giacca.

• **Caschi = to fall** - (⇐ cascare) cadere - cada.

• **Case di tolleranza = brothels** - nelle quali le prostitute ricevevano i loro clienti.

• **Cauteloso = cautious** - da cautela - attenzione, stare attento.

• **Ci sottoponessimo = to submit / to subject oneself to** - (⇐ sottoporsi) sottomettersi, essere sotto il dominio di qualcuno.

• **Circumnavigare = circumnavigate** - navigare intorno a un continente.

• **Cocuzzolo = summit** - sommità, cima.

• **Cognizione = knowledge/awareness** - conoscenza.

• **Collaudatore = tester** - la persona che verifica la funzionalità della macchina.

• **Confraternite = brotherhood(s)** - associazioni di credenti, comunità.

• **Congiurati = conspirators** - persone che si accordano per danneggiare il potere costituito dello stato o dei suoi rappresentanti.

• **Consegue = follows (to follow)** - (⇐ conseguire) deriva.

• **Consta = consists of (to consist of)** - (⇐ constare), essere composto di.

• **Controriformistica = Counter-Reformation** - della controriforma.

• **Corollario = corollary** - aggiunta, conseguenza.

• **Corruzione = corruption** - perdita dei valori etici, mancanza di moralità.

• **Corso forzoso = fixed currency rate** - valore del denaro imposto dalla legge.

• **Costoloni = hips/ ridges** - spigoli, angoli, delle volte a crociera.

• **Costumi = custom(s)** - consuetudini, tradizioni.

• **Cubiculum = cubicle** - camera da letto non padronale della casa romana, oggi indica un locale piccolo (cubicolo).

• **Dato il là = to give the start** - dare l'avvio, l'inizio.

• **Decifrata = deciphered/decoded** - interpretata.

• **Defezione = desertion** - rinuncia, abbandono, ritiro da un'iniziativa o attività in cui si era impegnati.

• **Defunto = deceased** - morto.

• **Destrezza = skill** - abilità.

• **Dimensionale = in relation to size/ relative** - relativo alle dimensioni.

# Glossario

- **Dinamismo = dynamism** - intenso movimento, attività ed energia.
- **Discorrendo da sé solo = talking to one self** - parlando con sè stesso.
- **Disdicevole = inappropriate** - inadatto, indecente.
- **Disgregazione = break up** - divisione, frantumazione, perdita di un accordo reciproco.
- **Disparatissime = dissimilar** - molto diverse.
- **Dissalati = to remove salt from** - a cui è stato tolto il sale.
- **Dissepolte = to exhume** - (⇐ disseppellire) riportate alla luce.
- **Dissezioni = dissection** - tagli, separazioni di parti del corpo umano a scopo di studio anatomico.
- **Dissimili = not similar** - non simili, diversi.
- **Dotti = learned people** - sapienti, colti, saggi.
- **Drastici = drastic** - definitivi, efficaci, duri, severi.
- **Duettano = to play a duet** - (⇐ duettare), cantare in due.

- **Egemone = dominant** - che domina.
- **Egemonia = hegemony** - supremazia, dominio su qualcosa o qualcuno.
- **Elmo = helmet** - protezione per il capo in metallo
- **Emanato = issued** - pubblicato, emesso, si emana un documento ufficiale, una legge.
- **Eppure = however** - e pure = tuttavia, ma.
- **Erudito = scholarly learned/ erudite** - dotto, istruito.
- **Escogitò = invented/ to invent** - (⇐ escogitare) inventare, ideare - inventò, ideò.
- **Esigua = little/ slight** - scarsa, di numero e valore limitati.
- **Esorbitanti = very high** - eccessivi, molto alti.
- **Esordi = beginnings** - inizi.
- **Espatriati = expatriate** - emigrati, usciti dalla patria.
- **Espose = exposed/explained (to expose/to explain)** - (⇐ esporre) spiegare.
- **Estrattive = mining** - che estraggono (tirano fuori) materiali dalla terra.
- **Eterogenee = heterogeneous** - diverse, differenti.

- **Facinorosi = ruffians** - violenti, ribelli.
- **Falcidiata = eliminated** - eliminata.
- **Farsa = short comedy/farse** - breve commedia comica, buffa.
- **Farse = foolery** - comiche.
- **Fasto = richness** - ricchezza.
- **Fato = destiny** - destino, sorte.
- **Fecondo = fertile** - fertile, che produce molto.
- **Feroce = violent** - violenta.
- **Filosofia dei lumi = Enlightenment** - illuminismo, lume (luce) della ragione.
- **Finocchietto = wild fennel** - (finocchio) selvatico (che cresce spontaneamente, non coltivato) pianta mediterranea molto profumata della famiglia delle Ombrellifere (a forma di ombrello e con piccoli rametti che per la loro forma ricordano il fiocco di neve).
- **Flemma = coolness, calm** - calma, l'essere composto.
- **Fluttuazione = fluctuation** - variazione temporanea, mancanza di stabilità.
- **Frantumazione = fragmentation** - divisione in piccole parti.
- **Frodatori = swindlers** - ingannatori.
- **Frugalità = semplicity / frugality** - semplicità, austerità.
- **Funesto = harmful** - portatore di dolore e sfortuna.
- **Funzioni legislative = lawmaking / legislative functions** - formulare leggi.

- **Gabbia = cage** - struttura di ferro o di legno per rinchiudere gli uccelli o altri animali.
- **Garbo = politeness** - grazia, cortesia, gentilezza.
- **Garretti = hock(s)** - parte posteriore delle zampe sopra gli zoccoli, detti soprattutto per i cavalli.

# Glossario

- **Gaudenti = joyful** - che si godono la vita.
- **Germogliata = sprouted/arised** - nata.
- **Giurisperiti = jurisconsult** - esperti di diritto.
- **Gladiatori = gladiators** - schiavi o prigionieri addestrati alla lotta con altri gladiatori e anche con animali feroci, come Spartaco uno dei più famosi. Si servivano del gladio, un tipo particolare di spada, o di altre armi e combattevano nelle arene.
- **Grancassa = bass-drum** - tamburo di grandi dimensioni.
- **Greggia = herd** - oggi si dice gregge, cioè gruppo (insieme di pecore), per estensione si usa anche in riferimento a gruppi di persone.
- **Greggio = crude oil** - petrolio non raffinato.
- **Grugniva = grunted** - brontolava.
- **Guarnigione = garrison** - soldati che sorvegliano il castello.

- **Idroscalo = seadrome** - scalo per aerei sul mare, fiumi, laghi.
- **Ignavi = cowards** - vili, codardi.
- **Illetterati = illiterate** - analfabeti o con poca cultura.
- **Imbiondimento = browning (to brown)** - (⇐ imbiondire) rendere biondo, far assumere ai cibi un colore dorato.
- **Imbrattare = to dirty** - macchiare, sporcare.
- **Immedesimazione = identification** - identificazione.
- **Impadronendosi = to seize** - (⇐ impadronirsi) appropriarsi, impossessarsi.
- **Impalpabili = impalpable** - che non hanno consistenza.
- **Impunemente = with impunity** - senza essere punito.
- **Impunità = impunity** - si dice che hanno l'impunità coloro che non possono essere puniti.
- **In voga = in fashion** - di moda.
- **Inceppati = blocked** - bloccati, ostacolati.
- **Incognito = unknown** - sconosciuto.
- **Incuria = negligence** - stato di abbandono, di disordine, negligenza.
- **Indi = therefore** - quindi.

- **Indizi = clues** - elementi che danno indicazioni in merito a qualcosa o che fanno pensare colpevole una persona.
- **Indolente = lazy** - pigro, apatico.
- **Inedite = unpublished** - non pubblicate, non sentite prima.
- **Inesausta = boundless** - che non si stanca, non si esaurisce mai.
- **Infetta = contaminated** - contaminata.
- **Infrastrutture = infrastructures** - insieme dei servizi pubblici e degli impianti che costituiscono la base per abitare in un luogo (autostrade, ponti, strade, ferrovie, aeroporti, acquedotti, scuole ecc.).
- **Insigni = famous** - famosi, illustri.
- **Intemperie = climatic changes** - cambiamenti di clima.
- **Intraprendono = undertake (to undertake)** - (intraprendere) cominciare, iniziare.
- **Intrighi = plot(s)** - situazioni complicate e difficili.
- **Ipertrofizzazione = overgrowth** - accrescimento, ingrandimento, eccesso.
- **Isolati = blocks** - gruppi di edifici.
- **Italica = Italian territory** - dell'antica Italia corrispondente più o meno al territorio dell'attuale Italia, soprattutto centro-meridionale.

- **Laboriosi = laborious/hard working** - che lavorano.
- **Lande = arid plains** - pianure aride, abbandonate, non coltivate.
- **Lastricata = paved** - ricoperta di lastre, pietre, pavimentata.
- **Latrine = bathrooms** - bagni.
- **Levante = east** - oriente.
- **Licenza = freedom from social rules** - libertà dalle regole sociali e morali.
- **Lieti = happy** - felici.
- **Logo = logo** - rappresentazione grafica di un prodotto o marchio.
- **Lumiere = lights** - lampadari, luci, illuminazione.
- **Lungi = far** - lontano.

- **Maestranze = group of workers** - insieme di operai.
- **Malsane = sickly/ unhealthy** - non sane.
- **Maneggiato = manipulated (to manipulate)** - (⇐ maneggiare) manipolare.
- **Marchio servile = servile label indicating that a person is a slave** - contrassegno di servitù.
- **Marina la scuola = to skip class** - non va a scuola senza il consenso dei genitori.
- **Marineria = marine** - della marina.
- **Martinitt = college for orphans in Milan** - collegio milanese per gli orfani.
- **Mascherine = small masks** - mezza maschera che copre la metà superiore del viso.
- **Mattonelle = tiles** - mattoni sottili a forma rettangolare o quadrata per ricoprire il pavimento, possono essere di ceramica, di marmo, di maiolica o di terracotta.
- **Menava = led (to lead)** - portava.
- **Mendicanti = beggars** - coloro che vivono chiedendo l'elemosina (soldi ai passanti).
- **Mercenari = mercenaries** - soldati che combattono a pagamento e non per appartenenza allo stato o per fede.
- **Messi allo spiedo = analyzed / put on a spit** - analizzati uno dopo l'altro come i polli allo spiedo.
- **Mestieranti = unqualified workers** - non professionisti, che conoscono poco il loro lavoro.
- **Metallurgia = metallurgy** - industria che estrae e lavora i metalli.
- **Mettendo a repentaglio = to jeopardize** - (⇐ mettere a repentaglio), mettere in pericolo.
- **Mettere le mani addosso = to beat** - picchiare, colpire qualcuno, prendere con la forza.
- **Mezze calzette = small timers** - metaforicamente usato per indicare persone di poco valore e importanza.
- **Minuscole = small** - molto piccole.
- **Mirava = aimed (to aim)** - (⇐ mirare) aveva l'obiettivo di.

- **Mole = mass, great quantity** - volume, massa, grandezza, quantità.
- **Monellesca = mischievous** - da monello, qui nel senso di vivacità e ironia.
- **Monello = rascal** - ragazzo irrequieto, vivace, oggi usato in senso affettuoso.
- **Monodiche = monodic/ a song using one voice** - melodie cantate a una sola voce.
- **Motti = sayings** - detti.
- **Muta = changes (to change)** - (⇐ mutare) cambia.

- **Navate = church nave** - parti in cui la chiesa è divisa, la navata centrale parte dall'ingresso e va fino all'altare maggiore, possono esserci anche altre navate laterali o che si incrociano con la centrale all'altezza dell'altare maggiore.
- **Nepotismo = nepotism** - politica dei Papi che nel Rinascimento favorivano i loro nipoti, parenti e amici nell'assegnazione di cariche importanti, per estensione tendenza da parte di persone autorevoli a favorire parenti e amici nelle cariche pubbliche o negli affari.
- **Nomenclatura = nomenclature** - (anche nomenklatura) in Unione sovietica e nei paesi a regime comunista era l'elenco delle varie cariche direttive e dei loro responsabili, nel linguaggio giornalistico indica la dirigenza dei partiti, degli enti, delle istituzioni.
- **Notabili = notables** - persone di autorità, importanti, potenti.

- **Obbrobrioso = disgraceful** - che è causa di vergogna, di disonore.
- **Occulto = hidden** - nascosto.
- **Ode = hears (to hear)** - (⇐ udire) sentire.
- **Oligarchici = oligarchical** - governo di pochi, gruppi di persone che hanno il potere.

# Glossario

- **Panno = cloth** - stoffa.
- **Partenopea = Neapoltitan** - da Partenope, nome greco di Napoli (Neapolis è il nome latino che vuol dire città nuova), nome di una sirena che sarebbe stata sepolta dove ora sorge la città.
- **Pedalante = pedalling** - che pedala, che va in bicicletta.
- **Pelliccia = fur coat** - cappotto di pelliccia, mantello di peli pregiati: leopardo, visone, volpe ecc., fino a pochi anni fa "status symbol" di benessere economico.
- **Pennacchio = plume of smoke** - ciuffo di penne, ormai indica tutto ciò che gli somiglia e in genere il fumo, in questo caso quello che esce dalla cima del Vesuvio.
- **Perire = to die/ to perish** - morire.
- **Perplesso = uncertain** - esitante, incerto, dubbioso.
- **Pestati a poltiglia in un mortaio = crushed in a mortar** - schiacciati fino a diventare una massa morbida in un recipiente (generalmente di marmo).
- **Piaga = social calamity or wound** - problema sociale grave, ma anche ferita, lesione.
- **Pifferi = fifes** - strumenti da fiato.
- **Pigliano = to take/ to grab** - prendono.
- **Pinnacoli = pinnacle(s)** - motivo architettonico a forma piramidale o di cono, generalmente posto nella parte più alta di un edificio, usato come elemento ornamentale.
- **Pinokkio = Pinocchio** - Pinocchio, personaggio della favola di Collodi.
- **Pirotecnico = firework** - costituito da fuochi d'artificio.
- **Plasmare = to mold** - formare, modellare.
- **Plumbeo = heavy/grey** - noioso, pesante o scuro come il piombo.
- **Pneumatici = tires** - gomme delle automobili, dei veicoli.
- **Poggia = lays (to lay/to place)** - (⇐ poggiare) appoggiare, posare - si fonda, posa.
- **Potere temporale = secular power** - autorità politica del Papa, in opposizione al potere spirituale.
- **Praticanti = practising** - che seguono le regole e le indicazioni della religione.

- **Predatrice = raider** - che prende possesso con la forza, saccheggia.
- **Pregiudiziale = prejudicial** - che porta pregiudizio, cioè giudizio basato su opinioni e credenze già costituite.
- **Pressoché = almost** - quasi.
- **Presunte = presumed** - immaginate, ipotizzate.
- **Primieramente = principally** - principalmente.
- **Problematizzato = complicated** - problematico, reso complicato.
- **Profughi = refugee** - chi deve lasciare la propria patria e cercare rifugio in un altro Paese in seguito a guerre, problemi politici, eventi naturali ecc.
- **Pronao = pronaos** - spazio coperto da colonne all'entrata dei palazzi o delle basiliche, se è scoperto si chiama sagrato.
- **Protocollari = formalities** - del protocollo, cioè insieme di regole della cerimonia.
- **Prototipo = prototype** - primo esempio di una serie di opere successive.
- **Puntigliosità = stubborness** - testardaggine, essere ostinato.

- **Quattrini = money** - soldi.

- **Ramaiolo = ladle** - arnese da cucina a forma di un grosso cucchiaio tondo.
- **Raschiando = scratching (to scratch)** - grattando ( = raschiare, grattare).
- **Razionati = rationed** - divisi in razioni (quantità stabilite), il razionamento è un provvedimento con lo scopo di limitare il consumo dei beni di prima necessità che vengono dati a ciascuno in quantità limitata.
- **Reddito = income** - rendita, valore dei beni pos-

# Glossario

seduti e/o dello stipendio, di attività commerciali, industriali ecc.

• **Redigere = to write/ to compile** - compilare, scrivere.

• **Regia = royal** - del re.

• **Restrittive = restrictive** - che mettono dei limiti, in questo caso all'emigrazione.

• **Ribalderie = villainy** - brutte azioni, malefatte.

• **Ribalta = limelight** - scena, salire alla ribalta - avere successo.

• **Rimettere la ditta in carreggiata = to put the company back on track** - riportare la ditta a un livello economico soddisfacente.

• **Rinsavire = to come to one's senses** - riacquistare la ragione.

• **Ripristina = restores (to restore)** - (⇐ ripristinare) ristabilire, restaurare.

• **Risoluti = determined people** - decisi, sicuri di sé, pronti ad agire.

• **Ritorcersi = to turn against** - rivolgere a danno del protagonista.

• **Rottura = break-up** - in questo caso interruzione, cessazione, fine di un rapporto.

• **Rozzi = primitive** - incivili, primitivi.

• **Ruffiani = panderer(s)** - mediatori di amori, chi facilita per denaro o altri motivi incontri amorosi / persona che serve e loda per ottenere favori.

• **Sabina = Sabine, an area north of Rome** - della regione compresa tra la provincia di Roma e di Rieti, a nord di Roma.

• **Saccheggiano = to sack** - (⇐ saccheggiare) distruggere.

• **Salario = salary** - stipendio.

• **Saldavano = connected/linked** - univano.

• **Sandalaio = sandal maker** - chi fabbrica sandali.

• **Sarcofago = sarcophagus** - cassa di pietra o di marmo decorata che nell'antichità e nel Medioevo era usata per contenere i corpi dei morti.

• **Sardelle = sardine** - sarda (pesce di piccole dimensioni di colore azzurro-argento e dalle carni saporite).

• **Sbarramento = barrier** - l'atto di impedire il passaggio, chiusura, barriera, ostacolo.

• **Sbollentare = to blanch** - tuffare i cibi in acqua bollente per pochissimo tempo.

• **Scalpellino = stonecutter** - artigiano o operaio che lavora il marmo o la pietra, scultore rozzo senza capacità artistiche.

• **Scampo = safety** - salvezza, via d'uscita.

• **Schiacciati = crushed (to crush)** - (⇐ schiacciare) premuti con forza fino a che non perdono la forma, pestati.

• **Sciagura = disaster** - disgrazia, catastrofe, sventura.

• **Sciarade = charade** - gioco in cui si deve indovinare una parola o una frase sulla base di allusioni semantiche delle parti in cui può essere scomposta.

• **Sciorinata = rattle off** - spiegata e fatta vedere.

• **Scrutinio = ballot/counting** - conteggio dei voti espressi dai votanti, insieme delle operazioni elettorali effettuate al termine di una votazione.

• **Scuderie = stables** - grandi stalle cioè luoghi per far riposare i cavalli.

• **Scudiero = squire** - giovane al seguito di un cavaliere che aveva il compito di occuparsi del cavallo, di portare lo scudo e le armi.

• **Sellaio = saddler** - artigiano che fabbrica le selle per i cavalli e lavora il cuoio.

• **Selvaggio = wild or savage** - non civile, non attento alle regole.

• **Sentore = perception** - odore, percezione, idea.

• **Sfilettate = to fillet** - tagliate in filetti (righe sottili).

• **Sfolgorante gigantografia = shining giant poster** - splendente poster, fotografia gigante.

• **Sfrenata = unrestrained** - senza freni, che corre veloce.

• **Sfruttavano = exploited (to exploit)** - utilizzavano, traevano il maggior frutto possibile.

• **Sgocciolarlo = to drip** - far cedere l'acqua.

• **Sgominando = to wipe out** - (⇐ sgominare) battere l'avversario, costringere alla ritirata il nemico.

• **Sgranati = shelled (to shell)** - da "togliere i grani, i semi a un frutto", in questo caso leggere uno a uno gli autori citati e imparare tutte le regole per la scrittura.

• **Si paschi = to graze** - (⇐ pascere) si nutra.

• **Si rincorò = reassured (to reassure)** - si rassicurò.

• **Si svolgeva = occurred (to occur)** - (⇐ svolgersi) accadere.

• **Sicari = hired killer** - coloro che uccidono per ordine di altri.

• **Siderurgia = iron and steel industry** - industria del ferro e acciaio.

- **Sincerarsi = to confirm** - accertarsi, assicurarsi.
- **Sincopato = syncopated** - con parole e discorsi non portati a termine.
- **Smanie = desires** - desideri.
- **Snobistica = like a snob/snobbish** - da snob, persona che si vuole distinguere dalla massa.
- **Soggezione = subjection** - senso di inferiorità che produce insicurezza.
- **Sorti = destiny** - destino, fato.
- **Spallucciata = shrug** - alzata di spalle per esprimere sdegno, indifferenza, rassegnazione.
- **Spanna del merciaio = handbreath** - spanna, lunghezza che corrisponde alla distanza tra il pollice e il mignolo di una mano aperta, usata un tempo nei negozi come quello del merciaio *(milliner)*, cioè nelle mercerie, dove si vendono oggetti di vario tipo che servono per cucire.
- **Spartizione = division** - divisione in parti e loro distribuzione.
- **Spassosa = funny** - divertente.
- **Spina dorsale = spinal cord** - colonna vertebrale.
- **Spregiudicato = unscrupulous** - chi pensa o agisce senza pregiudizi, in modo disinvolto.
- **Stabile = building** - edificio, palazzo.
- **Stellette = stars** - distintivo militare a forma di stella, uomini con le stellette - militari.
- **Stilemi = styles** - stili di scrittura e architettura.
- **Strage = massacre** - uccisione di una grande quantità di persone o di animali.
- **Subentrano = to take over** - (⇐subentrare) entrare al posto di un altro.
- **Suggestione = suggestion /influence** - condizionamento, influenza.
- **Superstiziosi = superstitious** - persone che hanno credenze irrazionali causate spesso da ignoranza o paura, per esempio coloro che pensano che un gatto nero che attraversa la strada o il numero 17 portino sfortuna, o chi crede che per evitare un pericolo si debba toccare ferro o fare le corna.
- **Suscitare = to stir/to create** - provocare, far nascere.
- **Svaligiare = to steal** - rubare.
- **Svenire = to faint** - perdere i sensi, la conoscenza per breve tempo.
- **Sviscerare = to examine in depth** - esaminare a fondo, in profondità.
- **Svogliato = listless/unwilling** - senza voglia.

- **Tanghero = oaf** - persona grossolana, poco educata.
- **Tappezzerie = tapestry** - stoffe per il rivestimento delle pareti di una stanza.
- **Taschino = breast pocket** - piccola tasca della giacca.
- **Tassesca = of Tasso** - del Tasso.
- **Tedoforo = torch-bearer** - colui che porta la fiaccola (bastone, ramo, tronco con una estremità accesa) olimpica, che viene portata da Atene alla sede dei giochi olimpici e resta accesa per tutta la durata delle gare.
- **Tegame = frying pan** - recipiente per cuocere cibi, tondo e basso.
- **Teglia = baking pan** - tegame generalmente senza manici che può essere usato anche in forno.
- **Tinte fosche = dark colours** - colori scuri, metaforicamente per indicare un periodo difficile.
- **Tombe a camera = underground tombs** - tombe sotterranee con varie camere.
- **Tombe a tumulo = tombs covered by earth** - tombe in superficie ricoperte da un grosso tumulo di terra.
- **Torti = faults** - azioni non giuste.
- **Trafficanti = traders** - chi ha attività di commercio (traffici).
- **Travaglia = torments (to torment)** - (⇐travagliare) danneggia, addolora.
- **Tregua = truce** - sospensione di ostilità.
- **Triangolino = small triangle** - a forma di piccolo triangolo.
- **Tribunale dell'Inquisizione = court of the Inquisition** - organizzazione giudiziaria ecclesiastica per la lotta e la prevenzione dell'eresia.
- **Trine = laces** - merletti, pizzi, tessuti con fili intrecciati in modo da formare disegni.
- **Tripudio = abundance** - gioia.
- **Triviali = vulgar** - volgari.
- **Turbinoso = whirling/turbulent** - tempestoso.

# Glossario

• **Umile estrazione** - di classe umile, in basso nella scala sociale.
• **Uvetta sultanina = raisins** - qualità di uva bianca e senza semi molto dolce seccata, non più fresca.

• **Zafferano = saffron** - pianta che seccata produce una polvere gialla che serve a dare colore e sapore ad alcuni cibi.

• **Vapore = steam** - nave a vapore *(steam boat)*.
• **Vedono la voga = see the fashion/the trend** - sono di moda, popolari.
• **Viola = viola** - strumento ad arco con 4 corde, più grande del violino.
• **Virtuoso = virtous/ virtuoso** - bravo suonatore.

# FONTI

# Fonti

"Focus", 1994 n. 25: 111; 1995 n. 2: 96; 1996 n. 40; 1997 n. 52: 114; n. 55: 94-96, 116-117, 203; 1997, n. 60

M. Cristofani (a c. di), "Siena: Le origini. Testimonianze e miti archeologici", Leo S. Olschki, Firenze, 1979: 24, 33, 65

Locandina Mostra "Carri da guerra e principi etruschi", Comune di Viterbo 24 maggio - 12 ottobre 1997

G. Fanfani e N. Ruspantini, "Roma e le sue bellezze", Erre, Firenze, 1955: 76, 107, 202

"Io Donna" n. 11, 33/34, 14 marzo, 19 agosto 2006: 182-183; 2006, n. 37: 61; n. 1/2 2007: 50, 52, 82; n. 11, 2007: 163-164

"L'Italia Storica" Touring Club Italiano, Milano, 1961:

- Tavole: 16/36, 17/38, 27/58, 24/53, 28, 73, 74, 38/82, 55, 71

- Fig. 52, 63, 85, 152, 153, 157, 793

- Pagg. 37, 79, 88, 95, 99, 110, 136, 158-161, 176, 188-196, 199, 200, 206-207

"Supplemento a Il Giornalino", n. 11 del 21 marzo 1999: 31

"Asterix e gli allori di Cesare" (testo Goscinny, disegni Uderzo), A. Mondadori, Milano, 1973: 16, 22, 26; "Asterix in Corsica" (testo Goscinny, disegni Uderzo), A. Mondatori, Milano, 1974: 7, 27

"La Settimana Enigmistica", n. 3434 e 3423: 221174 e 21072; 3373: 21; n. 3385: 2; 3411: 8; 3432; 3434: 42 e 43

Enoteca italica permanente, "Carta dei vini", Siena: 9, 85, 89

"Il Venerdì" di Repubblica, 1992 n. 226: 6-11; 31 dicembre 1993: 81; 26 aprile 1997: 77

M. Yourcenar, "Memorie di Adriano", Einaudi, Torino, 1998: 106-107, 122-123

A. Benucci, "La Gazzetta di Siena", 16 dicembre 1983

S. Paolucci, "Storia", Zanichelli, Bologna, 1969: 182-183

S. Paolucci, "Storia", Zanichelli, Bologna, 1970: 81

S. Paolucci, "Storia 2", Zanichelli, Bologna, 1970: 88, 203, 206, 243, 248

S. Paolucci, "Storia. Ottocento e Novecento", Zanichelli, Bologna, 1972: 149, 151, 176

Bente Klange Addabbo, (a c. di), "Codici miniati della biblioteca comunale degli Intronati di Siena. I secoli XI – XII", Edisiena, Siena, 1987: tavola F –31 – c. 37v

"Azienda autonoma di soggiorno e turismo di Venezia"

"Bell'Italia", n. 134, giugno 1997: 94

"La Puglia", Nuova guida fotografica e storica, Edizioni New Cards Sambucheto (CH), 1996: 43

Pieghevole APT Siena

http://www.windoweb.it/desktop_italia/foto_valle_aosta/foto_aosta_varie/foto_valle_aosta_013_Castello_di_Fenis.jpg

M. Dardano – C. Giovanardi, "I testi, le forme, la storia", Palombo, Palermo, 1994: 473

www.presepipopolari.it

S. Mola (a c. di), "Castel del Monte", Mario Adda Editore, Bari, 1991: frontespizio

L. Mumford, "La città nella storia. Dal chiostro al Barocco", Bompiani, Milano, 1977: 421; tavole 27 e 28

A. Falassi, "Il mito contagioso: un viaggio nelle mitologie del Palio", in M.A. Ceppari Ridolfi, M. Ciampolini, P. Turrini, "L'immagine del Palio", MPS, 2001: 64-66

G. Pepi, "Siena il Palio", ATP Siena, 1985: 77

R. Villari, "Storia medievale", Laterza, Roma-Bari, 1974: 187

R. Villari, "Storia contemporanea", Laterza, Bari, 1995: 369-370, 418-419

P. Cataldi e R. Luperini (a c. di), "La Divina Commedia", Le Monnier, Firenze, 1989: 2, 44, 54-55

D. Alighieri, "La divina Commedia", illustrazione di G. Doré, Fermi, Ginevra, 1974: 63

A. Restucci, "Architettura civile in Toscana. Il Medioevo", Siena, Monte dei Paschi di Siena, 1995: 503

M. Dardano e P. Trifone, "Grammatica italiana", Zanichelli, Bologna, 1995: 75

http://eternallycool.net/wp-content/uploads/2007/10/cellini-2.jpg

"Conoscere", Fabbri, Milano, 1963, vol IV: 725;1964, vol IX: 1708

"Anna", 29 agosto 1987: 102-104; 12 marzo 1996: 343, 345, 346-348; 16 giugno 1997: 18, 68; 30 novembre 2004

"Vogue Italia," settembre 1995: 541

"L'Informatore", Mensile Unicoop Firenze, ottobre 1997, n. 42: 21; n. 47: 14-15, 22

U. Eco, "Il nome della rosa", Bompiani, Milano, 2007

U. Eco, "Il pendolo di Foucault", Bompiani, Milano, 1998: 10-12

G. Cosmo, "Michelangelo. La scultura", in "Art Dossier", Giunti, 1997, allegato al n. 125: 17-22

"Soldi e parenti serpenti. Un inedito Michelangelo", in "La Nazione", 17 luglio 1997

M. Pazzaglia, "Gli autori della letteratura italiana", volume II, Zanichelli, Bologna, 1972: 218-223, 469-470

M. Pazzaglia, "Gli autori della letteratura italiana", vol III, Zanichelli, Bologna, 1972: 105-106, 320-321

A. Bracquemond e V. Doménech, "Grecia. Creta e Rodi", Futuro, Verona, 1990: 54, 141

"Storia della medicina", in "Il libro dell'uomo", Garzanti, Milano, 1964: 814

E. Barelli, "Premessa al testo", in "Torquato Tasso Aminta", Rizzoli, Milano, 1976: 33-35

"Dizionario della letteratura universale", Motta, Milano, 1972: 4772-4773, 5038-5039, 5302

Opuscolo pubblicitario Regione Veneto, Provincia di Vicenza, Consorzio di promozione turistica di Vicenza, Vicenza Information Promotion

http://users.sch.gr/pchaloul/anagennisi/Baroque/Caravaggio-emmaus.jpg

http://digilander.libero.it/78mangu/RomaSole/popolopinciopan.JPG

Pieghevole de La Zecca dello Stato "Le medaglie del 2000"

V. Cuoco, "Saggio storico sulla rivoluzione napoletana del 1977", Laterza, Bari, 1913

"Buona cucina", anno VI, n. 10, ottobre 1999